社会工程研究引论
（第二版）

王宏波／著

科学出版社

北京

内 容 简 介

本书从马克思主义理论的视野，总结反思中国实践的经验，从学理层面探讨中国经验的理论特征，认为社会工程相对于社会革命、社会运动来说是马克思主义理论新的实践形态。社会工程是一种以制度设计、政策研究、社会规划制定与实施、法律法规设计分析为内容的一般理论和方法，它的突出特征是社会模式设计和社会过程调控。社会工程思维的基本特征是建立在科学规律、社会价值和历史情境三维统一基础上的综合集成思维。社会工程研究涉及多学科的交叉融合，是自然科学、人文社会科学等多学科知识的创造性整合，是理论知识和经验知识、理论思维和实证思维的有机统一。

本书既适合马克思主义理论工作者、党政机关干部、政策研究和分析人员阅读，也适合哲学社会科学工作者、哲学社会科学领域和管理科学领域的教师与研究生以及从事社会管理实践的实际工作者阅读。

图书在版编目（CIP）数据

社会工程研究引论 / 王宏波著. —2 版. —北京：科学出版社，2017.4
ISBN 978-7-03-052129-3

I. ①社… II. ①王… III. ①社会学-研究 IV. ①C91

中国版本图书馆 CIP 数据核字（2017）第 052432 号

责任编辑：刘英红 / 责任校对：邹慧卿
责任印制：徐晓晨 / 封面设计：华路天然工作室

科 学 出 版 社 出版
北京东黄城根北街 16 号
邮政编码：100717
http://www.sciencep.com

北京京华虎彩印刷有限公司 印刷
科学出版社发行 各地新华书店经销
*

中国社会科学出版社 2007 年 6 月第一版
2017 年 4 月第 二 版 开本：720×1000 1/16
2018 年 1 月第二次印刷 印张：15 1/2
字数：278 000
定价：78.00 元
（如有印装质量问题，我社负责调换）

第二版前言

　　献给读者的这部书是《社会工程研究引论》第二版。第一版由中国社会科学出版社于 2007 年 6 月出版。十年来，关于社会工程研究有了进一步的认识和实践，特别是在马克思主义理论发展与社会工程研究的关系上有了一些新的认识，另外对社会工程研究的方法论问题也有新的研究进展。我认为应当将这些内容充实进去一并让读者批判学习，所以就联系科学出版社出版第二版。本版出版前，我想就人们关心的若干问题再谈一些看法作为再版前言，并作为内容索引，以利于读者批评指正。

　　社会工程是社会发展的一种基本形式，也是社会发展规律的实现形式。中国的社会主义建设和改革开放的历史，就是一系列社会工程具体活动的序列。当前，全面深化改革的形势会进一步将社会工程的研究推向深入，会有越来越多的学者重视对该问题的研究。但是对于社会工程作为一种社会发展形式还存在诸多的不解和疑问：还有不少人将社会工程研究与一般的社会科学研究不加区分；还有一些人宁愿接受社会系统工程概念，不愿意使用社会工程概念。我认为这些问题需要进一步讨论。

　　一种学说的命运首先在于能否适应社会发展的需求。恩格斯说："社会上一旦有技术上的需要，则这种需要就会比十所大学更能把科学推向前进。"社会工程的研究之所以能够成为一门学问，它始于中国的建设与改革实践的迫切需求，是中国的建设与改革实践催生和推动了社会工程的研究。

　　我们追问一项研究的社会价值，是任何一种学问存在与发展的基本条件。首先，从社会活动形式的意义上说，改革是一种社会工程活动，它不同于社会革命，也不同于社会运动，它是通过人们自觉地发现和建构新的社会关系形式、替代旧的社会关系形式，从而促进社会可持续发展的一种社会活动。社会革命是一个阶级推翻另一个阶级政治统治的暴力活动；社会运动是某种政治力量基于某种政治目标或者社会目标所发动的集中性群体活动。新中国成立后，从根本意义上说是进入了社会工程的活动时期，但是人们依然摆脱不了社会革命和社会运动的思维方式，导致中国的社会发展出现过曲折；改革开放新时期是真正自觉地把社会工程活动作为社会发展形式的新时期。我认为改革开放的新时期，如果从社会发展形式上考察，可以说是摒弃了社会革命与社会运动形式，把改革作为社会工程活动的基本形式，选择了社会工程活动的社会发展形式，是它的一个重要标志。

　　一般来说，从社会发展形式上看，人们能很容易地区分社会革命、社会运动和社会工程。但是如果谈思维方式上的区别，应当进一步简要地指明这些区别的特征。其实这种区别很明确，也很清楚。这里涉及"破"和"立"的关系定位问题。社会革命与社会运动的思想方法是先"破"后"立"。曾经有一种广泛流行的说法，即"不破不立，破字当头，立在其中"。这是一种革命思维，不是一种建设思维。它在革命战争时期是合适的，但用在社会主义建设时期就是一种失误，这一点已经被历史所总结了。社会工程思维与此不同，它是"不立不破"，强调"立字当头，破在其中"。改革开放一开始，邓小平就提出"摸着石头过河"的方法论思想。改革思维的特点就是先要有一个改革方案，一旦新方案实施，旧的结构就被替代。今天，改革进入深水区，推进改革的全面深化发展，就更要研究改革的方法论。习近平总书记多次强调，要把"顶层设计"和"摸着石头过河"结合起来，要注意改革的系统性、整体性、协同性，等等，这些思想更进一步揭示了新阶段社会工程的新要求。从这个意义上说，改革的全面深化，更需要人们研究社会工程的理论和方法，这将有利于增强改革的科学性。

　　当我们说改革是社会工程的基本形式，这是从内涵角度的理解。如果从外延角度来看，就会触及这个问题的实践层面。首先，我认为，中国的改革开放是由一系列的社会工程活动构成的。从一开始农村实行联产承包制改革，到企业实行奖金制度的改革；企业改革从塑造市场主体到建设现代企业制度。从地域上说，从沿海开放的改革到内陆开放的改革；从领域上说，从经济领域的改革到社会领域的改革，再到文化领域、政治领域的改革等，都表现为一个又一个的社会工程活动。所以，中国经验从根本上说，就是进行社会工程建设的经验。中国人把邓小平称为改革开放的总设计师，实际上已经从心理层面承认改革就是社会工程。改革需要谋划和设计，这正是社会工程活动的核心特征。当我们把邓小平拥戴为总设计师时，就已经从核心特征上承认改革就是社会工程活动。

有人会问，人们常说社会建设这个概念，这个概念与社会工程有何区别？

人们常说的社会建设，或者说社会建设工程，实际上常指民生工程。在我们的普通语境中，社会建设概念是与经济建设、文化建设、政治建设以及生态建设等概念相对应的，是社会主义建设"五位一体"结构中的一个子结构，它不代表"五位一体"的总结构。社会工程中的社会，是指"五位一体"的总结构，两者不是一个概念。简单地区分，也可以叫"大社会"和"小社会"。我们常说的社会建设一般指称的对象是"小社会"。社会工程术语中的社会概念是指反映"五位一体"的"大社会"。这就是两者的基本区别。

如果说，社会工程中的社会概念是指"大社会"，那么社会工程的思想方法能否运用到人们常说的"小社会"即社会建设工程中来？完全能够！"大社会"的"五位一体"的结构特点也会在"小社会"的结构中体现出来。例如，当我们研究经济建设这个子系统时，也会遇到经济系统中的社会因素、文化因素、政治因素和生态因素，不过这里的主导性质是经济属性。再例如，社会保障体系建设就是社会建设中的一项社会工程，是典型的民生工程，这项工程中的基础因素还是经济因素，还有文化传统的因素和政治因素等，不过起主导作用的是民生保障性质。所以，从根本上讲，总体社会的结构是一个"套箱"结构，它所具有的"五位一体"结构特征，其实是上下贯穿的，其中任何一个子结构都可以按照五个方面去分解。这正是社会的复杂性所在。所以，社会工程的理论和方法既可以应用于"大社会"的分析，也可以应用到社会子结构的分析过程中去。

按照这种理解，社会工程活动发生在社会结构的各个层面和不同的方面，既有宏观的社会工程，也有微观的社会工程。那么，社会工程研究的主要特点是什么？社会工程的主要研究特点可以用一句话简明地概括，这就是"问题指向和价值定位下的社会模式设计与实施研究"。所谓"问题指向"揭示了社会工程研究务实风格与实证特点，它以解决特定的社会问题为对象，绝不空论一般性质的问题；所谓"价值定位"揭示了社会工程研究的目的追求，必须以推动社会进步为目的，重要的是如何在价值分歧，甚至价值冲突的背景下形成价值共识；所谓社会模式设计，就是设计社会发展所需求的系统结构和运行程序的表现形式。十八届三中全会在总结三十多年的改革经验时也深刻地指出了这一点。例如强调改革要体现问题导向的原则，改革要有底线思维的原则，改革要创新制度和体制、机制的具体形式等。其中所谓的底线思维是一种价值思维。如果把问题指向、价值定位和模式设计相互联系起来说，就是要在所解决的问题和基本价值之间设计合适的改革形式。

社会工程研究的核心环节是社会模式设计。所谓模式就是客观事物的结构特点和过程特点相统一的存在样式。所谓社会模式就是社会结构与社会过程相统一、具有特定社会功能的社会规则和行动逻辑相统一的存在样式，具体是指制度模式、政策模式、体制模式、机制模式、法治模式、经济模式、文化模式、政治模式以及生态文明模式等。社会模式就是社会发展所需求的系统结构和运行程序的表现形式。社会上存在的各种社会模式，既不是完全自然发生的，也不是从天上掉下来的，更不是个别人物的头脑主观自生的，而是人们根据社会发展的规律和人们的社会需求设计出来，再根据社会实践的选择和淘汰而沉淀为社会文明的成果。人们所设计的模式，既有主观和客观相统一的特点，也有主观与客观相脱离的风险。正因为在模式设计中存在着主观与客观的矛盾，它才构成研究的问题，才成为科学研究的对象。我们必须承认，真正的问题是如果离开了模式设计这个环节，人类社会的行动就无法进行。所以，模式设计是社会工程活动的核心环节，更是社会工程研究的核心环节。

在社会领域内提出社会设计概念，不少人不理解，甚至有误解。因为有不少人认为"设计"这个概念是自然科学、工程技术领域的方法和概念，不适用于社会领域。他们认为社会是由人组成的，人是有自由意志的，所以人的活动是不能设计的。如果由一些人设计另一些人的活动，就会违背自由原理，就会走向专制主义。但是我认为该看法不能成立，并且其本身掺杂着多种因素，其中包括一些哲学误解、意识形态偏见、学术话语方式、学术传统方面的情感因素的作用。但是科学总是要随着社会实践的发展而发展，社会科学也是一样，它总要提出新的问题，出现新的理论范式，这是不以人的意识为转移的。

我们可以分几个层次来说明。

第一，从哲学的实践认识论上说，模式设计处于"实践—认识—实践"过程中两个相互衔接阶段的第二个阶段，即从认识到实践阶段上的思维方式。第一个阶段是形成科学认识、发现真理的阶段；第二个阶段是将理论认识转变为实践方案，并展开实践过程的阶段。第二阶段实现的前提条件就是形成实践方案。请注意，实践方案虽然也是一种认识和思维的结果，但它不是理论思维的结果，而是理论思维转化的产物。要形成实践方案需要经过模式设计这个思维环节。因此，模式设计不是理论思维，这是两类不同的思维方式，不能混为一谈。如果否认了模式设计，就等于取消了认识向实践的转化。

第二，社会工程的设计不是面对"个体"去设计个人的行动，而是设计社会关系实现形式、生产关系形式、经济关系形式、政治关系形式等，通过对这些社会关系实现形式的设计去影响和引导人们的社会活动。所以社会工程的设计是面向社会关系，而不是面向个体行动。如果把"设计"对象理解为社会成员个体，则是一种误解。

第三，社会关系形式设计存在所设计的社会关系形式和社会所要求的社会关系形式之间的矛盾，这个矛盾的展开过程和解决过程就是社会工程过程。社会工程过程有成功的设计，也有失败的设计；有善意的设计，也有恶意的设计；有合理设计，也有不尽合理的设计。然而，不少人用失败的设计和恶意的设计来否定社会工程中的设计，我认为其根据是片面的。正因为存在着这些不同性质和不同社会效果的设计，我们才要研究社会工程规律，研究社会工程的理论和方法，提高人们的设计自觉性与价值合理性，提升成功设计的概率，降低失败设计的概率，反对恶意设计，弘扬善意设计，促进合理设计。正因为社会设计过程中存在着性质各异、效果不同的各种设计，所以才需要形成一门学问去专门研究它的规律性和正当性。

有一种观点认为，人类社会的秩序是自发形成的，无需社会设计，一旦设计就会违背人的本性，肯定出错，人们称之为自发秩序论。有一种调侃的说法是："人类一思考，上帝就发笑；社会被设计，绝对会出错。"这是新自由主义的代表人物哈耶克的论点。凡是接受哈氏理论的人一般都否认社会设计。但是他只说对了一半。人类经济秩序的形成，特别是在资本主义的早期或近现代时期，商品经济关系以及后来的市场经济关系，有自然形成的特点。比如在河流的交叉地点，由于航运的缘故，市场会逐渐形成；再比如民间借贷关系的发展会出现钱庄这种银行的早期形式等。但是这种自发的发展过程会受到一种限制，就是当无数个自发过程发展到一定程度面临互相冲突的时候，当这种相互的冲突危及各自的发展秩序和发展前景的时候，就需要从社会的角度进行干预和调节，西方资本主义发展到现当代阶段所出现的政府干预，就是这种形势的反映。

另外，对于后发展国家来说，利用社会工程设计思维推动社会发展就显得更有必要。后发展国家的发展过程有一个重要的机制就是学习机制，即学习先发展国家的发展经验，汲取先发展国家的发展教训，还要根据人类文明进步趋势和科学技术发展新特点和新趋势，自觉地设计自己国家和地区的发展模式。人们不愿意也不可能按照先发展国家已经走过的路，亦步亦趋地，不采取任何措施地自然发展。因为这样只会成为先发展国家的附庸，不可能赶上或超过他们。例如中国的生态文明建设模式，就必须超越西方的环境保护模式。西方的某些国家是通过转移生态成本的方式来实现环境保护的，而中国要想转移环境成本的条件和空间既少又小，几乎不可能，所以我们只能创新发展模式，这是需要创新性设计的。

社会的发展是社会各个方面发展过程的"过程集合体"，我们不能够只根据某一个过程的某些特点，就得出一个绝对主义的结论，彻底否定社会设计，这种做法是不科学的。

刚才谈到社会工程的模式设计，关于模式设计方法论的基本特点有两个。首先是它的一般性特点。该一般性特点，习近平总书记在讲到改革方法论要求时已经高屋建瓴地指出了，即"整体性、系统性、协同性"三个基本性质。其次是设计思维中的"综合集成的思维方式"。"综合集成的思维方式"是我国著名科学家钱学森提出来的。综合集成的思维方式不同于自然科学、社会科学研究的思维方式，它是社会工程的思维方式。科学研究的思维特点是以抽象、分析、归纳、概括、因果推理为主要特征，主要目的是通过现象发现本质，根据结果寻找原因，从原因推出结果，从而探寻客观事物的客观规律性。社会工程综合集成的思维方式的主要目的是建构一种新的社会事物，从而去规范社会秩序、促进社会发展、维护社会的公平正义。这种社会事物就是一系列具体的社会制度、体制、政策、法律和各种社会规则。社会工程活动的特点是创新，用所建构的新事物去替代旧事物，从而推动社会的发展和进步。综合集成的思维方式有两个要点，一是各种相关知识的综合，要把围绕一个新建构的社会事物所需要的知识要素综合起来；二是要把一个新的社会事物所具有的功能要素链接和集成起来。正是这种综合集成特点才要求研究过程必须满足整体性、系统性与协同性的原则要求，也是在这个意义上我理解到习近平总书记提出的研究改革方法论问题，对于发展社会工程具有重大的学科创新的指导意义。

社会工程研究作为一种不同于自然科学、社会科学的研究，除了上述思想方法的特点以外，它所研究的问题和问题结构也有一些特点。

我们认为，社会工程的核心环节是模式设计。在模式设计过程中，需要综合集成的思维，需要考虑三个维度的因素，也称三类基本变量。第一类变量是规律型变量，包括各种社会规律，例如经济学规律、社会学规律等，也涉及相关的自然科学、技术和工程规律。第二类基本变量是价值型变量，是指相对于某种想要实现的社会目标，不同社会主体所持有的不同的价值标准。第三类基本变量是情境变量，是对所要变革的社会事物所处的具体环境、存在状态、发展条件、发展变化的趋势的客观判断。这三类基本变量构成了社会工程研究中进行模式设计的思维空间。这三个类型的基本变量是相互关联、相互影响的，对其中一个方面的定位发生变化，就会影响另外两类变量定位的变化。

从模式设计的角度我们可以说明社会工程研究与社会科学研究的区别。

社会科学研究的目的是要探求和发现已经存在的或者曾经存在的社会现象本身的特点、本质和规律。社会工程研究是要探寻和建构新的社会事物或社会现象，例如论证一个新的机构要不要建立，一项新的法律制度要不要颁布，一项重大的社会改革措施要不要出台等。这些都是以往不曾存在的社会现象，通过社会工程活动使这些新的社会现象得以建构。社会科学研究以抽象的因果推理为主要特征，社会工程研究以综合集成的设计思维为主要特征。

有一种说法，社会科学的研究要尽可能地做到"价值中立"，以体现科学性，对社会工程的研究是否也可以提出这个要求？我们认为科学是不能摆脱价值的纠缠的，社会科学更是如此，社会工程思维的特点则是价值导向优先的。这是因为，社会工程是通过建构一个新的社会事物去解决一个社会问题，实现一个社会目标，所以社会工程研究必须首先确定一个总的价值目标。但是，社会工程研究中的一个重要特点是价值定位处于不确定状态，面临着价值竞争，这是一个需要解答的函数。因为对同一个问题存在着不同的价值准则，需要进行价值整合，这是与自然科学研究、社会科学研究不同的地方。自然科学研究的价值准则是确定的，就是为了发现真理；社会科学研究也要发现真理，但研究者的价值立场会有差异，从而影响真理的获得。社会工程研究与此大不相同，价值定位是一个首先要确定的变量，首先要解决的问题。所以，我们也可以说社会工程研究是价值导向的模式设计研究，问题是我们必须将价值定位奠定在科学的基础之上。

也有人会问，由于常常听到社会系统工程这个术语，那么，如何区分社会工程和社会系统工程这两个概念？

我也注意到，经常看到的情况是把社会工程与社会系统工程当作相近或相同的概念，或者相同的话语方式使用。其实，这里也存在着广泛的误解。社会系统工程是把系统科学的理论和方法推广到研究社会问题的产物。这种理论和方法强调系统概念和系统方法的使用，其中包括描述社会结构的系统模型，更强调计算机模拟的应用，还包括一些具体的研究方法，例如运筹学方法、系统规划方法、系统控制方法、系统决策方法等。所以，社会系统工程首先是强调要用系统观念和系统方法去理解和研究社会改革和社会创新；其次，社会系统工程是指应用系统科学理论和方法所形成的研究社会改革和创新的方法论体系。

社会工程是把社会治理、社会改革、社会创新看成是一类特殊的社会活动，是人类活动的一种基本类型。在社会工程活动中，人们不仅要应用社会系统工程的思想和方法，还要应用哲学、社会科学的研究方法，尤其是要坚持和运用马克思主义的思想理论和方法，特别是历史唯物主义的立场、观点和方法。所以，社会工程是一个特殊的专业领域，在社会上具有相对应的社会实践领域和职业岗位；而社会系统工程是一门应用系统思想研究社会的方法论体系，是一个相对独立的学术领域。社会工程作为一个专业领域可以有几个不同的学术领域来支撑，当然，社会系统工程的学术思想与方法论是其中比较重要的学术领域。

人们一般容易理解社会工程的社会性特点，但是还要进一步说明社会工程的工程性特点。

人们对社会工程的误解，也往往是将其等同于加工机器部件的机械工程，这是对工程概念极其狭义的理解。工程活动是变革事物和产生新的社会存在物的活动。如果产生一个自然事物，如修建一座水库等，是自然工程。而如果是创设一项制度形式，如今天我们提出的发展和建立混合所有制的经济形式就是社会工程，人口政策设计与实施、生态保护等都是社会工程。特别要指出的是自然工程活动与社会工程活动往往是交织在一起的，一项大的自然工程的初始决策，往往是通过社会工程的过程实现的。例如长江三峡工程的决策是通过中央高层的政治参与，经过人民代表大会的形式决定的，而且在其实施过程中的移民工程就是一项复杂的社会工程。

另外，在人类社会的早期阶段，甚至是前现代时期，社会工程的实践往往是依靠政治家的实践经验和个人智慧实现的，并且缺少科学技术的支持。但在现当代社会，随着科学、技术、社会、工程的一体化发展，社会决策和实施的工程化特征愈来愈突出。社会工程的实践活动更多地体现领导与专家相结合，表现为专家智库研讨、系统设计、模拟论证、集体决策和实践检验的形式。我国著名科学家钱学森曾经对此有深刻论述。他的一个重要的思想就是设立"总体设计部",集中各方面的意见和建议,从不同的学科、专业研究同一个问题,同时建立反映复杂关系的模型进行计算机模拟,在反复模拟和讨论的基础上进行科学的社会工程决策。所以,社会工程强调在模式设计这个核心环节中,要把发展理念的建构、制度形式的设计和相应的技术平台设计密切结合起来,否则就不能体现当代社会工程研究的特点。

社会工程作为一个专业领域,它的目标任务是研究社会治理,促进社会发展。一个国家的政府代表人民治理社会,所以各级政府的综合管理部门,或者政府的某一管理部门的综合管理机构,尤其是各级政府的政策研究室,是社会工程人才的责任岗位。这些部门的工作性质,是面对社会发展的总体状况进行综合分析,提出政策建议和制度建设的建议。中国共产党十八届三中全会提出全面深化改革的历史任务,明确指出,通过全面深化改革,进一步完善和发展中国特色社会主义制度,推进国家治理体系和治理能力现代化。这个改革的总目标为发展社会工程的学科和专业,培养社会工程人才,提出了迫切的实践需求,也提供了广阔的实践舞台,必将推动社会工程研究的蓬勃发展,更好地服务于改革开放的伟大事业。

十八大以来,以习近平为核心的党中央治国理政的实践,更加突出了社会工程研究的重要性和必要性。习近平总书记一系列讲话精神,内容非常丰富,涵盖领域非常广阔,论述得十分深刻,仅就其与社会工程的关系来说,提出了很多需要研究的问题。例如,十八届三中全会精神中有很多内容都是关于改革方法论的新思想。习近平总书记多次讲话强调改革要坚持正确的方法论。他反复强调,全面深化改革是一项复杂的系统工程,各项改革措施之间的关联性、耦合性要求非常高,要更加注重改革的系统性、整体性、协同性;坚持加强顶层设计和摸着石头过河相结合,整体推进和重点突破相促进,抓住重点领域和环节的改革,牵引和带动其他方面的改革,正确处理发展改革稳定的关系,把改革的力度、发展的速度、社会可承受度统一起来,科学把握改革的战略重点、优先顺序、主攻方向等。这些改革方法论的思想,是中国改革开放丰富经验的总结,是社会工程研究重要的指导原则和思想资源。就此而言,要建设和发展具有中国风格、中国特点的社会科学,推动社会工程研究最有利于反映中国经验,表达中国话语,也最能够切近中国当代发展问题的实际,这是社会科学领域的一个新的学科发展方向和新的学术增长点。所以,我们要深入学习研究习近平系列讲话精神,尤其是治国理政新思想、新理念、新战略,乘党的治国理政新实践的强劲东风，抓住历史机遇，推动社会工程的研究，努力地服务于中国的现代化事业、中国特色社会主义事业、改革开放的伟大事业。

王宏波

2017 年 1 月 26 日

于西安交通大学兴庆校区

第一版前言

社会工程作为一种话语方式已经被大众所接受，但是作为一种学术理论在我国是一个新的学术研究领域。将社会理解为一种工程思维的对象并提出社会工程问题，有一些人对此抱有怀疑的态度；还有一些人认为，将工程思想引入社会研究会陷入机械论陷阱。但是我们却认为，社会工程的研究方式反映了人文科学、社会科学、自然科学和工程科学的大跨度交叉，是适应未来社会发展、科学发展前途的一种新的知识综合方式。

社会工程的思想可以在不同的学科中找到其思想渊源。社会学中可以追索到孔德的社会静力学与社会动力学；在法学中可以追索到美国法学家罗斯柯·庞德的社会工程法学派。庞德认为法学是一种社会工程学。在日本，社会工程学则被认为是反映现当代社会发展复杂性程度的一门综合性社会科学。日本学者认为，社会工程学是以社会政策、法规、计划的概念为核心的，将人文科学、社会科学、自然科学、工程学等学科的知识和技术进行新的重构与整合，并有自己特殊内容的新兴学科。我们认为，社会学的研究应迅速适应世界社会科学发展的趋势，建立和发展我国社会工程学学科。社会工程是20世纪下半叶以来社会学学科发展的一个新的分支。科学、技术、社会、政治、经济、文化、环境的发展出现了交叉、渗透、融合、一体化的发展趋势。综合性、多学科的研究社会发展问题，既是社会发展的需要，也是学科发展的需要，尤其是应用社会科学学科创新、发展新的学科增长点的需要。

社会工程研究的特点是将工程思维与社会思维相结合，强调社会工程研究的突出特征具有十分明显的工程活动特征。工程研究活动不同于科学研究活动的基本特征是"设计"活动。工程设计活动包括对象设计和过程设计。例如建造水坝的坝体设计是对象设计，如何实施就是过程设计。社会工程研究也有社会蓝图设计和社会过程设计。社会蓝图与社会过程设计的统一就是社会模式的研究。社会工程思维的核心环节是社会模式的创造性设计问题，它体现了科学规律与客观环境及其实际情况的统一。所以，社会工程研究具有以下几个特点：①从社会关系的总体上把握社会结构的特点，对于具有复杂性的社会结构进行结构关联性分析；②揭示社会结构中的不同要素所具有的"互动规律"，揭示这些互动规律的网络性质；③它的任务是通过建构新的社会结构模式去解决社会问题、促进社会发展；④社会结构模式的具体体现是社会体制、社会公共政策、法律法规制度；⑤重点研究在我国社会转型时期或者说是在社会结构处于变结构状态下的协调发展模式问题。

社会工程研究的核心是探索变结构下的社会模式设计理论、社会模式的设计方法、社会选择的理论与方法。社会模式的设计理论研究主要是将工程活动的设计思维应用于社会发展研究，将社会规律与社会发展模式相区别，并将社会模式作为特殊对象进行研究，需要进行大量的理论分析工作；社会模式的设计方法研究也尚少可供借鉴的资料，既需要进行理论分析，更需要从实际的政策研究案例中进行概括和总结；社会选择的理论和方法需要借鉴国外同类研究的成果，并以马克思主义为指导进行中国化的创新。

社会工程具有交叉整合思维的特点，它要求体现理论研究与方法论研究相结合、归纳分析与演绎推理相结合、逻辑模型分析与数理模型分析相结合、矛盾思维与系统思维方法相结合、理论分析与案例分析相结合的原则来建构社会工程研究的方法论。社会工程研究的根本指导思想是以社会结构的变化为基本参照系，研究变结构条件下社会问题的结构和社会模式的设计与分析问题，并将这一思想贯彻到社会工程学研究的整个过程之中。

社会工程研究与社会工程学研究是两个不同的层次。研究具体的社会规则问题是社会工程研究的任务。社会工程是研究社会发展的各种具体模式的研究活动。社会工程学就是研究和探索社会发展的各种具体模式的理论和方法，它不同于研究社会发展规律的各门具体社会科学理论。社会工程学的研究旨在建立一门应用社会学的基础理论，它是社会工程研究的方法性理论。社会工程学的核心概念是社会分析、模式设计、模式分析，其具体对象是各种社会政策和社会法规。所以研究社会工程的理论和方法，涉及多学科的参与。本项研究的基本思路拟采取以社会学的理论和方法为主导，结合其他社会科学，吸收工程科学的思维特点，引入数理模型与逻辑模型方法，进行交叉式与融合式的综合性研究。社会工程学的研究在学理上将把社会科学规律与社会发展模式区别开来，分别研究其各自的特点与作用；在此基础上研究社会模式建构的原则和方法；再进一步研究社会模式分析的系统方法、数理方法、逻辑方法。社会工程学的研究将贯彻理论研究与方法论研究相结合、归纳分析与演绎推理相结合、逻辑模型分析与数理模型分析相结合、矛盾思维与系统思维方法相结合、理论分析与案例分析相结合的原则来建构社会工程研究的方法论。社会工程学研究的指导思想是以社会结构的变化为基本参照系，研究变结构条件下社会问题的结构和社会模式的设计与分析问题，并将这一思想贯彻到社会工程学研究的整个过程之中。

社会工程学的研究内容就是关于社会工程研究过程的一般理论和方法问题。初步考虑，它包括下列几个方面：①关于社会工程学的研究对象问题。这里要明确区别社会工程研究的对象与社会工程学的研究对象。社会工程的研究对象是很具体的，例如一项公共政策的设计和实施。社会工程学则是研究关于社会工程研究的一般理论和方法。②关于社会工程学研究的内容，我们初步认为可以有这样几点：社会结构变迁与社会工程的作用；社会结构模式的地位与作用；变结构状态下的社会模式设计理论；多准则下的社会模式优化理论；多重矛盾状态下的协调发展与协调分析理论；公共政策与社会法规的设计理论。③关于社会工程研究的方法论，它包括以下几种：第一，社会分析方法，如社会问题诊断的逻辑数理方法、社会网络分析方法、社会主体结构分析方法、社会系统结构与"基本"矛盾分析方法（不特指社会基本矛盾，而是泛指与不同层次的社会系统相对应的基本矛盾）、协调分析方法、理想类型分析方法、变结构分析方法等；第二，社会模式的设计方法，如体制结构的设计方法、社会政策的设计方法、法律法规的设计方法等；第三，社会模式的模型分析方法，主要是模型模拟方法。④关于社会选择的理论与方法，主要是以社会价值理论与社会真理的辩证关系为指导研究社会选择的具体操作原则、标准和方法。

社会工程学的具体研究指向是研究社会立法和公共政策制定过程中的逻辑模式特点和方法论原则问题。它以各种社会问题的解决为指向，以具体的社会关系模式的建构为内容，以调整人与人、人与自然、人与社会的关系为本位，以社会科学的理论与方法为主导，综合利用相关社会科学、人文科学、自然科学以及工程科学的相关知识，根据计划、政策、法规设计的概念，重构这些知识和技术，探索社会工程研究的一般规律和方法。

这个研究项目把关于法的研究、社会政策的研究、公共政策的研究与社会工程的理论和方法研究密切地结合起来，也是社会科学学科建设与发展的一个特色。

社会工程学理论是社会立法和公共政策研究的一个新的理论取向。在我国，随着社会主义市场经济的发展，宏观经济问题、宏观社会结构问题、微观社会秩序问题、生态环境问题的突出，精神文明建设要求的加强，社会公共政策、社会公正秩序和社会具体发展模式的研究已经是各级政府管理的主要问题。社会利益的调整、社会物品的分配、社会项目的规划、社会福利的增进等成为公共管理的主要内容。这种问题的解决是多种主体的利益互动过程，也是多学科准则相互交叉的产物。社会工程学就是如何应用多学科理论、多种价值准则进行社会立法和制定公共政策的理论。社会工程基本理论的研究结论可以推广、渗透到公共政策和法学的研究领域，具有广泛的应用前景。

社会工程研究中所蕴含的哲学问题具有现时代的意义。"按客观规律办事"这一哲学命题，是强调要尊重客观规律，根据客观规律行事，"尊重"、"根据"并不等于"按照"、"照搬"。规律对于实践来说并不是某种现成的、拿过来就可以直接应用的东西。规律要应用于实践必须经过主体根据自身的需要与客观条件的允许，合目的性地运用于实践模式之中，正如我们已经分析过的，规律不等于模式。如果忽视了这一点，就难以理解和分析决策实践中的一些现象。人们常常发现，对于某一客观现象的规律性认识并非错误，然而，依此作出的实践模式却可能是失败的。于是，常常会产生这种惊疑：为什么依据正确的客观规律作出的对策是失败的？为什么怀着对客观规律的虔诚信念却没有达到预期目的？这种惊疑的逐渐累加，就导致对原初发现、认识并接受的客观规律的怀疑。例如，有些人看到社会主义改革事业所出现的暂时挫折和困难，甚至走一些弯路时，就动摇了社会主义的信念和对社会历史规律产生怀疑，除了其他原因之外，对于那些善良的人来说，这就不能不被认为是将规律与对策混为一谈的一种反应，把实践模式的暂时失败直接等同于真理性认识的一种谬误。

当实践模式在实践中失败时，不能简单地断定是对策中所依据的规律不正确，还有一个重要的理由，即模式的实现方式是对规律的灵活运用。依据同一个规律，实现同样一个价值目标，由于利用规律的方式不同，所设计的实践模式的实施结果就不一样。电磁感应、磁力线切割产生旋转力的规律是不变的，有人可以据此提出以中心轴为转子的电动机设计方案，有人却提出以外壳作为转子的电动机设计方案。设计同样的电机，依据同一个规律，但实现的方式就大不一样。关于已知电的运动定律总是有限的（就目前发现而言），但对电的利用方式大大超过了电运动定律的数量。当对策在实践中失败时，其原因可能既不是规律性认识的错误，也不是价值目标设定不合适，而是规律在特定条件下实现的方式不恰当。

如果人们不注意对策与实践结果的这种复杂关系，仅把认识的过程和认识结构作一简化理解，从认识与实践的依赖关系出发，根据只有变革事物，才能发现事物运动的规律，只有变革成功，才能证明认识正确，变革失败则证明认识之错误这一简单概括，那么就会把变革时所设计的实践模式与设计模式时所依据的假定性认识相混淆，进一步，就会将模式与规律相混淆，把模式之失败当作规律性认识之错误的唯一判据，从而引出许多不应当有的理论思维层次上的混乱。

引入模式概念，可以指导人们正确地总结经验与教训，避免简化和经验主义与教条主义。由于经过对策这一中介环节的折射，事物发展的因果链条中加进了人的主观目的或价值的因素，使规律与实践结果之间的关系出现了复杂的情况。当具体模式在实践中失败、人们反思对策时，必须分别考察几种可能的原因：所依据的规律正确吗？所设定的目标或价值取向合适吗？运用规律的方式合理吗？从等概率意义上分析，每一种原因导致失败的可能性都是相等的。所以，人们遇到失败后的疑问应首先指向对策，而向具体模式发问时，则应朝着以上几种原因的方向进行探索。如果在思维框架中，在理论思维的框架与哲学理论体系中缺少模式这一概念时，就会把规律与模式直接等同起来，那么，人们在实践中一旦遇到挫折或失败，人们就会以100%的概率去怀疑规律性认识。这种思维结构上的误区，容易导致对真理性命题的轻易怀疑，对信仰的随意抛弃，也容易导致对权威的盲目迷信。因为当把具体模式等同于规律时，某个模式的暂时的或局部的成功，会诱使人把对策中所包含的特殊性理论当成普遍真理，把经验当成教条。

这本书所集结的学术思想是我和我的同事以及学生们合作研究的学术成果。我从1988年开始就思考社会工程方面的问题，这是我的学术研究的主要方向之一。多年来一直坚持不断，得到了我的学校、我的同事和我的学生的大力支持，在这本书里所集结的学术成果是一种学术氛围的产物，是得益于学术团队的共同努力。对于社会工程问题的研究，开始于1988年所承担的一项课题。这个课题是陕西省"七五"规划课题，课题的名称是《陕西省科技人才流动研究》，同年又承担了《西安产业协调发展与结构调整研究》；在1989—1990年承担了国务院发展中心课题——《全国社会、经济、科技协调分析指标体系研究》；1992—1994 年承担了国家社科基金课题——《社会系统协调分析的理论与方法研究》；2000 年我们承担了陕西省政府委托课题——《西部大开发与高等教育基地研究》。这些课题有力地支持了我们对社会工程问题研究的深入。2000—2003 年，承担了国家社科基金课题——《社会工程的理论与方法研究》。西安交通大学在2003—2005 年的"211"工程项目的立项计划中，经过专家的论证确立了一个"西部社会经济跨越式、可持续发展的规律和模式研究"的项目。这个项目有两个研究的内容指向，就是既要研究西部社会发展的特殊规律，更要探索西部发展的各种具体模式。为了推动社会工程研究的进一步深入，西安交通大学在2005—2007 年国家"985 工程"二期项目中又将"社会工程的理论和方法"研究列为一个重要方向。我之所以要列举这些事实，是因为这里总结的学术思想大部分得益于这些课题的研究，而且要特别感谢这些课题的参加者和学术研究的合作者。感谢西安交通大学的领导和职能部门对这项研究的支持。

　　本书的内容分为两个部分。第一部分是社会工程的理论研究部分。参与这部分研究的合作者有李黎明博士、张顺博士和我的博士生杨建科、陈建兵等。第二部分是应用研究部分。参加这部分研究的合作者有张思峰教授、霍有光教授、赵文龙博士、李霞博士和我们的博士生杨建科、雍岚、屈旻以及硕士生刘敏、梁军、王胜兵、郑美雁等。他们所执笔撰写的部分都以脚注的方式作以标记，以表示对他们所进行的知识劳动和思想智慧的尊重和感谢。

　　对于社会工程思想的研究我们仅仅是迈开了第一步，这本书所反映的学术思想也都带有专题的性质，这是任何一个学术领域发展的起始阶段的一般特点。我们希望引起学术界的关注和批评，以推动这个学术领域的发展。由于我们的研究是初步的，所研究的问题也只是这个领域中的很小的几个小点，而且我们认识的问题中所包含的问题比我们已经认识的问题要多得多，因此，我们诚恳地希望得到学术界的同行和有经验的专家的帮助。

王宏波

于西安交通大学求索园畔

2007 年 1 月 6 日

目　录

下篇　社会工程研究的理论和方法

上篇
马克思主义视域中的社会工程

第一章
社会工程是马克思主义理论的
实践形式①

社会工程是相对于自然工程而言的。人类的生存和发展当然不仅仅依赖改造自然，同样也依赖于对社会的改造，例如，对社会发展的预测和规划，对社会制度和政策的设计，对社会行为、社会秩序的规范和控制，对社会问题的调查和处理，以及对社会运行的宏观管理和调控等，同样也需要一定的方法、手段和程序。而这些方法、手段和过程研究、发现和应用就是社会工程活动②。

在新形势下，马克思主义理论要转变为亿万群众的具体的社会实践，必须有一个中间环节，这就是社会工程的研究活动。社会工程活动是在比较抽象的理论原则和具体的社会实践之间的一个过渡环节，是理论与实际相结合的载体。通过社会工程活动，才会形成体现理论原则的社会实践模式，进而通过社会实践模式规范社会实践活动。所以，马克思主义要能够成功地应用于社会实践，可以通过社会工程这一重要形式。

---

① 王宏波、杨建科、周永红：《社会工程是马克思主义理论的社会应用形式》，《马克思主义研究》2009 年第 12 期，第 35-41 页。
② 杨建科、王宏波：《论自然工程与社会工程的关系》，《自然辩证法研究》2008 年第 1 期，第 57-61 页。

一、社会工程是马克思主义理论的应用活动

社会工程理论和实践为可以将抽象的理论命题、原则转换成具体操作模式的实践过程，是对马克思主义哲学认识论的丰富和深化。

毛泽东在《实践论》中曾经论述过认识过程的"两次飞跃"，第一次飞跃是从具体的社会实践到概括的理论认识。即理论体系的概括与抽象来源于对现实社会实践的总结；第二次飞跃是从理论到实践。即用已经总结形成的理论命题去检验和指导具体的社会实践过程，理论的作用和指向在于解释和指导实践。一般地讲，从理论到实践的转化过程中，对立面转化要有一个中间环节，此问题在自然科学中很清楚，这就是技术科学和工程科学，科学原理和科学规律通过技术实践和工程实践得以实施和应用。但是，在社会科学和社会实践领域，从理论到实践的转化过程中，我们也需要探索一个转化的中介环节或者机制。

如果说"第一次飞跃"的认识特征是以抽象和分析为基础，经历一个不断被纯化、不断减少条件的理想化过程，那么，第二次飞跃则是对一个理想化的、抽象命题不断增加条件，把一般理论变成具体操作模式的过程。这个过程不仅包含了主体对理论命题的真理性认识，也包含了主体对其他相关社会历史条件、时空条件、主体的价值取向和操作理念的整合，通过对理论命题结合现实条件的不断丰富、具体化和协调，逐步形成适应现实的具体操作化的社会模式，这个过程体现了社会工程理论的设计性、建构性和协调性。

从认识的两个飞跃过程的分析来看，从理论到实践应该有一个中介环节①。理论是最抽象的和最一般的命题，而实践却是具体的现实，理论命题不能直接应用到现实实践中去，这种应用需要通过操作模式的中间环节进行转化。如果不经过中介的操作模式的转换环节，直接将理论命题应用于具体实践，就会将理论命题和操作命题混为一谈，就会将真理性知识和操作性知识不加区分，简单等同，其结果在社会实践中就可能会出现问题。古往今来，许多体系完美、自圆其说的理论为人们描绘了美好的蓝图和前景，从理论形态上讲，这些都可以成为高明的理论建树。然而，这些理论应用的实践效果却往往不佳，甚至有些付诸实践后令人失望，更严重者还会引起灾难性后果，究其原因就是将理论原则直接用于实践对象的操作，缺乏中间操作模式的环节转换。从现实到理论，很多具体的条件性的内容

---

① 王宏波：《论实践观念模型的地位与作用》，《哲学研究》1992 年第 5 期，第 25-32 页。

都被抽象掉了,只剩下了共性的一般的东西,它远离现实而又抽象地反映现实之某方面真实的性质。具体的实践是和具体的环境、历史、文化和社会生活镶嵌在一起的,这些边界条件必须加以考虑,否则难免走入纸上谈兵的误区。社会工程研究就是在遵循社会规律,综合理论认识的基础上,分析各类边界条件的影响和冲突,整合社会行动的要素和方面,探索和设计理论向实践转化的操作模式的理论和方法。模式本身既体现理论规律,又整合了现实条件,因此很好地实现了从理论思维向实践思维的转化。从这个意义上说,社会工程研究不可或缺,社会工程是理论指导和应用于社会实践的基本形式之一。

理论不等于政策,真理不等于模式,有了建设中国特色社会主义的理论和目标,怎样将理论和目标以及要求落实到具体的社会发展和建设中去,就需要有相应的制度、模式和政策去实现和贯彻中国特色社会主义道路的理论和目标。社会工程的作用就在于它是探索和研究如何将理论命题转化成操作性命题的理论和方法。社会工程作为变革、改造社会的重要实践形式,是社会主体借鉴工程的思维和方法进行的规划社会蓝图、设计社会发展模式、制定政策和制度的社会建构活动,社会工程所要建构的就是社会模式或社会关系体系,是将马克思主义中国化的原理、原则和命题与当前中国具体经济社会发展领域和问题相结合,探索、规划和设计社会发展模式、制度体系和政策措施的一般性的理论和方法。将马克思主义中国化的最新理论应用于中国改革发展的具体实践,就要通过社会工程的中介环节,将理论和实践沟通起来。

二、社会工程规律是马克思主义理论应用研究的新内容

理论思维的目标是建构理论,工程思维的目标是设计蓝图,社会工程研究具有工程思维的特征。社会工程本质上是建构性的,它把一个原来没有的社会结构或者社会事物创造出来,是一个从无到有的过程,是人们在把握科学规律的基础上,通过"对象设计"构思出蓝图,再通过"过程设计"将蓝图转化为现实,是一个合乎规律、合乎目的的建构性社会实践活动[①]。它是科学、技术、工程与社会方法的统一。社会工程的研究重点集中表现在社会规则的设计环节上,它既包括对象设计也包括过程设计,这种活动的本质

---

① 王宏波:《社会工程的概念和方法》,《西安交通大学学报》(社会科学版)2003年第3期,第45-52页。

是通过"设计"来建构和调整社会关系，形成不同的政策规范和制度结构，从而解决社会问题，规范社会行为，达到推动社会进步的目的。

社会工程规律似乎是一个新问题。首先遇到的问题是，有没有社会工程规律？社会工程规律与社会发展规律有何区别？我们认为，既然社会工程活动是一个相对独立的社会活动，是社会认识过程的第二次飞跃过程，那么，也就相应地具有反映这个过程的规律，它是马克思主义理论应用研究的新内容。社会规律是指社会事物之间的必然、稳定的联系和社会运动、变化、发展的趋势，它是人们社会活动的内在逻辑，通过社会事件之间的必然关系表现出来。恩格斯在致约·布洛赫的信中提出了"历史合力"的思想，认为社会历史发展是必然性与偶然性的统一，历史进程是社会事物与个人意志的合力的结果，历史的实现方式是必然规律通过偶然事件向前推进的。[①]人们如果认识了社会实践之间这种必然的联系，人们就对社会发展趋势有了真理性的认识。社会规律与自然规律一样，具有不依赖人的意志而转移的客观必然性。然而，这种社会规律是通过人的自觉活动表现出来的，但却是无数人的自觉活动的平均效应。每一项人的自觉的社会活动就表现为社会工程的形式。社会工程塑造了一个又一个的社会事物。已经形成的社会事物之间的相互作用表现为社会规律的形式。但就某一个社会事物的形成过程来说，它又有自己具体的、个别的生成规律。所以社会工程规律就是某一个具体的社会事物从无到有的形成规律。就社会发展的每一个具体阶段，社会领域内的每一项具体活动来说，都是具有明确的意识指向、赋予明确的价值原则、充盈着人的情感寄托、体现着某种现实目的的人的活动，这种有着具体针对性的具体活动就是社会工程活动。这种社会工程活动受到社会工程规律的制约，也受到社会规律的制约。社会规律是社会工程规律发生作用的基础条件和背景平台；社会工程规律是社会规律的实现形式。社会工程作为一种社会关系实现形式和设计、实施的社会活动，是把社会规律揭示的社会事物之间的必然的稳定的联系和社会运动、变化、发展的趋势，落实到现实社会模式的设计和实施，使得新的社会现象得以产生和形成，从而推动现实社会的进步。例如，科学发展观揭示了中国现阶段社会发展的客观要求，它是我们各种社会工程活动的一般理论指导，它不能替代人们对各种具体发展模式的探寻。因此，从社会工程的角度讲，社会工程规律就是人在变革社会的活动中具体建构具体的社会模

---

① 《马克思恩格斯选集》第 4 卷，北京：人民出版社，1995 年，第 695-697 页。

式的过程中所存在的活动规律，它体现的是具体的社会变革中建构各种具体的社会事物模式的规律。

从认识过程的角度讲，人的认识有两个相互联系的层面，即社会规律性认识和社会工程规律的认识。如前所述，社会规律是既存的社会现象之间相互作用的规律。社会工程规律是人类改造社会的实践过程中，把对自然、社会的认识运用到具体变革社会的活动中，建构新社会事物的规律。人从实践活动中获得关于自然规律和社会规律的认识，完成了认识过程的第一次飞跃；又运用所获得的认识处理实践中遇到的自然、科学及社会问题，形成社会工程规律的认识，运用这些认识指导变革社会的实践，完成认识过程的第二次飞跃。社会工程研究的着眼点在认识过程中的第二次飞跃中，表现为处理从理论形式转化为具体对策过程中遇到的模式设计问题，即如何把规律性的认识转换成现实的社会模式。其思维的核心是社会模式的创造性设计问题。第一次飞跃的成果是获得了对自然、科学、社会中的各种事物及其内在联系的相对真理。它是一种规律性的认识，回答的是"是什么"或"为什么"的问题，并不是关于"怎么办"的问题。而在认识过程的第二次飞跃中，自觉地运用对规律的认识构思造物即是工程活动；筹划变革现有社会关系即是社会工程活动。社会工程规律源于变革社会关系的活动中涉及的各个要素之间的制约性，它所揭示的是社会规律的实现形式问题，也就是方案、计划、模式如何形成的问题。它反映的是"怎么办"的方法论问题。

从社会的建构角度讲，社会工程规律是具体地变革社会关系结构过程的规律，揭示的是人类实践活动过程中的，特别是变革社会过程中反映出来的因果性和目的性相统一的内在联系，是变革社会的实践活动过程中体现出的建构性变动规律，是社会规律、自然规律、工程规律与人在改造社会活动的互动中形成和体现出来的因果性与目的性统一。在社会工程活动中，人对自然的关系和人对人的关系通过具体的社会实践活动交织在一起。在变革社会的活动中，自在的规律由于人的介入，使事物与事物之间纯粹的因果关系转化为因果性和目的性的统一，并通过社会工程的活动和结果呈现出一种新的社会关系。社会关系可以分为一般社会关系和具体社会关系。一般社会关系指人与人在生活、生产、交往过程中形成的普遍的、一般的联系。而人们在社会生活、活动中的联系往往是具体的，社会工程就是旨在建构人与人之间具体的社会关系。人在构建具体社会关系的活动中，是自觉运用客观规律，使之按照主体的需要发挥作用的。

研究社会工程规律具有重要的理论和现实意义。

（1）研究社会工程规律深化了我们对规律的认识。社会工程规律揭示了变革社会的规律，更清晰地揭示了从理论到实践的第二次飞跃中的社会模式设计规律。其本质上是主体和客体相互作用的规律，它是建构新事物过程中的规律，是主体变革客体并建构新的事物的规律，它使我们对规律的认识多了一个层次。

（2）社会工程规律能够使我们提高社会工程成功的概率。有学者提出，从经验到意识形态的一跃是致命的。人何以可能靠有限的经验设计出真正符合社会发展的制度、政策呢？这实际上是在问人们所赖以存在的社会规则系统是自发形成的，还是通过人的社会设计过程实现的？依据社会工程规律设计的社会产物有没有合理性、正当性？随着历史的延伸，我们看到越来越多的社会规则将被设计出来。政策设计有可能成功也有可能失败，我们需要建立一门学问去研究它，探索它的规律，提升社会工程成功的概率。也正因为有许多失败的设计实践，不理想的结果，才要追问设计的合理性与规律性问题，提出社会工程问题。在基础理论和解决具体问题之间构架一座桥梁、中介，社会工程作为一门新兴的社会科学应用基础理论就是要解决如何运用一般理论，解决我们面对的社会问题，为社会科学基础理论的应用提供一般方法论。而社会工程规律就是要揭示变革社会的过程中社会事物之间有哪些关系和约束条件，从而为运用社会发展理论提供方法论指导，提高社会工程的成功概率。

（3）社会工程规律为马克思主义理论与实际问题结合提供方法论基础。马克思主义理论是关于人类社会发展一般规律的学说，而社会主义建设旨在解决社会主义怎么干，建设什么模式的社会主义，二者是不同层次的问题。社会主义模式是马克思主义理论与各国具体实践相结合在不同国家体现出来的社会主义实现形式，它一方面体现马克思主义的基本原理，遵循人类社会发展的规律，同时又从不同国家的具体实际出发，把社会主义的一般原则转变为社会主义的具体现实形式。当今世界不同的社会主义模式，是各国共产党在马克思主义理论的指导下，根据本国具体国情设计实现的社会主义国家形式。社会主义模式的探索，回答了怎样建设社会主义的问题，没有对社会主义模式的探索，马克思主义理论就失去了体现真理性和价值的载体。社会工程规律为马克思主义理论与实际问题的结合提供方法论基础，有利于我们探索社会主义建设规律。

（4）研究社会工程规律有助于我们探索构建和谐社会的具体模式。社会主义和谐社会，从应然层面上讲，代表的是人的美好愿望和价值理想，即和谐社会应该是什么；从实然层面讲，是指客观实际。构建和谐社会实质上就是变革现有社会状态，使之达到一种理想状态。社会是具有复杂层次结构的系统，社会和谐既要体现在不同层次之间，也要体现在每个层次上的不同组分之间，要构建一种社会运行机制，在制度上保障社会的有序运行。因此，构建和谐社会离不开和谐社会的模式设计。研究社会工程规律就是要揭示社会事物中因果性和目的性统一的内在关联，把社会发展的规律性、社会控制的有效性和社会生活的有序性有机统一起来，使社会系统内部各个要素之间有序协调、良性转化、稳步发展。

三、社会工程是理论发展与应用的实践形式

1. 社会工程活动是马克思主义理论发展的实践形式

社会工程是设计和改变社会的活动，马克思主义的历史使命就是指向社会发展，通过制度设计和制度变革，改造社会，推动社会更好更快地发展。马克思主义理论的社会作用通过社会工程活动体现出来；同时，马克思主义理论的发展也要着眼于社会工程的实践，指导社会工程实践，从社会工程的实践中吸取营养。离开社会工程实践活动，即离开制度设计、规则设计与政策设计这个核心环节，就等于把马克思主义束之高阁。因为，如果我们只将马克思主义理论命题或者理论原则与社会上已经发生的或者已经存在的社会现象直接联系起来，就会犯简单化或者教条主义的错误。毛泽东说过：指导我们思想的理论基础是马克思列宁主义。可见，关于"指导思想"和"指导思想的理论基础"是两个不同的问题。我们不能把"关于工作的指导思想"和它的"理论基础"混同起来。形成关于工作的指导思想的过程是属于社会工程活动过程中的问题。因此，马克思主义理论是社会工程活动的理论基础和思想指南，马克思主义只有通过社会工程活动才能发挥作用；同样，社会工程活动是马克思主义理论发展的实践基础。离开社会工程活动理解马克思主义理论，马克思主义就会没有生命力。

新中国建立 60 年来，尤其是改革开放 30 余年来，我们经历了一系列的社会工程活动。正是这些社会工程活动创造性地发展了马克思主义理论，形成了邓小平理论"三个代表"重要思想和科学发展观，进一步地推进了马克思主义的中国化。

2. 社会工程研究是将中国特色社会主义理论体系转化为具体实践模式的基本途径

中国特色社会主义理论体系，即邓小平理论、"三个代表"重要思想

和科学发展观，是我们社会主义建设事业的理论旗帜。它们所针对的三个基本问题高度地体现了"理论体系"和社会工程的密切关系。这三个基本问题分别是：就我国进行的社会主义现代化建设来说，什么是社会主义和怎样建设社会主义；就党的建设来说，建设一个什么样的党和怎样建设党？就发展过程来说，即实现什么样的发展和如何发展。这虽然是三个问题，对应于三个不同的领域，但都有一个共同的内容特征，即它们都体现了目标和方法的统一。目标和方法的问题实际上是无法分开的，因为这两者是一体两面、不可分割的，目标决定方法的设计与选择，方法是实现目标的途径和手段。所以，中国特色社会主义理论体系是中国社会工程的理论基础和思想指南。它是从中国无数具体的社会工程实践中总结和概括出来的指导思想和理论原则。作为中国社会工程理论基础的马克思主义理论，应当包含如何建设社会主义的理论原则、怎样建设党的理论原则、如何发展的理论原则。但是具体的社会工程研究的是如何将这些中国特色社会主义理论体系的理论原则转化为具体的社会实践模式，实现建设社会主义具体实践的价值定位、方法设计与路径选择。社会工程活动的作用就是将马克思主义中国化的理论成果落实到具体操作模式中去。所以，社会工程研究就是马克思主义理论应用的基本领域，它既可从宏观层面研究社会发展模式问题，也可以从中观层面研究区域社会发展模式，还可以从微观层面研究具体社会单位的发展模式问题，实现社会改革的具体操作。马克思主义作为社会发展的规律性理论，中国特色社会主义理论体系作为当代中国发展指导性理论，都具有一般性和总体导向性，它们需要落实到具体的发展模式中才能发挥作用。社会工程的研究任务就是将抽象的理论原则转换为具体的发展模式，实现中国特色社会主义理论体系的指导作用。

应用马克思主义的基本理论和方法论原则及其中国化的马克思主义理论原则，研究中国当代发展的重大问题，就是中国发展社会工程的主体内容。马克思主义理论工作者不仅要研究马克思主义理论体系本身的发展，更要通过社会工程的研究，应用马克思主义推动中国社会的进一步发展。在关于中国当代社会及其各个领域如何进一步发展的问题上，存在着各种学术思想和学术流派的竞争。马克思主义理论作为主流意识形态的理论基础，更要通过各种社会工程活动的参与，开展对各种重大发展问题的研究，形成以马克思主义理论为指导，紧紧围绕党和国家的中心工作，紧紧抓住影响中国社会、经济、文化、政治、环境发展的战略性、全局性的问题，作出马克思主义的政策解读、政策分析和政策建议。所以，马克思主义理论工作者要把马克思主义的学术资源和学术积累转化为现实的社会政策效应,建设马克思主义的咨政思想库,服务于中国社会发展的重大问题决策。可喜的是,中国社会科学院马克思主义研究院等十一家马克思主义研究单位组建智库理事会,开始引领马克思主义理论思维面向实践的新层面和新方向,并举行了《中国社会经济发展智库首届论坛》①,以马克思主义人口理论探讨、审视人口与资源、环境、经济、社会协调发展态势,程恩富教授等马克思主义学者提出新人口策论,对我国社会发展进步的人口战略选择产生了积极影响。这种"智库"的建构和研究工作的开展既是社会工程活动的重要形式,更是发挥马克思主义理论的咨政作用和社会引领作用,是马克思主义理论深入人心的必要途径。

3. 马克思主义理论要通过社会工程研究发挥它的价值观统摄作用

不同理论和价值观指导下的社会制度和社会发展模式设计有不同的过程和结果,社会工程就是将理论指导与现实社会实践相结合,进行模式创建和制度设计的过程,是将理论用来指导和进行实践的过程。不同模式的创建体现了不同的价值观取向,而各种价值取向定位的背后有多种理论做支撑。多种理论的相互作用要求在价值观取向上实现协调和统摄。马克思主义既有马克思主义整体内在的价值观,也有现实层面不同区域、民族和不同社会阶层的价值观取向。后者从属于马克思主义理论整体价值观,但相互之间也存在矛盾和冲突。作为贯彻和体现马克思主义理论指导的社会发展模式既要体现马克思主义理论整体的价值取向,还要协调统摄内部各种不同的价值取向,价值统摄要通过模式设计和模式选择来体现。而模式的形成是通过社会工程来实现的。当前社会工程蕴涵的价值观是以人、自然、社会协调统一与可持续发展为基础的人类福利价值创造。这种价值观体现了价值综合的特点,具有明确的价值导向性和多元价值统摄的特点。

马克思主义理论要发挥价值定位与价值统摄的作用需要通过社会工程的研究。社会工程是研究和探索社会发展的各种具体模式的理论和方法,以社会问题的解决为指向,以具体的社会关系模式的建构为内容,要综合利用相关社会科学、人文科学、自然科学和工程科学的相关知识,通过建构和选择社会运行的具体模式和社会发展的方向,寻找解决社会冲突的制度和政策。在这种研究中,马克思主义理论与其他学科的理论和方法不是平权的,它是具有指导地位和统帅作用的。其他社会科学是在马克思主义

---

① 《中国经济社会发展智库论坛在京召开》,中国共产党新闻网,http://cpc.people.com.cn,2009 年 7 月 21 日。

理论的统摄性价值观的指导下发挥作用的。"价值中立"与"价值关联"是马克思·韦伯在社会学价值思想中极其重要的两个概念。这两个概念旨在说明社会科学研究者的价值立场在社会科学研究中的地位和作用，以及价值立场与研究结果的客观性之间的关系。①韦伯认为，在社会科学研究中应该区分事实判断和价值判断，应以价值中立的态度进行观察和分析，才能保证研究科学性。韦伯看到了问题的一个方面，然而社会工程要解决的是"应该如何"的问题，是应用社会科学理论进行社会运作模式的设计。这个过程必然是"价值关联"的，是需要马克思主义理论发挥价值定位与价值统摄作用。人们只有在研究和设计各种具体的社会运作模式的过程中，将马克思主义理论原则与其他相关的社会科学知识相联系，用马克思主义理论知识评论相关社会科学知识，同时汲取他们的知识营养，把马克思主义的理论原则和具体的社会科学知识结合起来，把价值导向要求渗透到各种知识要素的连接方式之中，马克思主义的价值统摄作用才能真正落到实处。

我国进行的经济政治体制改革的设计，就是在马克思主义理论指导下，围绕坚持中国特色社会主义道路进行的模式设计和结构调整，贯彻和体现的是马克思主义的内在价值观——即要实现人民富裕、社会和谐、科学发展的价值意蕴。在这样的理论和价值观指导之下的社会发展模式的设计，就是要从多学科的视角入手，贯彻社会工程思维，既要研究社会经济发展的一般规律，又要研究不同区域社会的特殊规律，协调各种发展理念，针对特殊领域的问题综合兼顾，权衡取舍，探索和创建不同问题和不同区域的具体发展模式，实现建设中国特色社会主义道路的目标和价值。

4. 建设和谐社会迫切需要社会工程研究

新世纪新阶段，我国经济社会发展的特点和需要处理的关系呈现出新的要求和特征，我国国民经济的总体规模和社会发展的复杂性程度已经远远超越了过去。一方面是经济规模不断扩大，总量持续增长，国家财政收入连创新高，另一方面是区域经济社会发展、分配不平衡，人口增长和社会流动的压力逐年增大，生态环境、能源资源、医疗卫生等领域的问题和改革推进艰难，经济社会发展面临诸多盘根错节、相互交织的问题。

这些都预示着一个共同的特征：中国经济社会发展到了高度综合和复杂的时代，这个时代发展特点要求我们对经济社会发展大局进行精细化设

---

① 侯均生：《"价值关联"与"价值中立"——评 M.韦伯社会学的价值思想》，《社会学研究》1995年第 3 期，第 1-7 页。

计和准确性规划，需要我们在发展理念和治理方式上作出调整。这个时期的社会治理方式应该是一种综合化的社会管理体制。现在问题形成的复杂性和综合性在解决方式上就应该采取综合化的研究方式。

社会工程思维体现在社会规划、调控、运行和管理的过程中，就是要借鉴工程活动思维和过程特点（诸如目标确立、环节设计、规范管理和过程控制等）对社会关系和社会结构进行不同层次的设计与规划，汲取工程科学的理论、知识和方法来进行社会整体的规划、社会模式的设计和社会运行管理。其要求社会管理者改变以往处理社会目标单一，经济社会关系相对简单的线性思维模式和发展理念，而要在目标多重、利益冲突和矛盾交织的复杂社会关系中进行权衡和协调，寻求解决之道，这种新的发展阶段要求社会管理者力求做到政策制定和制度设计的精细和准确。

5. 实现科学发展需要通过社会工程研究创建合理的社会发展模式

科学发展和社会和谐作为当前社会发展的基本目标和内在要求，如何才能实现社会和谐，怎样的模式能体现科学发展的内涵，中国特色的社会主义道路如何在改革发展的具体社会实践中体现，借助什么样的制度、政策、法规和机制去体现和贯彻，这才是问题的关键。当代中国社会转型和发展过程中出现了许多重要问题，尤其许多社会公共问题已经成为影响中国社会发展和社会生活的主题，在特定目标下我们进行的很多改革设计和模式选择（例如医疗改革、住房改革等）要么失败，要么效果不佳，事实上，这些问题的形成和解决都离不开各类科学合理社会模式（制度、政策和法规）的选择和创设。

在模式创造过程中，真理与模式并不是必然等值的。我们把握了真理，未必就能把握一个合理的模式，因为从真理中并不必然地能够推出有效的模式；在社会实践中人们设计、创造的各种社会结构模式仅仅反映社会发展规律的要求，它本身并不等于社会发展规律。一个规律可以通过各种模式表现出来，同样，社会发展规律的某种规定也可以通过不同的社会结构模式表现出来。另外，社会发展过程的不同方面的不同规律和条件的集合决定了模式创造的基本空间。

加强对社会工程理论和实践的研究，对于贯彻落实科学发展观和构建和谐社会具有重要意义。

第二章
社会工程是马克思主义理论实践化的中介环节

马克思主义理论作为反映社会发展的规律和价值的理论体系，它虽然客观地揭示了社会的本质和规律，但在表现形式上是以概念体系的形式存在的。社会存在的客观现实都是客观形式和客观过程的集合体。要使抽象的理论形态对客观现实发生作用，一定要把以抽象形态存在的理论知识转化为操作模式，从而作用于客观现实的事物，使客观事物发生相应的变化，才能实现理论的指导作用，理论才能从天上落到地上。设计操作模式的过程正是社会工程活动，正因为如此，社会工程是马克思主义理论指导实践的中介环节。

一、马克思主义理论的指导作用必须通过社会工程活动

1. 马克思主义理论只有通过社会工程活动，才能转化为具体的社会实践[①]

社会工程通过设计社会模式改造社会的人类实践活动。社会工程活动的特点是通过设计和建构制度、体制、政策、规则体系等社会模式来解除

---

① 王宏波、杨建科、周永红：《社会工程是马克思主义理论的社会应用形式》，《马克思主义研究》2009 年第 12 期，第 35-41 页。

解决社会矛盾，推动社会发展。

社会工程是马克思主义理论作用于具体社会实践的中间环节。社会工程的研究和实践活动是将马克思主义的原理、原则和命题与当前中国具体经济社会发展实践和问题相结合，探索、规划和设计社会发展模式、制度体系和具体政策措施的活动过程。它是将抽象的理论原则和具体的社会实践沟通起来的一个关键环节，是理论与实际相结合的载体。通过社会工程的规划与设计，会形成体现理论原则的社会实践模式，进而通过社会实践模式规范社会实践活动。要将马克思主义的理论应用于中国改革发展的具体实践，必须将理论、模式和实践连接起来。社会实践模式设计就成为承上启下的中间环节，成为比较抽象的理论原则和具体的社会实践之间的一个过渡环节，是理论与实际相结合的载体。通过社会实践模式设计，使马克思主义理论和社会实际凝结为一体。社会工程活动的实践内容就是实施已设计的社会实践模式或社会规则体系。所以，社会工程是马克思主义应用于社会实践的一个十分重要的中间环节。

社会工程活动是马克思主义理论发挥它的价值观统摄作用的关键环节。不同的理论和价值观指导下的社会制度和社会实践模式设计有不同的过程和结果，不同的社会实践模式的创建体现了不同的价值观取向。马克思主义理论要发挥价值导向与价值统摄的作用需要通过社会工程的研究。人们只有在设计各种具体的社会模式的过程中，将马克思主义理论原则与其他相关的学科知识相联系，用马克思主义理论知识评论相关学科知识，把价值导向要求渗透在各种知识要素的连接之中，形成具体的社会实践模式即各种具体的社会制度及体制框架，马克思主义的理论指导和价值统摄才能真正落到实处。

由于社会工程是马克思主义理论的社会实践形式，中国正在进行的社会工程体现了中国社会的实际进程，体现了世界历史的时代进程，体现了人民大众的实际要求，所以，马克思主义的中国化、时代化、大众化就必须和社会工程活动密切结合。这就要求，马克思主义理论的研究和应用指向应当面向社会工程的活动，把社会工程活动作为马克思主义"三化"的实践基础,通过社会工程活动推进马克思主义的中国化、时代化和大众化。

2. 马克思主义理论的社会实践形式经历了从社会理论到社会运动、社会革命再到社会工程的转化过程

从马克思主义理论形成和发展的历史过程看，马克思主义理论从产生时起就是关注社会现实的，马克思主义理论的发展过程同时也是马克思主

义理论不断作用于现实社会，形成马克思主义理论社会实践的过程。这种理论作用于实践形成马克思主义理论的社会实践形式大体上应该经历三个主要阶段，即从社会理论到社会运动，从社会运动到社会革命，再到社会工程阶段。

马克思主义理论总结和集成了人类优秀的思想理论精华，起源于对资本主义社会矛盾的揭示和批判，阐明了资本主义制度剥削的本质、根源，指出资本主义制度模式的暂时性，论证了无产阶级的历史使命和前途。它在对资本主义社会及其运行本质进行批判的基础上，形成了资本主义必然灭亡和社会主义必然胜利的科学判断，指出人类的光明前途是共产主义。马克思主义理论形成以后，加速了工人阶级从自在的阶级向自为的阶级的转变，国际工人运动从自发的斗争向自觉的阶级斗争的转变。在马克思主义产生以前，"社会主义运动和工人运动基本上是相互分离的独立运动，前者局限于知识分子，后者局限于工人，……科学社会主义的诞生促进了这两大运动的合流，社会主义运动在工人运动中找到了自己的物质载体，工人运动在科学社会主义中找到了自己的理论武器"①。所以，工人运动是马克思主义理论的第一个社会实践形式。这种工人运动可以在资本主义条件下，为争取工人社会福利而进行斗争；也可以把资本主义条件下的工人运动引导和转变为推翻资本主义根本制度的社会革命。因而，社会革命是马克思主义理论社会实践形式的第二种形式。俄国的十月革命，新中国的诞生，以及第二次世界大战以后一系列社会主义国家的诞生，就是马克思主义理论指导下的社会革命的成果。社会主义革命成功以后，无产阶级政党和劳动人民的历史地位发生了根本性变化，由被统治阶级转变为统治阶级，其所面临的是如何建设社会主义的问题。马克思主义理论社会应用形式的主题客观上由社会革命转变为社会建设。如何建设社会主义，实际上就是社会主义建设的社会工程问题。所以，社会工程是夺取了政权的无产阶级政党关于马克思主义理论社会实践形式的第三种形式。

马克思主义理论形成以后，它的社会实践形式依次经过了社会运动、社会革命、社会工程三种形式。这三种形式的依次转换是一个历史过程。每一次转换过程都是十分复杂和曲折的。它反映了马克思主义理论本身的发展和社会发展客观规律相契合程度的特点。马克思主义理论在发展过程中同不同国家的具体实践相结合，就体现为不同国家的社会主义运动形式，社会主义革命形式，社会主义建设的模式的不同。马克思主义理论本身的

① 顾海良：《马克思主义发展史》，北京：中国人民大学出版社，2009年，第75页。

发展是和马克思主义理论的实践形式的分化和深化紧密联系在一起。我国的改革、发展和建设的管理活动就是社会工程活动。中国改革开放的成功标志是形成了中国特色的社会主义理论体系，发展了马克思主义理论，同时也确立了马克思主义理论的新的社会实践形式——社会工程。

社会运动、社会革命与社会工程是适应不同时代主题和社会发展不同阶段需求的不同模式。革命和建设年代的时代主题不同、目标不同、社会发展程度和现实约束性条件不同，我们的思维模式也就有所不同。战争年代，同一社会成员间的同质性强，价值和认知比较一致，战争目标也单一和集中，因此，社会运动的方式能很好地团结社会成员、高效率地完成目标任务。和平与建设年代则不同，社会分化加速、社会主体的价值需求也不同，社会的其他方面的现实约束性条件也不同，因此，社会运动的方式不适合复杂问题的解决。对不同社会主体的利益诉求需要通过综合协调、系统集成、整体思维的思维方式加以系统考量和综合权衡，经过多重政策的相互配合、制度模式的相互协调和规则、标准的相互补充设计与建构来实现多元价值主体的需求。这种思维方式是社会工程思维的基本特征，它具有多样化和复杂性的特点，它超越了社会运动思维的整齐划一性，社会革命思维的非此即彼性。

3. 新中国成立后的前 30 年社会主义建设发生曲折的思想根源是社会运动思维对社会工程思维的僭越

中国革命时期，我们革命的目标、对象，敌我双方的立场都非常清楚，那个时候我们主要以战争的方式实现革命的目的。新中国成立以后，社会主要矛盾随着战争的结束和社会发展的新要求都有了重大变化，战争时期的社会运动形式与社会革命形式不再适合和平建设时期的社会发展需求。社会历史的进程，要求采用适应实际形势的发展理念和发展范式来推进国家经济发展和社会进步。然而马克思主义理论的社会实践形式却没有相应改变，依然在很长时期内仍然以搞社会运动和社会革命的方式来搞社会主义建设，结果社会主义建设遭遇了很多挫折。例如，"大跃进"、人民公社化运动、"文化大革命"等。然而，一旦以社会工程的思维方式搞社会建设时，我们的建设事业就会成功和前进。例如，新中国成立初期布局的156 项建设工程，20 世纪 50 年代中期在毛泽东发表的《论十大关系》指导下的各项政策，都取得了显著成就。所以，虽然新中国成立以后我们取得了很多重大的建设成就，但是从总体上说，我国的社会主义建设也遇到了很多曲折。

总结和反思新中国成立前 30 年我国经济建设和社会发展所形成的经验教训的理论思维的根源，就是社会运动的思维方式对社会工程的思维方式的僭越。执政党和劳动人民的历史方位已经发生了根本性的转变，社会发展的历史主题发生了根本性的变化，但是执政党的理论思维范式和社会管理理念依然是社会革命的传统范式，用社会运动和社会革命的方法来处理社会建设与社会发展问题。也就是说新中国成立以后，中国人面临的和正在进行的是社会经济文化建设，应当以社会工程思维的方式来分析问题和处理问题，但是，实际上应用的还是社会运动和社会革命的思维方式。

4. 中国正在进行的社会工程是马克思主义"三化"的出发点和落脚点

马克思主义必须与社会工程研究紧密结合才能达到"三化"的要求。离开了中国正在进行的社会工程，马克思主义"三化"就失去了出发点和落脚点。首先，马克思主义中国化的实质是将马克思主义的基本原理与中国的实际相结合，提出反映中国特点，具有中国风格和中国气派的社会发展理论。中国当前正在进行的改革开放就是伟大的社会工程，践行科学发展观也是社会工程活动。中国正在着力推进的经济建设、文化建设、社会建设、政治建设、环境建设的具体实践更是不同领域社会工程活动。所以马克思主义中国化的基本环节是要与这些生动具体的社会工程活动相结合。离开了这些社会工程活动马克思主义就成了无源之水和无本之木。其次，马克思主义的时代化，更要以社会工程为基础。理论的时代化与社会实践的时代化是一致的。中国正在进行的社会工程充满了时代性特征，这就是经济全球化，交往网络化，社会信息化，世界政治多极化，环境治理生态化。这些既是社会工程活动的时代性特点，又是社会工程活动的时代性要求。马克思主义只有与现实的社会工程活动相结合，才能汲取丰富的现实营养和理论概括的理论资源。再次，马克思主义大众化的实质是马克思主义理论要为大众所理解和掌握。马克思主义大众化，就是要向社会大众解释和宣传马克思主义理论体系，使大众能理解和掌握，并内化为价值信仰、思维方式和行为指南。马克思主义理论要被社会大众接受和应用于工作和生活，要从理论形态转变为大众的价值信仰、思维方式和行为指南，必须和社会大众的具体的社会生活相结合。当前大众的社会生活就是处在各种各样社会工程活动过程中的社会生活。社会生活结构的不断变化需要用马克思主义理论给予解释，才能将马克思主义理论贯彻到大众生活，才能实现马克思主义理论的大众化。离开了大众社会工程生活去解释和宣传马克思主义，只能是马克思主义的抽象化、空洞化。中国社会大众的社会生活问题大多数都与社会改革中的社会发展与社会问题相关，这正是中国社会工程活动的结果，因此马克思主义大众化要与社会工程紧密连接，才能为大众所理解和接受。

二、社会工程研究是马克思主义理论与社会实践活动相互作用的转化环节

任何一般的理论命题要实现对现实的指导和规范，它都要从抽象命题转换为具体命题，从一般的理论范式转换为具体的实践模式。这个由抽象到具体、由理论原则到实践模式的过渡过程中必须经历一个知识形式的转化环节。马克思主义理论要指导实践也必须经历一个转化环节，这个转化环节就是社会工程研究。

1. 社会工程研究体现了马克思主义理论与实践活动的双向互动

马克思主义理论指导具体的社会实践，体现了理论与实践的双向互动，一方面从理论到实践，另一方面从实践上升到理论。这个双向互动都要经过社会工程研究这个中间环节。首先我们需要区分社会工程活动与社会工程研究活动。社会工程活动是一个物质活动过程，它表现为物质操作过程，比如，具体的社会动员，具体物质调度过程，依照社会目的所进行的具体社会实施过程，等等，也就是人们的社会实践过程。社会工程研究却是一个理论思维过程，它是社会模式的蓝图设计与论证过程，也是具体的社会工程过程的理论反思与总结过程。从马克思主义理论实践化的视角分析，它包含着两个相互联系的过程。一个是社会工程活动的具体展开过程，这是各种物质资源相互作用的过程；另一个是社会工程的研究过程，它是以模式设计和过程设计为核心的思想过程。如果我们把作为实践化的内容和作为实践化的两个过程看作是三个平行的平面，其位置关系是社会实践过程平面在下，社会工程的模式研究过程平面居中，"马克思主义理论"平面居上，可如图 2-1 所示。

这个图形表示，马克思主义理论要实践化，它首先要穿越人们的思想过程，这里的思想过程就是指社会工程的研究过程，主要表现为模式的研究过程。社会工程活动中的经验，也要经过社会工程研究的思想过程，回到马克思主义理论自身。这个图形也形象地表达了社会工程的模式研究是马克思主义实践化的转化环节。

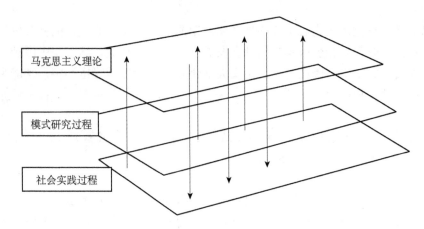

图 2-1　理论—模式—实践三层次示意图

图示说明：

马克思主义理论层面表示马克思主义理论要素的集合及其创新活动过程；

模式研究过程层面表示社会工程研究的思想过程；

社会实践过程层面表示社会工程活动的具体展开过程。

2. 社会工程研究是马克思主义理论研究的新领域

社会工程研究是马克思主义理论研究从社会发展的基本理论和规律的层次向社会发展的设计和实践层次的深入和扩展，是丰富和发展马克思主义理论的新学术领域和学科发展的理论增长点。

（1）社会发展模式研究是马克思主义中国化提出的社会工程问题。改革开放以来，马克思主义中国化实现了第二次历史性飞跃，形成了中国特色社会主义道路，产生了中国特色社会主义理论体系。中国改革开放的成功之路也被国内外一些学者概括、上升为"中国模式"，其实，中国模式的实质就是中国特色社会主义。马克思主义中国化提出了许多社会工程问题，这些问题也是马克思主义中国化研究的新问题和新领域。

从社会发展规律与社会发展模式关系角度立论中国特色社会主义是马克思主义中国化提出了的社会工程问题。当前理论界基本上都倾向于把马克思主义基本原理同当代中国建设实际相结合看成是中国特色社会主义的立论依据。实际上，中国特色社会主义的立论依据还可以从社会发展理论和学术角度进行分析。马克思主义的基本原理揭示了人类社会发展规律，但并不等于提供了社会主义建设模式和具体政策，社会主义建设需要在遵循马克思主义基本原理的要求下，结合实际情况，设计、探索适合于自己的发展道路和发展模式。马克思主义基本原理属于社会发展规律层次的问题，而社会主义建设具体实践则属于社会发展模式层次的问题。社会发展规律与社会发展模式既有联系，又有区别，不能简单等同。马克思主义基本原理同中国建设实际相结合的问题，实际上反映的是社会发展规律如何转化为社会发展模式这一社会工程问题。因此，社会工程研究将为马克思主义中国化奠定学术学理上的支撑。

多重社会发展规律、多种政策理念综合集成是马克思主义中国化提出了的社会工程问题。改革开放是一项复杂的社会系统工程，需要统筹兼顾各方面利益，需要正确处理社会主义现代化建设中的若干重大关系问题，例如改革、发展和稳定的关系，经济建设、政治建设、文化建设、社会建设协调发展的关系。在中共十七大报告中，胡锦涛总书记以"十个结合"高度凝练地概括了中国特色社会主义成功探索的基本经验。"十个结合"是中国特色社会主义成功的关键。"十个结合"提出了中国特色社会主义政策设计和制定的一般方法论原则，即多重社会发展规律、多种政策理念综合集成的社会工程问题。

（2）社会工程规律问题是从社会工程角度提出的马克思主义时代化的一个理论论域。马克思主义时代化的实质是马克思主义要应对时代挑战、回答时代课题，并在此过程中实现自身的理论发展。区分社会发展规律与社会工程规律是马克思主义时代化所提出的社会工程问题。马克思主义理论是关于社会发展的理论，揭示了人类社会发展规律。但马克思主义应对现实挑战、回答现实问题不是自然而然的，需要社会工程这个中间环节。社会工程是针对社会实践领域提出的，指导人们如何进行社会改造、社会设计和社会建构的理论和方法。人们的社会实践除了认识和反映，另一个重要方面就是设计和建构。设计和建构的思维是面向未来构想的事物和存在，是在认识基础上根据主体意愿进行的、有目的构想、规划和设计，本质上是一种"如何做"和"怎样做"的社会实践思维方式。社会工程就是改造"社会世界"的人类活动。从人类社会发展的历史来看，社会的发展与变迁在本质上也具有"工程"的特征。人类社会发展过程是人们积极主动的按照自身发展的需要和意图不断选择、设计和建构人类社会发展模式和发展道路的过程，这个过程一直都体现着人们的意志和创造的本性。人类社会的发展变迁就是在这些不断成功和失败的选择、设计与建构中交错前进的。社会工程研究体现的就是对"如何实践"的思维方式的探索，它是对马克思主义社会实践的思维方式的新探索和具体丰富，是马克思主义应对现实挑战、回答现实问题、发挥理论指导的重要途径。社会工程旨在探索社会工程规律，它要揭示的是人类实践活动过程中的特别是变革社会过程中反映出来的因果性和目的性相统一的内在联系，是变革社会的实践活动过程中体现出的建构性变动规律。社会工程规律为马克思主义理论应对现实挑战、实现时代发展提供了方法论基础。

区分理论思维与社会工程思维是从社会工程角度所提出的马克思主义时代化问题。用逻辑一贯的理论思维建构抽象的理论体系，用综合集成与整合协调的社会工程思维去设计具体的制度和具有操作性的政策，这是两种不同的思维方式。前者是从具体现实上升到逻辑抽象，后者从理论抽象转向到具体现实，但是，这两种不同的思维过程和思维方式，在实际工作过程中往往发生误用和僭越，用抽象的理论思维方式替代了解决具体问题的社会工程思维方式。这就容易使得马克思主义理论流于抽象；同时也使得很多制度和政策缺乏执行力。马克思主义理论从理论思维的层面揭示了社会发展规律，但马克思主义在解决现实问题、在实践中发挥指导作用时，需要用社会工程思维加以推进和补充。在马克思主义理论指导下，运用社会工程思维，设计和建构制度、政策和社会规则，对于提高社会设计和社会建构的效果，推进马克思主义新发展具有重要价值。

（3）理论命题的操作化是从社会工程角度提出的马克思主义大众化问题。马克思主义大众化，是马克思主义被社会历史主体所接受、实现"理论武装"从而指导社会实践的过程和环节。社会工程是马克思主义大众化的重要途径，马克思主义大众化提出了加强社会工程研究的重要课题。

将马克思主义从理论命题转化为实践操作性命题是马克思主义大众化提出的社会工程问题。马克思主义基本原理是科学真理，对社会实践具有指导意义，这是马克思主义大众化的前提。但马克思主义理论要真正被人民群众所理解、所接受，必须要从理论命题转化为实践操作性命题，即真正回答和解决人民群众关注的具体现实问题，理论才会有感召力、说服力。社会工程是马克思主义从理论命题向实践操作性命题转化的重要中介。社会工程就是研究如何应用社会规律到具体的社会实践领域，结合现实条件将社会规律转变成具体的社会模式、政策和制度，本质上是如何将抽象理论命题转变为现实操作性命题的活动。马克思主义理论如何由抽象的理论命题转变为具体的实践模式，需要借助于社会工程的环节。社会工程理论和实践为将抽象的理论命题、理论原则转换成具体操作模式的实践过程提供了依据，是马克思主义大众化研究的新问题。

综合协调理论、现实与利益三者关系是马克思主义大众化提出的社会工程问题。马克思主义大众化是一项复杂的社会工程活动，在具体实施过程中涉及方方面面的因素，如马克思主义理论本身的科学性和真理性、社

会的建设现实和思想现实、人民群众的具体利益，这是影响马克思主义大
众化的重要因素。只有在综合考虑和妥善处理理论、现实、利益的关系基
础上，马克思主义大众化才能有效推进。这也是马克思主义大众化研究提
出的新问题。

三、马克思主义理论学科建设和课程建设需要引入社会工程研究

社会工程研究不仅对深化认识和积极推进马克思主义中国化、时代化、
大众化具有重要意义，而且对马克思主义理论学科建设、课程建设也具有
重要意义。马克思主义理论学科建设应当引入社会工程研究。当前马克思
主义理论学科迫切需要凸现马克思主义整体性特征来其研究社会发展，迫
切需要通过积极发挥马克思主义理论的社会作用来奠定其学科地位，显示
其学科影响力。这就需要把马克思主义理论的研究与社会工程的研究紧密
地结合起来，通过社会工程研究，积极发挥和有效实现马克思主义理论的
社会作用，同时把马克思主义的社会工程研究结论引入课程教序，提升马
克思主义的影响力和课程的有效性。因此，当前马克思主义理论科学建设
应当关注并引入社会工程研究。

首先，社会工程研究是马克思主义理论整体性研究的一个视角。

社会工程研究体现了马克思主义理论的整体性。目前，对马克思主义
理论整体性的研究主要有三个视角：一是理论内容的视角，强调马克思主
义基本理论的三个组成部分之间的联系。二是学科体系的视角，探索马克
思主义理论几个二级学科之间的统一。三是马克思主义理论应用的视角。
我们认为，从理论应用的视角看，社会工程研究也是马克思主义理论整体
性研究的视角之一。这是因为理论和实践的统一是马克思主义整体性的内
在机理与科学要求，只有在理论和实践的具体的历史的统一中，才能真正
体现这种整体性。社会工程问题是马克思主义理论和具体社会实践相结合
的具体指向。具体的社会问题与社会工程问题是具有复杂性特点的结构，
它具有多种多样的属性、功能和特点，不是某一个学科所能够覆盖完全的，
它需要多学科角度的统一研究，尤其是需要从马克思主义不同的二级学科
所涉及的理论与方法进行综合研究，才能在应用上体现马克思主义理论的
整体性。从马克思主义理论整体性表现上说，它是"理性的具体"，是客
观对象经过抽象的规定上升到多方面规定的统一，是各种理论命题内在统
一的逻辑体系。但是如何把这个具有多方面规定的理性具体"应用"到解

决现实问题中来，就需要通过社会工程活动来实现这种"应用"的整体性。只有通过"应用"的整体性的研究，才能体会理论的整体性的意义和价值。

其次，"问题"导向的研究模式是从社会工程视角推动马克思主义理论学科建设支撑思想政治理论课建设的有效方法。

社会工程研究对思想政治理论课程建设具有重要意义，组织教学内容和教学方式应当以社会工程为方法论基础。在教学实践中我们发现，思想政治理论课的教学效果不是很理想，主要出在理论与实践关系环节上，主要表现为教师在课堂上讲授的内容和发展、多样、生动的社会实践不相适应。马克思主义理论只有对现实问题进行合理的解释才能说服人，马克思主义理论只有关注人们的具体利益时才能吸引人。思想政治理论课教育教学就不是简单的灌输理论命题，而是要引导学生运用马克思主义理论分析现实问题，从而领悟、体会和接受理论。因此，思想政治理论课教育教学要运用社会工程的理论与方法，综合考虑理论、现实、学生、手段等因素。因此，在思想政治理论教育中，就内容和方法而言，内容是第一位的，内容决定方法。只要内容是大学生想听的、和社会生活实践密切联系的、对社会生活实践有直接的指导作用的问题，教学效果应当是显著的。就我们教学的体会来说，学生关注问题中的难点是社会上的热点问题，也就是改革开放实践中的前沿问题。就大学生的社会思想问题的本质来看，这些问题是社会发展进程和世界变化的进程所引起的问题在大学生思想上的反映。如果能运用马克思主义理论科学地解析这些问题，就能够有效地对大学生进行马克思主义教育。因此，我们认为，思想政治理论教育的关键环节是应用发展了的马克思主义对中国和世界所面临的种种发展问题进行理论的说明。而这个关键环节是与马克思主义理论的发展和学科建设密切联系的。

在这一认识的指导下，我们逐渐确立了问题导向的研究模式，即将教育教学中的重点难点问题引入学科的理论研究，在教学过程中，鼓励教师将教学中发现的理论问题进一步深入地坚持研究下去，取得成果，再运用到课堂上来。这可以看作是从教学第一线中提出问题和发现问题，从学科的学术发展上研究问题，再回到教学中去。这是一个研究与教学相结合的模式，也是学科建设与课程建设相结合的模式。这种模式能够深化思想政治理论课的科学性，加强针对性，提高实效性。

在问题导向的研究模式中，马克思主义理论研究与社会工程研究相结合是马克思主义理论学科发展的一个特色。近年来，无论是对博士生培养，还是思想政治理论课教学改革，我们都突出马克思主义理论与社会工程研究相结合的特色，用马克思主义理论指导社会工程研究并进行积极探索。

几年来我们以社会工程思维为导引，选择了一些专题进行研究，引起了学生的学习兴趣。这些专题有：①社会工程对马克思主义大众化的意义和作用；②马克思主义理论转化为社会实践的模式和途径研究；③马克思主义理论指导下的社会模式的选择与设计研究；④社会工程规律对马克思主义理论应用的发展研究；⑤社会工程对高校思想政治教育有效性的推进研究；⑥马克思主义的世界影响和社会主义模式；⑦马克思主义产权理论与中国产权制度改革；⑧马克思主义生态观与现代化发展模式的转型；⑨风险社会与公共危机管理的理论与实践研究；⑩马克思主义阶级理论与当代中国阶级阶层研究；⑪中国社会发展与城镇化模式的选择；⑫马克思与马克斯·韦伯关于资本主义精神的比较研究；⑬马克思主义经济发展动力理论与中国经济结构转型研究等。

第三章
社会的变结构特征与社会工程研究

　　社会系统结构可以有不同的理解，也可以通过不同的理论视角去定义，这里是指由不同社会主体在社会互动的基础之上形成的、制度化的社会关系。社会的发展实质上就表现为由一种社会系统结构转变为另一种社会系统结构。这种转变过程可以通过社会革命，以突变的方式实现；也可以通过社会改革，以逐步变迁的方式实现。当一种社会系统结构转变为另一种社会系统结构的时候，或者当社会主体采取某种社会行为促使某一特定的社会系统结构发生变化的时候，社会系统结构实际上就处在一种结构变化的状态中。社会系统结构的变化、变迁过程是社会存在的客观状态。事实上，当社会的结构变化的时候，也就是社会的存在形式发生变化的时候。在历史上，社会存在形式总从社会结构要素的量变过程开始，或者经过社会结构的逐渐变迁，或者经过社会结构的迅速变革，实现社会结构形式的变化。社会存在形式处于逐渐变迁和迅速变革的时期，也就是社会系统结构的演进和转变过程。作为社会存在的客观状态，这种社会系统结构的演进和转变过程被理解为社会存在的变结构状态，即社会系统结构的变化状态。社会的变结构状态的概念，就是强调社会结构的转变过程是社会系统的存在方式。处理变结构状态的问题不同于处理静态结构的问题。社会的变结构问题是社会工程研究的基础问题。我国的经济、社会、政治体制的改革，从本质上讲是社会系统结构的转变与创新，是制度化的社会关系变革，其成功的关键在于，通过从旧到新的转变，形成比原有社会系统结构更有发展空间和生命力的、与生产力和生态环境等相协调的社会新结构。西部大开发的根本目的，也在于使西部区域的社会结构实现现代化的转变。所以，对社会系统变结构的基本特征和演变规律的研究，有十分重要的理论意义和指导政策、法律、法规设计的实际意义。

一、社会系统变结构状态的基本特征

（一）社会系统的变结构特征

可以用耗散结构理论来说明社会系统的变结构特征。它解释了社会系统是通过不断的消耗物质、能量、信息来维系一个不断变化的社会结构的存在，即变结构的社会系统的存在。耗散结构理论来源于现代物理学，之后推广应用于社会系统现象。耗散结构的概念由比利时物理学家普里高津于1969年首次提出。所谓耗散结构，是指一个远离平衡态的开放系统，通过不断与外界交换物质和能量，在外界条件的变化达到一定临界值时，能从原来的无序状态转变为在时间、空间上或功能上的有序状态，当外界参量继续改变时，还会出现新的结构。这种在远离平衡态情况下所形成的新的有序结构，被称为"耗散结构"。耗散结构仅适用于开放系统。按照系统与环境之间的交互关系，可将系统分为3类：①系统如果不与外界环境之间进行物质、能量和信息的交换则是孤立系统；②系统若与外界环境只进行能量交换而不进行物质交换和其他交换则是封闭系统；③当系统与环境之间进行物质、能量、信息的完全交换时，系统为开放系统。

社会系统结构的存在也具有耗散结构的特征。第一，社会系统是一个非平衡系统。社会系统结构中有大量组成部分，各部分之间又是相对独立而非平衡一致的，部分间的差异较大，导致社会系统结构复杂、远离平衡态。第二，社会系统是一个存在着非线性相互作用的复杂系统，其组成部分之间存在相干性和耦合特征。第三，社会系统结构的内部矛盾运动和外部世界环境因素的相互作用的联合效应达到一定的数量级时，会导致社会结构的转化。社会结构的演化既表现为社会结构要素数量的变化，也表现为体现新结构性质的新要素的生成与发展，还表现为社会结构形式的变革。第四，社会系统结构的演化过程都经历着从旧结构的失稳——临界状态的出现——有序新结构的形成三个环节所构成的动态过程。

现代科学技术条件下的任何社会系统几乎都发生着与外界进行物质交

换、能量交换和信息交换的过程，本质上都是开放系统。社会系统通过不断地与外界发生物质、能量和信息的交换而存在。离开了这种交换过程，社会系统就无法存在。社会系统的结构是一个"活"结构，它的维系与功能的发挥依赖于和环境之间进行的各种物质、能量、信息的交换；这种"活"结构通过大量的输入和输出的交换过程才能存在。这些交换过程体现着社会系统结构的开放性。例如，城市社会系统的存在前提是必须有人和货物流入城市，即是说，一个"活"的城市结构必须不间断地进行与外界和周围环境之间的物质、能量与信息的交换。一旦这种交换停止，也就变成了死寂的城市结构。从一般意义上说，只要有社会成员、社会行业之间的交往过程存在，有社会系统内部各社会单元之间的交换过程存在，有社会系统与外部环境之间的交换过程存在，社会系统的结构就是一个开放的系统结构。特定社会的交往结构和交换结构，构成了特定社会的基本结构。由于社会系统结构的主体要素是具有能动性质的人，人的超越性和追求未来理想的性质，使人类的社会需求在不断地生成和创新、永远不会停止在一个水平上，因此，其所推动的社会系统与外界的物质、能量和信息的交换过程，既不会完全停止、也不会停止在一个水平上。只要这些交换过程存在，社会交往结构和交换过程就会不断地变化，社会系统结构的变化也就时刻存在。所以，社会系统结构的不断变化就是社会系统的存在方式。简言之，社会系统是通过与外界交换物质、能量、信息的过程，支撑内部的各种交换过程，以变结构的存在方式为基本特征的。

（二）社会系统变结构状态的宏观描述：状态函数、整合函数、选择函数

社会系统的变结构状态存在有两种宏观状态，即"有序"和"无序"。有序是指系统结构内部各部分、各层次之间相互配套、运作协调、整合性高；无序则是指系统处在一个目标混乱、利益冲突、缺乏整体统一规范的混乱之中。在社会系统结构变化过程中，无序和有序是相对存在的，无序也不是绝对的无序，而是局部有序状态下的整体无序。社会系统结构中的部分或个体可能是有序的，但其个体间的目标、利益、规范却是相互矛盾和冲突的，从而在系统整体上表现为无序。一个宏观上无序的社会状态，会随着把外界环境的各种输入内化到社会系统结构中，而使社会结构的协调性增强、有序性逐步增加；对由于结构变革而引起的无序因素进行不断整合，使社会系统结构由局部之间的冲突、整体的无序转向局部的协调、

整体的有序，达到结构进化的目的。

从一般系统演进的意义上分析，系统结构的演化总是经历"有序—无序—有序"的结构转换过程。我们认为，对无序状态应注意其实质内容的分析。无序并不是无组织的过程，而是一种特殊的组织过程。当人们把无序状态作为社会结构转换的一种过渡特征来理解时，应该洞察到无序状态中的有序性因素，有时候无序程度是组织性程度的反面表现。当我们从事社会改革和社会运行结构转变的实践时，应该强调组织性、重视组织性的作用，而不是倡导无序性。

从社会系统演进的长期过程分析，其结构转变方式有渐变和突变两种类型。起义、革命是社会结构转变的突变方式；社会结构的改良和社会改革是社会结构的渐变方式。社会结构突变方式的直接目标是，使社会的根本结构即政权结构发生变化。这种突变的实现必然经历新政治力量核心的形成和旧政权结构的解体这样一种无序状态。在这种无序状态中，两种不同的组织力量进行着两种不同的、相互对立的组织过程。每一个组织力量的组织过程都是非常有序的。一种组织力量有组织地反对另一种组织力量，导致原有社会政权结构的破坏，使社会生活在整体上出现权力真空，结果使整个社会处于无序状态。在这种突变中，各种政治力量在组织目标、组织规范、组织利益、组织行为上是根本对立的、相互冲突的，它的基本特征是局部有序而整体无序。在这种整体无序中，一种组织力量战胜另一种组织力量，使社会政权结构发生根本性转变。

社会结构的渐变方式不同于其突变方式。它不是社会结构的政权结构的变化，而是社会经济运行结构的变化。它不会有国家权力真空的出现，使社会出现混乱与震荡，而是通过社会经济运行结构的变化去促进社会的进一步发展。在渐变过程中，也会有无序状态，但不是由于出现权力真空所导致的无序，而是社会运行结构由改革所产生的不协调导致的无序。这种无序的表现特征是，人们的价值观念的改变不统一，社会行为缺乏统一规范，社会关系重组尚未形成，利益格局正在调整之中。这种无序始终是一种有组织、有目的、有计划的运行结构的转换过程，其基本特征是整体有序规范下的局部无序。所谓局部无序也不是局部混乱、没有任何秩序，而是新旧秩序在局部间暂时不配套、在结构转换过程中的暂时不协调。某一局部因素已处于新秩序的层面上，另一局部因素却仍然处于旧秩序的框架中。这就导致两个局部、两种秩序之间的差异所造成的不协调。

社会系统的整体有序和局部无序，以及整体无序和局部有序，是社会系统变结构演进的两种特点。当一个社会系统在整体上无序时，系统内部的局部单元的组织性极强，而且相互之间的矛盾、差异很大，由此造成的社会冲突也极大，这便是局部有序所形成的整体无序；这说明社会整合函数失效。当一个社会系统在整体上有序时，可以有三种情况：第一种情况是，社会结构没有出现分化，社会结构呈现出单纯的均一性。整个社会表现为没有活力、缺乏生气，人们的社会选择空间很小。这种社会系统虽然社会整合度很高，但其社会选择函数很小，社会成员的自主性程度很低。第二种情况是，一个社会的整合函数和社会选择函数能够合理匹配，社会系统不但在整体上表现出有序状态，社会系统的各构成单元之间的关系很协调，而且各构成单元内部也表现出有序的状态，社会系统的运行表现出很强的活力，人们的社会选择空间也很大。第三种情况介于第一种情况和第二种情况之间，即社会系统结构发生特定的转变，此时，社会整合函数与社会选择函数都在发生相应的变化，这种情况也就是社会系统结构的变结构状态。在社会系统处于变结构的状态时，有序与无序的状态就会出现比较复杂的情况。

一个社会系统的整合函数表征了该社会的组织性程度；同样，一个社会的选择函数表征了该社会的社会成员的自主性程度，所以，一个社会系统的状态函数是整合函数与选择函数的有机配合。由于社会整合函数的力量会作用于社会生活的每一方面，社会选择函数的作用也会影响社会生活的每一方面，所以，两者的联合效应是一种乘法效应。

若令社会系统的状态函数为 $W(t)$，社会整合函数为 $H(t)$，社会选择函数为 $U(t)$，那么

$$W(t) = H(t) * U(t)$$

一个社会系统的运行是否协调，取决于社会整合函数与社会选择函数是如何合理匹配的。如何分析这种协调状态呢？

对于一般社会系统的状态函数来说，它有如下形式：

$$W = W(s, r, t)$$

其中，s 表示社会系统结构内部元素的集合，r 表示社会系统结构内部所存在的连接社会要素的关系集合，t 表示时间。系统元素 S 与系统中的各种关系 r 之间的统一关系用 $W(?)$ 表示。这样，s、r、t、$W(?)$ 就综合表达了社会系统的整体结构。这种整体结构中所蕴含的关系是否协调，必须通过社会系统的输出加以相对的考察。在一定的输出状态下，就可以判断社会系统内部的结构关系是否协调。所以，社会系统的协调关系就是表征社会系统结构关系合理程度的客观内容。因此，反映社会系统协调关系的协调方程可以定义为关于社会系统输出状态与社会系统结构模式之间

相互关系的函数：

$$n=n\ [W,\ W\ (s,\ r,\ t)\ ]$$

由于协调方程的意义在于研究系统输出水平与系统结构关系之间的关系，所以，n 的数值正是它的数量表达。这种反映系统结构关系和输出水平关系之间的数值可称之为协调系数。假如把社会系统的理想协调状态定义为各个结构要素之间相互适合、相互促进、协同竞争、共同发展，且令其值为 1，那么，0 到 1 之间的数值就反映社会系统的不同的协调状态。这种不同的协调状态是由社会整合函数和社会选择函数的不同配合来决定的。

一个社会系统的协调函数的社会结构载体是它的制度与体制的安排。所以，社会系统结构协调函数的值反映了社会系统的体制结构和制度安排。在变结构的状态下，这种制度与体制的安排本身是在不断变化的。这种制度与体制安排的变化本身就是社会系统演进的具体内容。

（三）社会系统变结构状态的测度指标

特定的社会系统处于加速发展时期，即表现为社会发展目标和现实的社会结构以及外部环境之间出现矛盾，从而导致内部新结构的萌芽，社会系统结构也就发生了变化。一个社会新结构的产生必须满足以下条件，才会具有强大的生命力：新结构既能够有效地适应外部环境的变化，也能够有效地激发原有社会系统结构中既存的能量；既能够把环境中的优势因素转变为自身的结构因素，也能够发挥原有结构中的优势因素的作用，并使两者结合而产生联合优势效用；新结构比原社会系统结构具有更大的发展能量，能更有效地整合结构内、外部要素，激发其潜能，更好地适应环境、更加富有创造力。

但是，新结构的形成和扩散应当是一个逐步的过程。新结构的生成是以旧社会结构的消解和退出为前提的，其扩张也是一个由量变到质变的过程。这主要体现为两种方式：新结构扩张的方式之一，是新的因素导致新的结构的形成。由于新的结构因素的逐步积累产生新的社会结构，然而，新结构作为一种新质，也伴随着一种量的扩张过程，表现为旧结构的逐步消解和新的局部结构的逐步生成和扩张。另一种方式则是旧结构内部的内部要素在层次和排列上进行重组，从而使旧结构呈现新的性质和特征，达到向新结构的转化。当新旧结构处在过渡转化的过程时，考虑到社会的稳定和活跃程度，新结构的扩张一定要把握度，将其在宏观上控制为一种渐变过程。在变结构状态下，新结构的扩张度有三个度量指标：

1. 扩张速度

这是指在一定时期内新结构的生成数量。设新结构的生成数量是时间的函数，用函数符号 $J(t)$ 表示，则新结构扩张速度就是新结构的生成数量 $J(t)$ 对时间的导数，记为

$$V=d\left[J(t)\right]/dt$$

2. 扩张程度

可以简单地理解为新旧结构的替代过程在社会系统结构中表现为各自所占的比例，体现了社会结构的质变过程。假定特定社会系统的宏观结构是由一定数量的子结构或微观结构支撑的，那么，新结构的扩张程度可以由已生成的新结构和原有的、未改变之前的子结构的总量之比来表征。设扩张程度用 B 表示，已生成的新的子结构数量用 C 表示，原有社会结构的子结构的总量用 Z 表示，则有

$$B=C/Z$$

3. 紧张度

各种利益关系在变结构状态中未定，收入分配不均及价值观念冲突所引起的对抗程度，反映着社会主体对结构转变的情绪。紧张度可以用社会冲突发生的频率来测定。

二、社会结构变迁具有超越式演进的特征

社会系统结构的演变过程都是在社会系统的内部矛盾和外部环境因素的联合作用下向前推进的。社会系统的内部矛盾形势和外部环境因素的相对关系的辩证性，影响着社会系统结构演进的具体特点。

（一）社会结构演进的两种形式

按照社会系统结构和外部环境因素之间所存在的辩证关系的具体特点，社会系统结构的演进有自然历史的形式和超越式演进的形式。

1. 社会系统结构演进的自然历史形式

根据历史唯物主义的观点，社会系统结构的演进主要依靠社会系统内部基本矛盾运动的推动，但是，社会系统的环境和世界系统的状况也有非常重要的影响。就社会系统结构本身来说，主要是指一国的社会、政治、

经济、文化等各方面因素相互作用而形成的有机结构；社会系统环境主要是指特定社会系统所赖以生存和发展的各种社会条件的总和，其中主要是自然环境和国际社会环境。社会系统结构的演进既根源于社会系统内部基本矛盾的发展状况，也受国际社会环境的发展状况影响。当外界对社会系统的变化影响不大时，社会系统演进主要由系统自身的内部矛盾运动决定，走着自己的"自然历史进程"。这种由系统内部自身的矛盾运动所推进的社会结构的演化，所形成的是一种自然变迁方式。在这种形势下，特定社会系统内部的社会矛盾的运动方式决定着社会系统结构转变的步伐。一般来讲，社会生产力的逐步发展会引起社会生产关系的逐步变化，社会矛盾运动的逻辑与社会系统结构转变的进程基本一致。例如，英国的资本主义发展的形式就是一种典型的转变。英国在14—15世纪农奴制瓦解，在封建社会内部产生了资本主义生产关系。此时，其他国家的资本主义过程与英国相比还落后得多。国际社会环境只能从英国的发展过程中看到前途和方向，而不能对英国本身的发展施加任何压力。英国社会发展的这一特殊历史环境，使其社会结构转变过程的连续性与阶段性表现得相当典型，因此，马克思把英国作为资本主义政治经济学的考察案例。相反，当英国资产阶级革命胜利、资本主义体系建立并形成世界霸权的时候，它对其他国家就形成了一种有压力的国际环境，其资本输出与世界贸易影响其他国家的发展进程，使得后来国家的资本主义过程并不完全具备英国道路的典型特征。

2. 社会系统结构超越式演进的形式

社会结构在演进过程中有一个引人注意的特点，即社会结构变迁可能偏出原来的循序渐进逐步升级的轨道，在某种特殊情况下可以跨越某些发展阶段。社会系统与社会环境的矛盾关系具有大系统与小系统的关系性质。一般可以把社会环境理解为包含社会系统的大系统。如果大系统的结构状态在某些方面优于小系统，那么，大系统在这个方面就会影响、约束和制约小系统的发展进程。所以，社会系统与社会环境的关系是辩证的，当社会环境的存在方式优于社会系统的存在方式时，社会环境会反作用于社会系统，社会环境的因素会通过内化于社会系统内部，参与社会系统结构的改造与重组，从而推动社会系统结构的演进，这时，社会系统的演进过程就会出现与自然历史进程所不同的新特点。当社会环境中的优势因素注入特定社会系统时，一般会引起社会结构中的某些新变化。例如，中国大陆在1949年走上社会主义道路以后，某些边远地区的生活在深山老林少数原始部落走出山林，一步跨入社会主义，跨越了几个社会发展阶段。现在的世界是一个完全开放的世界，一国的社会系统状况就是另一国的社会环境，全球一体化的大环境不断将环境因素注入特定的社会系统中，促使该系统结构不断将环境因素吸收和内化形成内部资源，从而引起系统结构的跨越性发展。这充分证明了内、外因关系的辩证法，内因是事物变化的根据，外因是事物变化的条件，外因通过内因起作用。但是，在社会发展过程中，外因不仅是社会发展的条件，而且是社会系统结构转变的环境压力和外部资源，在一定意义上还是社会系统结构转变的外部模式。所以，在这种情况下，环境因素作为条件和动力因素内化到结构中，就成为结构演进的内因。

不仅社会系统的经济社会结构具有这种特征，社会系统的生产力经济结构的演进也具有这种特征。从曾作为第一经济强国而号称"日不落"帝国的英国，到作为现在世界第一强国的美国，中间经历了法国和德国的强势时期，还有二战后日本的迅速崛起，无一不是证明。中国现阶段的产业结构也是结构跨越演进的结果。与西方发达国家不同，中国没有经历一种由农业现代化的充分发展到工业现代化的充分发展，再到信息化的逐步升级的过程，而是目前的以农业为基础、重点发展工业化、同时注重发展信息产业的三种结构协调发展的产业结构格局。之所以选择这样一种并存结构，是因为全球经济贸易一体化趋势和高科技产业化、信息化浪潮的催生，为我们创造了跨越演进的外部环境，使其具备了产业结构跨越的条件。总之，当系统和环境交互作用时，系统结构的演进就具有了超越的特征。

（二）社会结构的跃迁是社会系统超越式演进的实现环节

在没有外部社会环境和自然环境的显著变化，并对社会系统产生优势压力的形势下，社会系统结构的演进形式体现着循序渐进的、连续的、自然历史过程的特点。社会系统结构的跃迁是指社会系统结构的跳跃性变迁演进，它是通过建构新的社会结构，使社会结构变迁从较低级的轨道跳跃到较高级的轨道上，然后在较高级的轨道上继续进行社会系统结构的演进过程。

社会系统结构演进的自然历史形式只是一种理想类型或者典型形态，它在典型历史环境或者特定的局部区域能够存在。在大多数场合，由于各种不同类型的社会系统结构的相互作用，社会结构的演进形式体现出非典型的形态，其中，社会结构的跃迁式演进就是一种很重要的实现环节。例如，美国资产阶级革命的社会前身是印第安的农奴社会；中国社会主义革命的前身是半殖民地与半封建的社会；俄国无产阶级革命的社会基础是发展比较落后的资本主义社会。这些国家的社会发展都具有社会结构跃迁的特点。

社会系统结构的跃迁是通过建构新的社会结构来实现的。新的社会结构能够综合优势环境中的优势因素和社会系统自身的创新能力，把社会系统结构的水平推上一个新的平台。由于新生的社会结构能够把环境中先进的、具有优势作用的因素，内化为自身结构中的基本因素，并且以先进因素为主导重组自身结构中的原有结构要素，就使得新结构的性质是以环境中先进因素的性质和自身结构中潜在优势的性质相结合所形成的综合性质，为自身的内在尺度。如果来自系统外部环境中的先进因素和系统自身被激发出来的创新能力的性质，体现为新结构的总性质，而且这种新形成的总性质与旧结构的性质相差不止一个等级的话，那么，这种新结构就会体现一种社会结构的跃迁。

社会系统结构的跃迁是系统自身因素和系统环境优势因素联合作用的结果。当特定社会系统的社会环境发生优先变化以后，就会形成一种特定的环境压力，迫使社会系统的内部结构发生超越性的变化。但需要说明的是，外部环境的压力只是提供了特定社会系统结构发生超越性变化的需求和方向，这种转变的实现动力仍取决于社会系统内部的矛盾状况及其相互作用。

（三）社会系统结构演进的客观规定

任何社会系统结构的演变都是该结构内部矛盾和外部环境相互作用的结果。尽管系统演进有超越和渐进等方式，但其过程中冲突和矛盾始终存在，严重时还会影响到整个系统的稳定。因此，协调就成了维持社会系统稳定和发展的客观要求。

协调的一般作用在于使社会系统形成有序的时空结构，具有良好的运作机制和整体功能，尤其是使系统在结构转型时达到有序状态；使系统结构的不同层次内部、不同层次之间、系统与环境之间，按照一定的原则和方式形成相互关联、相互适应、合理配合的整体。虽然改革所引起的社会系统的转化是一个有计划、有目的的过程，而在新旧结构的转换过程中，固然新结构急于促生，但旧结构却有自我固守的本性，冲突在所难免，表现为人们观念行为不一，利益关系不稳，新结构运转不畅等，严重时还会导致供需失衡、生产停滞、人心浮动。协调正是出于此出发点，通过不断地与环境之间进行物质、能量、信息、知识等交换，从系统整体出发，对系统结构要素进行不断的调整重组，使各部分之间配合默契，良好地发挥作用，形成巨大的整体合力，从而达到对系统结构的整合。因此，社会系统在结构转化过程中要求：第一，形成有机的动态协调机制，能对突变现象及时调整。第二，形成新旧结构转换过程中的衔接机制，保证顺利转变，减少混乱。第三，兼顾发展连贯性和阶段性的关系。

三、社会工程研究对于社会变迁的意义

1. 社会工程研究是从社会关系的总体上把握社会结构的特征

（1）整体性研究是社会工程研究的基本视角。现代社会结构的复杂性特征是科学、技术、政治、经济、教育、文化相互交叉和渗透，形成一体化。虽然就其作为独立的部分而言，它们都有自己特殊的规定性，即都有自己相对明确的对象、相对独立的内容、相对特殊的方法，但是，这种相互交叉、渗透、融合的趋势，使人们愈来愈深刻地体会到科学问题中有非科学因素，技术问题中有非技术问题，社会问题中有科学、技术、经济因素，甚至某一个具体的科技问题本身就构成了社会问题的主要内容。因此，人们需要研究科学、技术、社会之间的关系，以及这种相互交错构成的关系整体的性质、特点和功能。人们不仅需要从"部分"的角度把握科学、技术、社会及其他领域的问题，更需要从相互关联的整体角度把握它们的结构，这就是社会工程研究的基本视角。从研究的基本内容看，它着重于不同社会规律之间的整合、配套、协调方式的研究，而不单纯是某种社会规律的趋势走向分析。

（2）社会工程的研究方法是首先对复杂性的社会结构进行关联分析。在一对或多对的关系的集合中，社会工程的研究方法的重点指向是，在结构关系集合中的交叉领域，研究其结构要素和结构诸方面的相互作用、相互影响的协调规律与约束状况，其目的主要在于揭示：当一个方面的性质、特点发生变化时，它受到其自身以外的某些方面的约束情况和对自身以外的另外一些方面的促进或推动的情况；当其中一个领域的结构和过程发生变化以后，它对其他领域的结构和过程变迁的需求和影响。它揭示不同规律在综合作用中的互动趋势和特点，这些规律是诸相关领域、相关现象的互动规律，它们不是一般的互动规律，而是以科学技术的主导作用、主导

影响为基础的互动规律。

（3）社会工程所揭示的"互动规律"具有"网络"的性质和结构。它首先以"双方互动"为基础，在此基础上要揭示不同的双方互动在一个网络结构中的互动特点。在网络结构中，每一个结构中的存在单元，都会与其他的存在单元发生"一与多"的对应关系。更具体地说，每一个方面的互动规律在发生作用或影响时，都会遇到其他多种规律的制约和影响。这种网络互动导致某种整体规律，社会工程研究的最终目的就是揭示这种整体性规律。

概而言之，社会工程研究科学、技术、经济、文化、教育等诸领域二元相互作用的相互交错而形成的网络关系，揭示这种网络交错关系中的互动规律和整体规律。

2. 社会工程的基本任务是通过建构新的社会结构模式去促进社会发展

（1）考察社会运行进程，设计新的社会结构并通过实施去推动社会结构由旧结构向新结构转变。社会工程研究处理的基本问题是，社会结构稳定与社会结构变动在社会发展中的辩证关系，当旧的社会结构模式不适应社会发展需要的时候，就需要设计新的社会结构模式去替换旧的模式。这种替换过程必须符合协调发展的要求，因此，新的结构模式的设计必须满足以下条件：第一，新的结构模式能够有效地适应外部环境的变化，也能够有效地激发原有结构模式中既有结构要素的潜在能量；第二，新的结构模式能够把环境中的先进因素转变为自身的结构要素，并能够发挥原有结构中的优势因素，使两者结合，产生优势效应；第三，新的结构模式比旧的结构模式具有更大的创造性。

（2）社会结构模式的具体表现是体制、政策、法规体系。特定社会的各种体制、政策、法规构成了它的结构模式。这种特定的社会结构模式以其具体的体制、政策、法规为内容，形成了生活于其中的人们的社会环境。社会工程研究社会结构模式，可以从总体上进行，也可以从部分上进行。在一般情况下和大多数场合都是从部分的角度进行研究，所以，对具体的体制、政策、法规进行分析、设计、实施，是社会工程研究中遇到的大量问题。社会工程的研究是为了制定合理的社会发展政策、公共管理政策，以及公正和合理的法律法规。所有工程研究都是为了探索解决问题的方法、确定解决问题的方案，都属于实践模式、实施方案、设计蓝图等操作性研究。研究解决社会问题的方法，也就是探索社会管理的计划、方案、措施，亦即社会管理中的公共政策和法律规范的研究，这就是社会工程研究。

新中国成立以来，尤其是改革开放 20 多年来，我国社会主义现代化建设取得了举世瞩目的成就，也形成了伟大的思想理论成果——邓小平理论。在改革开放的伟大实践中，这种物质成就和理论成果是以辩证运动的方式形成的。在新中国成立之初、改革之前，我们曾经把马克思主义基本原理教条地运用于中国，建立了计划经济的模式而没有成功，不成功的经历促使我们探索新的模式；在改革之初，我们也没有一个有效的社会主义现代化建设模式，但是，社会主义建设不能等于这个模式论证好了以后再开始进行，我们必须在理论探索中进行建设实践，在建设实践中进行理论探索。关于一种社会发展新模式的设计、探索和实践，就是一项社会工程。邓小平理论就是中国当代社会如何发展的总体性社会工程理论。

四、社会工程研究与社会变迁的基本模式

在社会工程研究中，其核心线索是政策法规设计与政策法规分析。这是因为社会改革与进步恰恰是在新政策的推行与实施条件下实现的。更进一步的分析，一个社会的政策框架以及在政策框架基础上产生的制度安排、法规体系、社会规范，构成了社会活动结构的内容，因而政策的变化会引起社会活动结构的变化；也可以倒过来说，社会活动结构的演变，首先是社会政策的变化，两者是同一回事。因为社会活动结构是人的社会活动结构，这种活动结构是由一系列活动规则构成的，这些活动规则就是政策规定和制度安排。所以，政策规定或制度安排方式就是社会活动结构的内容。当一个社会阶段区别于另一社会阶段时，其社会活动结构就表现出明显的区别。从这种意义上说，社会工程研究的意义就在于，通过政策法规分析与政策法规设计，使社会活动结构由一种类型转变为另一类型，从而推动社会进步。

社会工程研究的具体对象是政策与法规问题，就政策问题而言，它是政策分析的产物，社会工程研究的起步环节是政策分析。政策分析的任务是，联系社会运行中所出现的社会问题，研究既定的政策框架内存在的问题。把社会作为一个工程研究的对象，并不是就社会问题论社会问题，而总是要把社会问题的现状与政策框架联系起来加以分析。因此，要改善社会状态、重建社会秩序、促进社会改革、推动社会进步，从其操作模式上说，政策分析是一个初始环节。可以认为，凡有社会问题存在的地方，这些问题都与政策框架式体制模式有关，或者是由政策框架不合理引起，或者是某个政策规定不适应所致，或者是由某些政策规定缺位所由。

通过政策分析明确了政策问题，第二个操作环节就是政策设计，它的针对性是要解决政策问题。有了所设计的政策方案，就可以应用现代实验手段进行政策模拟实验，政策模拟实验也是一种政策分析，但它与初始阶段的政策分析不同，即不是联系现实社会问题对现行政策框架的分析，而是联系现实社会问题对拟议中将要实行的政策框架的分析。完成了政策模拟实验就可以进入政策的社会实践环节，在这个阶段进行后，可以进入新一轮的政策分析，开始一个新的循环，这个基本过程可用以下单一周期图式和动态周期图式表示。

1. 单一周期图式

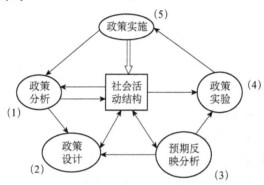

图 3-1　社会工程研究的静态模式

图 3-1 反映了社会工程研究的静态模式，表达了社会工程研究的现代战争循环周期，表述了一个周期的社会工程研究的过程特征。

其一，初始环节的政策分析的内容，是当前已经得到实施的政策框架所形成的社会活动结构。这一分析的前提是：当前的社会活动结构是前期政策实践的结果。它要考察社会活动的效率、状态与政策框架的关系；研究政策框架的功能与社会活动结构中实际存在的社会问题的关系；研究政策框架所体现的社会活动结构的特点、社会关系和类型性质等。这个环节的主要任务是界定政策问题。

其二，政策设计的依据之一是政策分析的产物——政策问题，政策设计的依据之二是社会活动结构的特征（也可以说是既在的政策框架的特征）。政策设计的产物不仅要有利于解决那些需要解决的、反映某些社会问题的政策问题，它还要处理新设计的政策方案与现有政策框架（即社会活动结构）变化的各种关系，也就是政策框架设计，即对象设计与政策实施的过程设计。

其三，社会反应预期分析。当确定了政策框架和实施过程模型后，再根据政策的作用对象的特点对作用对象进行分类，在分类的基础上，进行预期社会调查，确定政策作用对象的预期社会反应。

其四，将该设计的政策在以计算机设备为主的实验室中进行模拟实验。在模拟实验中，随时根据模拟结果修改和调整新设计的政策方案，政策模拟实验的构成是由社会结构模型、政策框架模式、社会反应模型、实施过程模型所构成的综合动态模型。这个综合的动态模型也是新的社会结构过程的雏形。

其五，进入政策实施阶段。政策实施就意味着社会活动结构的改变，一个新的社会活动结构已经形成，社会工程研究的一个周期宣告完成。

社会工程研究的单一周期图式所表达的是：社会工程活动的过程是通过政策设计和政策实验的过程建立一种新的政策框架，从而形成一种新的社会活动结构；同时也揭示了政策变量是如何转化为社会活动结构的要素的；它也说明，社会活动结构本身就是一种物质化了的政策框架或制度安排。

2. 动态周期图式

社会工程研究的目的不在于提出某种社会发展理论，而在于设计一种社会蓝图并实现它，从而促进社会进步。因此，它既是一种研究活动，又是一种社会管理的实践活动。它的中心主题是如何使社会活动结构变得更加有利于社会进步，它把政策研究与政策实施统一起来，把政策框架的分析与政策框架的改变统一起来，通过社会工程研究中政策变量的选择去促进社会活动结构的转变。社会工程研究的动态周期图式充分地表达了这个思想。动态模式用一个立体图形来表达，如图3-2所示。

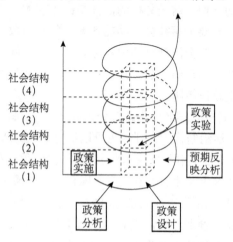

图3-2　社会工程研究的动态模式

　　递进图形由相互联系的两个部分构成，一个组成部分是螺旋形上升的曲线，另一个组成部分是存在于螺旋形上升曲线中央的向上成长的矩形柱体。螺旋形曲线标志不断上升循环的政策分析、设计、实验、实施的社会工程研究过程；矩形向上成长的柱体标志在社会工程活动的促动下，社会活动结构升级性变迁。动态周期图式揭示了社会工程活动的两个特征：

　　第一，社会工程研究活动的集中指向是社会活动的结构，通过社会工程活动，使社会活动结构由一种状态转变为另一种状态。

　　第二，社会活动结构的转变，实质上是社会的政策框架或制度安排方式的变化。所以，社会活动结构的转变与政策框架或制度安排方式的转变是同一个过程的两种表达而已。

第四章
社会发展的协调范畴
及其社会工程意义

　　社会是一个具有复杂结构的有机系统，每一个子系统都有它特有的功能与结构，不同结构之间的依赖与不同功能之间协作就构成社会系统内部的协调问题。同时，社会系统的协调也是相对于社会结构中的功能冲突而存在，因此社会系统中的协调问题就更加具有特殊的意义。

一、问题提出与研究现状

　　究竟什么是"协调"？它的含义何在？社会系统协调发展的意义是什么？这些问题不管是在实践中，还是在理论上，都没有取得一致的理解。例如：发展、改革、稳定三者在社会系统演进过程中到底具有什么样的关系？当社会系统运行发生失衡现象时，协调被当成了稳定的另一种表达方式，当社会系统运行需要加速时，协调又似乎具有了消极的意义；协调通常被当成了纠偏的一种方式，而不是作为发展的一种本质规定。因此，要把"协调发展"作为一种指导思想和方法论原则，需要在理论上更加深入地研究发展、改革、稳定三者间关系中所蕴含的协调发展问题。

　　在我国的社会主义改革和建设过程中，从操作层面上看，发展与稳定的关系始终是一个基本问题。经过 1984-1988 年的迅速发展以后，经济出现了失衡，于是有了治理整顿。治理整顿是及时、必要的，其目的是防止失稳状态扩张，实现稳定，促使进一步发展；反过来说，只有在改革开放进一步发展、生产力水平进一步提高的前提下，社会才能稳定。所以，从中国的历史和现实出发，邓小平指出"发展才是硬道理"。以发展作为前提而进行治理整顿，是一种动态的治理整顿。但是毋庸讳言，有些地方和部门在治理整顿时忽视了发展的前提。1992 年我国提出加速发展和上新台阶的问题。在加速发展的背景下，发展与稳定也仍然是不能回避的问题。尽管对协调的理解还存在着分歧，但片面的发展观已被抛弃。

改革开放的深入发展，系统科学理论的广泛应用，社会问题研究的深入进行，导致了一个共同信念：社会发展不单是一个经济增长过程，对社会发展问题的研究不能使用单一学科的思维逻辑。我国从 20 世纪 80 年代就开始在各个层面、从各个角度对协调发展问题进行研究，但对于协调分析的理论和方法涉及甚少，表现在具体问题的研究上有这样几个特点：①虽然在一般意义上提出协调问题，但分析的对象往往局限于特殊领域，跨领域的分析尚不深入，往往从单一学科的角度、根据特殊观点评价协调或失调现象。②具体的实证材料的搜集，多于对协调关系的分析。把对协调的研究停留在对失调事实和现象的归纳上，对协调机理的研究难以深入。③使用平衡概念，以平衡分析的方法代替了协调概念与协调分析方法。④对协调机理的研究不够深入，导致在战略决策研究中，宏观目标的设定与实现目标的措施不匹配；决策方案的功能与结构转换的要求不适应，可行性与可操作性差。⑤虽然有些研究提出了反映社会系统的指标体系，但指标数量太多，反映不出重要的协调关系，难以揭示协调变动规律。

近几年来，我国理论界在研究社会、经济发展等问题中，虽然把"协调"作为一种范畴，但并未给以科学的界定，而是停留在对系统结构的比例关系的理解上。这种理解的典型观点认为协调就是"和谐"，是构成整体的各部分之间的和谐统一，强调整体的和谐，强调整体秩序。这种观点由于对整体结构的转化问题认识不足，导致相应的协调行为在本质上是对现状的承认，强调原有秩序不变，缺乏创造性和积极发展的意识。这种观点的实质是把协调理解为"平衡"，认为整体的协调就在于各部分之间保持量的相对稳定的比例关系。这种观点注重整体的稳定性而对整体的演变问题认识不足。

社会主义理论是不断发展的理论，社会主义实践是不断发展的实践。

如果把协调理解为平衡，它的直接后果可能导致改革事业的止步不前；另一方面，近年来有一种结构突变的思潮，认为在很短的时期内，通过采取一些强硬措施、承受一些暂时的痛苦，以实施社会结构的根本转变。这种提法恰恰忘记了，从现实结构到理想结构的转变必须有一个新结构的生成过程，在生成过程中必然有新结构与旧结构的矛盾与摩擦，如果这种矛盾与摩擦导致社会无序程度增大、社会熵增值，那么必然会制约社会的"发展"。有这样一种较为普遍性的论点：无序导致有序。如果从发展过程的某一阶段之特征的意义上说，它是有根据的，但将其无条件地应用于社会发展与社会改革则需三思而行。要知道，任何社会都是有特定秩序的社会，当旧秩序难以容纳社会进一步发展的时候，会出现旧秩序破缺和混乱的无序状态，但是，这种无序只是新旧秩序之间的一种过渡形式。从社会学的意义上分析，社会无序往往指旧秩序正在破坏、新秩序尚未形成而产生的秩序真空。在秩序真空的社会状态里，各种社会力量都有可能在舞台上表演，各种社会冲突都有可能出现，各种社会发展前景在概率意义上都存在。从经济学的意义上分析，经济状态的无序最能使人直观理解的是供需失衡、价格飞涨、通货膨胀迅速上升，社会生产受到破坏。在社会主义社会的改革过程中，这种无序状态既不是政府期望的，也不是人民群众盼望的。在社会主义条件下，政府的改革目标与人民群众的利益是根本一致的。虽然人民要求改变某种旧秩序，但他们所期望的，是在秩序改变过程中既得利益不断增长，至少不能使原有的利益贬值或日渐减少。我们不赞成这样一种发展战略：以牺牲或忽视当代人的利益去换取未来人的发展。未来人的发展包含在当代人的发展之中，割断历史的做法是断不可取的。显然，当人民群众自觉地要求从一种经济运行秩序转换到另一种秩序时，是不愿意接受社会经济的无序状态的，因为这意味着他们自身发展的停滞、危机甚至牺牲。所谓协调发展的现实意义便是如此。从更一般的意义上说，协调发展是关于社会结构转变过程的规定，它要求社会运行方式在由旧秩序转向新秩序的过程中，社会结构的各要素能相互适应、相互补充、相互促进，从而顺利实现社会结构的转变。这里既没有结构不变条件下的静态平衡，也没有无序状态下的结构突变要求。协调发展所体现的思想可以用一个工程术语来表述，即它要求实现社会结构转变过程中的"圆滑过渡"。

对协调发展必须辩证理解。只有相对于发展才有协调的问题，协调是关于发展过程的规定，离开了发展就无所谓协调。一个孤立的静态系统，由于其没有过程，就只有平衡而没有协调。因此，一定要把协调分析与平衡分析加以明确的区分。如果在理论思维的框架中把协调分析与平衡分析相混淆，就非常容易导致从协调发展的动机出发，实际上进行的却是平衡分析的思维操作，用平衡分析代替协调分析，从而将动态问题转变为静态问题。对于改革过程中出现的困难和问题，用"平衡镜"观察和用"协调镜"观察，其结论和处理方法是截然不同的。如果我们对于协调发展有一个科学理解的话，就不至于在纠正改革中出现的偏差与问题时偏离改革开放的大方向，而是适时推动改革开放向纵深方向发展。

协调涉及系统的结构、功能的好坏，更关系到系统的演化与发展。在社会系统中，要处理社会稳定与发展的关系问题，弄清"协调"的含义是一个基本前提。我们认为，既不能离开系统的演化发展来讨论协调，把协调当成结构稳定的同义语，也不能把协调等同于平衡，把协调范畴仅仅归结为系统结构的静态比例关系。根据辩证法的观点，协调首先是发展的一种规定，是对系统的各种因素和属性之间的动态相互作用关系及其程度的反映。界定协调范畴，研究它的科学含义，不但具有一定的理论意义，而且对正确理解和深入探索社会主义改革与建设的客观规律，也具有一定的现实意义。

二、平衡转化论的局限性

协调不等于平衡，不等于稳定不变。在人们的潜意识里，当不要求作出明确定义时，都承认协调与平衡是有区别的；然而，要进一步确定协调与平衡在内容上的区别时，又觉得难以划清界限。例如，动态平衡这个概念，在日常使用时，就容易将其理解为协调的一种表现形式。再例如，当谈到经济关系协调问题时，总离不开四大平衡关系（财政平衡、信贷平衡、实物平衡、进出口平衡），近几年来又有总供给与总需求的平衡关系。所以，要进一步深入地理解协调范畴，必须弄清协调与平衡的区别。

1. 平衡是反映系统定态性质的一个范畴

平衡有平衡关系和平衡状态两种含义。当其指平衡关系时，一般是指两种相互限制的趋势、力量或性质在数量关系上所达到的一种均衡势，一般用数量关系的相等概念来表示平衡关系，数量关系的不相等表示非平衡关系。而平衡状态中包含有平衡关系，它是指以平衡关系为内容的系统稳定状态。

静态平衡是用力学的观点考察物体状态性质的概念，当一个物体处于力学上的相对静止时，这个物体所承受的合力为零，或合力矩为零（合力或合力矩为零是指作用在物体上的正向作用力产生的效应与逆向作用力产生的效应在数量上相等），所以物体处于相对静止状态。

动态平衡是指系统内两种反向微观运动量在数值上相等，使系统的宏观量保持稳定不变。例如密闭容器内水和蒸汽的平衡实际上是水分子不断溢出水面，同时又有数量相等的水分子从蒸汽中落入水面的结果。化学平衡也是一种动态平衡，是指在化学反应过程中，在单位时间内这种物质生成多少，同时又消耗多少，生成物的反应速度与消耗物的反应速度在量上相等，所以物质浓度保持不变。

在经济学中有一种重要的平衡关系，即总供给与总需求的平衡。当总供给等于总需求时，社会产品既不过剩，又不短缺，这就是经济系统的均衡状态。这种经济均衡状态可以看作经济总量的平衡。它是以大量的生产经营活动和社会消费作为基础的，因而是动态平衡。

从以上几个例子看出，不管是静态平衡还是动态平衡，其共同点是：①平衡存在于两种既相互对立又相互联系的因素之间所发生的此消彼长的过程之中，所以其最基本的关系是一种二元关系。②平衡反映了系统的某种定态性质。处于平衡态的系统，其参量不会随时间发生变化。系统参量可分为微观参量和宏观参量。在动态平衡状态下，系统内两种既相互联系又相互对立的微观单位处于运动之中，两类微观运动单位不断交换物质和能量，但这种交换速度与互逆反应速度不变。这种暂时不变的运动速度可以称为系统内微观单位的运动状态不变。这种微观运动状态不变使系统的宏观参量不变。③平衡关系着眼于部分而不反映整体。平衡关系以二元关系为特征，但在一个系统内却存在多种因素和多重关系。系统是一个复杂的关系结构。任何一个要素作为某种结构之网的一个结点，同时发生着几种不同质的二元关系。例如，在社会产业结构中的某一产业，既有与先行产业的关系，也有与带动产业的关系，还有与相关产业的关系。这些关系分别称为前向联系、后向联系及相关联系。每一种关系都是二元的，即一个元素分别与其他元素发生了二元关系。如果从平衡的观点看，只能着眼于其中的某一种关系。在一个系统内，很难做到使相互关联的几个二元关系分别都维持平衡。经常发生的情况是，某种二元关系是平衡的，但它引起了其他二元关系的不平衡，因而才有"平衡是相对的，不平衡是绝对的"这句名言，所以，平衡关系只能反映系统部分与部分之间的关系，不能反映系统结构的整体特点。如果用其标志系统整体特点的话，只能从某一角度、某一层面反映出系统的定态性质，这个定态性质本身是一种抽象，并不代表系统的全部真实状态。

平衡范畴的三个特点都不反映、概括系统演进的特征。首先，任何系统存在的不只是两个因素之间的二元关系。其次，任何现实的系统都是开放系统，要在多种因素的相互作用过程中，通过交换物质、能量、信息而不断发育和演化，都有一个生成、发育、成长、老化的过程，所以系统不是定态。再次，系统演化过程并不追求也不要求所有的二元关系都处于平衡态，如果所有的二元关系都处于平衡态，那么系统就没有生命了。根据这种分析，不完全平衡是系统演化的一种基本特征。

2. 对"平衡—不平衡—平衡"转化模式的分析

长期以来，人们对事物发展、系统演化概括出了一个理论模式，即事物、系统从平衡状态出发，经过不平衡，再达到新的平衡的相互转化模式。今天我们有理由对这一理论模式进行新的理论反思。为了讨论方便起见，我们把这一理论模式简称为平衡转化论。

第一，平衡转化论的理论基础有历史局限性。这种局限性表现为：平衡状态的物理意义是指各种物理量的均衡、对称性和定态性质。静态平衡只在孤立系统中存在，动态平衡在开放系统中也可能存在。在开放系统条件下，系统与环境的交换过程达到平衡，即进入系统的某种量与离开系统的某种量的运动速率相等，其特征是系统宏观状态不变。严格说来，这两种情形在现实世界中是不存在的。现实世界的实际系统都是开放系统，其宏观参量是不断变化的。孤立系统或者外部环境不变的系统，只是理论的假说或者是对现实系统的某种抽象。用这样一个与现实事物根本属性差距很大的理论概念去说明事物的演化发展是缺乏科学根据的。

第二，现实事物、系统是一种不完全平衡状态，即系统结构中既有平衡关系又有非平衡关系，二者相互交织在一起。例如，一个现实系统的宏观参量可能满足平衡关系，处于平衡状态，但微观参量却是不平衡的；系统的某些宏观参量满足平衡关系，而另一些宏观参量却可能处于不平衡状态。这种平衡与不平衡的统一，构成系统的不完全平衡状态，使系统永远具有发展演化的内在动力。在这种动力驱动下，系统由一种不完全平衡状态跃迁到另一种不完全平衡状态。

由此看来，事物、系统都是平衡与不平衡的统一体。平衡是这个统一体的一个方面，不平衡是另一方面。平衡转化论的问题在于，把统一体的一个方面即平衡作为发展的起点，而将不平衡作为发展的第二阶段，第三阶段又实现平衡。这样把系统内部相互联系的两个方面割裂开来，作为不同发展阶段的特征，实质上是一种形而上学的思维方式。忽视平衡与不平衡的内在联系，其结果必然是振荡式发展模式。

第三，混淆了个体矛盾转化特点与系统整体演化的区别。所谓个体矛盾是指一个矛盾由相互联系和相互对立的两个方面构成，其转化特点是矛盾的一个方面向另一个方面转化。然而，事实上，孤立系统和孤立矛盾是没有的，任何矛盾都是与其他矛盾相互联系、处于系统关系之中，其中一个矛盾的转化方式受制于并影响着其他矛盾的转化方式，这样相互作用的整体效应，很难说是被某一个矛盾的转化方式所绝对地决定的。我们不能用某一个矛盾的转化方式和特点去说明系统整体的演化方式。

再来看平衡和不平衡的意义。说一个系统是平衡的或不平衡的，只是对某一个系统状态的抽象说明（事实上没有绝对平衡的系统，也没有绝对不平衡的系统），客观现实的系统都是不完全平衡系统，这一点我们在前边已经讨论过。如果系统结构中的所有关系完全达到平衡，则系统生命停止；如果系统结构中所有要素的关系没有一个满足平衡关系，则系统解体。可见，仅用平衡或不平衡概念来概括系统整体状况是片面的，更不能把两者割裂开来去描述系统演化的阶段性特征。

三、协调是反映社会系统控制状态的范畴

我们已经作了分析，单纯用平衡或不平衡状态是不能概括和反映系统整体特征的，因为两者分别是系统整体状态的一个方面。要反映系统整体状态就不仅要反映系统内的平衡关系，而且也必须反映不平衡关系，还必须将系统内平衡关系与不平衡关系之间的联系也揭示出来。我们认为协调范畴所表达的正是这些内容。

1. 协调范畴反映了主客体相互作用的双重规定

协调范畴的系统规定性说明协调总是以系统关系作为前提之一。当一个系统存在着多种因素和多种相互作用，而系统功能又有特定要求时，如何把不同质的因素和不同类型的相互作用统一起来，满足某一指定的功能，这便是协调问题研究的对象。

协调范畴的辩证含义揭示，协调问题所针对的系统关系总是一个矛盾网络，是系统与环境的矛盾、系统整体功能与要素结构的矛盾、结构中诸要素之间的矛盾、系统演进过程中新结构与旧结构的矛盾等。当系统环境变化时，系统的结构、功能如何变化才能适应环境？系统结构如何变化才能导致新功能产生？当系统结构由一种类型向另一种类型转变时，怎样才能实现既迅速又稳定的过渡？在这些变化过渡中，由于系统结构的复杂性、矛盾的多重性，结构中各种要素的功能相互叠加或相互抵消，使它们既有

冲突又有合作、既有竞争又有协同。对这些多重因素、复杂关系的处理，要能够使冲突消解于合作之中，使竞争导致协同，最终使各种不同的要素和力量都服务于系统功能的发挥。推动系统结构的演化，这就是协调研究的基本任务。

结构与功能的矛盾关系是协调研究的客观基础。人们都知道结构决定功能，有什么样的结构就有什么样的功能；结构是要素间的联系方式，相同的要素若其联系方式不同，则功能有所差异。结构作为一种质的规定性，功能作为另一种质的规定性，这是两种不同的规定性，协调就是使两种不同的规定性相互适应和满足。因此，协调的最初级含义是对系统结构——功能关系的一种反映，其次才是对结构性质的一种反映。

另一方面，协调范畴还反映了人的规定性。从系统结构与功能关系来分析，满足系统功能需求的结构具有协调性质，但是，如果这个功能与人的需求关系不大，或者说人根本不需要这种功能，那么，讨论结构性质就没有意义，甚至会得出相反的结论。因此，对结构性质的判断，不仅依赖于功能的优劣，而且依赖于人的主观期望（目标、动机、需求）。所以，协调与否的另一参照系是人的需求状况和社会发展的目标水平。

这样，协调范畴便涉及系统结构、系统功能、人的需求目标这三个环节。就系统结构—功能关系来说，它是系统自身的一种关系，属于客体的一种状态。人的需求是外在于系统的，属于主体的一种状态。由此看来，协调范畴所反映的内容存在于主客体相互作用过程中，表现在系统结构—功能—人的需求三者的关系上。相对于人的需求，判断系统功能的优劣。相对于系统功能，判断系统结构性质的合理与否。从主、客体相关意义上分析，协调范畴具有二重规定性：一方面是系统结构—功能关系的客体规定性；另一方面是人，社会发展目标的主体规定性。

从主、客体双重规定性统一的角度，可以把协调理解为一种控制状态。任何一种控制状态，既要反映系统的客观性质，也要反映控制者的主观期望（目标、动机、需求）。在社会实践的领域内，当控制者按照一定的主观期望，根据客观系统的内部联系和矛盾规律，造成一种控制状态的时候，这种控制状态的变化规律就是主、客体相互作用的规律。这种主、客体相互作用的各种关系，如果有利于主体期望的实现和促进客体系统的发展，那么，这些关系的集合便是协调的；如果不利于主体期望的实现和客体系统的发展，那么，这些关系的集合便是不协调的。同样，人的期望符合客观规律是协调的，人的期望不符合客观规律是不协调的。根据这种分析，我们可以对协调范畴作出界定：协调是相对于人、社会的需求，关于系统结构演进的一种控制状态，它既表现为主体对客体系统的操作规定，又表现为客体系统结构转换的发展规定。

2. 协调范畴的控制含义

把协调理解为一种控制状态，其具体含义可以分为几个方面。

第一，协调首先表现为控制主体的需求与控制客体之间的一种适应与满足关系。当控制主体的需求适应控制客体的状态，并且使控制客体满足控制主体的需求时，两者的关系可视为协调的，反之即为不协调的。

第二，从控制客体的方面看，其结构性质有利于客体功能的实现时，其结构相对于其功能来说是协调的。由于结构是多种因素、多种力量之间的关系结合体，因此，协调状态总是表现其结构中的多种因素和多种力量的多重促进、多元互补的合理配合的关系。

第三，从控制客体的系统结构转换方面看，当控制客体的原有结构比较顺利地转换过渡到另一新结构，而新结构又是控制主体的期望结构时，这个转换过程可视为协调的。结构转换过程表现为旧结构中新因素和新因素之间的新关系的逐渐形成，以及旧因素逐渐转变为新因素并纳入新结构的过程。新旧结构转换过程中的协调，应满足以下几个特征：当系统环境发生变化，系统功能不能满足主体需求时系统结构也发生变化，以具备新功能、适应新环境、满足主体的需求。系统结构是一个矛盾网络，各种矛盾关系互为条件。当使一个矛盾关系发生转化时，其他矛盾关系的状态就成为该矛盾关系转化的条件。在系统结构由一种状态转变到另一种状态时，正确处理多重矛盾的关系，应避免新旧因素作用的断裂和新旧因素间的剧烈冲突，以达到平稳过渡。

第四，协调状态的标准与测定要以约束为基础。协调范畴反映了主客体相互作用的双重规定性，所以，协调状态的标准就有了双重参照系：一是主体参照系，任何客体系统状态的协调都相对于某个主体参照系而言，不同的主体对同一客体系统状态的协调与否会有不同的标准，这是主体对客体的约束。另一方面是客体参照系，主体标准的合理性程度必须以客体系统自身的演化规律为参照系。客体系统演化规律为主体参照系确立了极限空间，这是客体对主体的约束。主体目标的确立必须来自于客体系统演化规律的探索和研究，超越系统演化规律的目标是不现实的。所以，主体的目标约束要以客体系统的演化规律的约束为基础。在确立了主体目标约束后，就要测定客体系统的协调状态，这个协调状态是在目标规定下的协调状态，因此，它以主体所设定的目标结构和客体系统的功能结构的差距形式表现出来。这种功能结构上的差距一定反映在系统结构要素的状态特征上。这些差距的量化形式不相等，分布不均匀，对整个系统的作用也不平衡，因此，对协调状态的测定主要是测定那些阻碍系统进一步演化的不同形式、种类和重要性不等的结构差距。如果这些差距在某一界限之内，则可以认为是基本协调的；若有些差距严重阻碍了系统的正常演化进程，使系统演化出现混乱、振荡和失稳，则系统发展是不协调的。

第五，要使客体系统的运行达到主体的目标状态，就要恰当地处理系统内的平衡关系和非平衡关系。所谓恰当地处理，就是要使系统内的种种要素和各种关系的平衡与不平衡的联系，在相对于主体目标条件下实现合理配合，即各种配合关系合乎主体目标的标准。这就要进行系统研究，全面安排，突出重点，兼顾一般，创造条件，推动演进。

第五章
社会治理是系统的社会工程

十八届三中全会关于全面深化改革的决定提出要提升社会治理水平和推动社会治理体制现代化，习近平总书记多次强调要注意改革的整体性、系统性和协调性，并指出深化改革是一项"系统工程"。我们认为，要深入理解社会治理，增强社会治理的科学性和系统性，提高社会治理的自觉性，实现社会治理的有效性，应当把社会治理理解为一项系统的社会工程活动。

一、社会治理是政府主导下多元社会主体相互协调共建社会秩序的活动

（一）从社会管理到社会治理是中国共产党执政理念的新发展

20 世纪 90 年代以来，中央文件中多用"社会管理"一词，1998年《关于国务院机构改革方案的说明》在强调国务院机构改革原则中，首次提出社会管理是政府三大职能之一[①]。2004 年十六届四中全会将创

---

① 《关于国务院机构改革方案的说明（1998 年）》，中国人大网，http://www.npc.gov.cn/wxzl/gongbao/1998-03/06/content_1480093.htm，1998 年 3 月 6 日。

新社会管理体制，提高构建社会主义和谐社会的能力作为加强党的执政能力建设的重要任务[①]。2005年，胡锦涛同志强调要以研究社会管理规律为突破口，通过社会管理理念的转变，社会管理体制的创新，适应我国社会发展的新要求[②]。2006年，十六届六中全会明确将"完善社会管理，保持社会安定有序"作为构建社会主义和谐社会的重要任务，并从加强政府社会管理职能、推进社区建设、健全社会组织、统筹协调各方利益等方面做了具体论述[③]。2007年，十七大报告提出通过建构"党委－政府－社会－公众"相互配合、协同管理的格局，建立健全基层社会管理体制，来完善社会管理，维护社会的安定和谐[④]。2012年，十八大报告进一步提出要通过完善社会管理的相关法律，创新社会管理体制机制，培育社会管理人才，加强社会管理信息化建设等，提高社会管理水平[⑤]。2013年，中共十八届三中全会关于全面深化改革的决定中则首次提出要创新社会治理体制，并将其作为国家治理体系和治理能力现代化的重要内容。可以说，社会治理理念的提出是中国共产党在改革进入深水区、攻坚期后，执政理念的新发展。从"社会管理"到"社会治理"的转变，标志着中国共产党人对社会建设规律认识的深化和发展。

（二）社会管理与社会治理的区别与联系

社会管理的概念主要有三种代表性观点：一是学者根据对"社会"概念范围理解的差异将社会管理分为广义和狭义，广义的社会管理是指对宏观社会系统的管理，涵盖经济、政治、文化、社会等子系统，而狭义的社会管理则将"社会"作为整个大社会系统中一个子系统来理解。二是认为社会管理是政府和社会主体针对社会生活以及社会发展的各个环节中的问题和冲突进行组织、协调、服务、监督和控制的过程。三是有学者将社会管理定义为政府和社会组织，通过社会共同价值的认同，处理社会事务，

[①] 《中共中央关于加强党的执政能力建设的决定》，新华网，http://news.xinhuanet.com/zhengfu/2004-09/27/content_2027021.htm，2004年9月26日。

[②] 《胡锦涛主持中共中央政治局集体学习并作重要讲话》，新华网，http://news.xinhuanet.com/newscenter/2005-02/22/content_2605870.htm，2005年2月22日。

[③] 《中共中央关于构建社会主义和谐社会若干重大问题的决定》，新华网，http://news.xinhuanet.com/politics/2006-10/18/content_5218639.htm，2006年10月18日。

[④] 《胡锦涛在党的十七大上的报告》，新华网，http://news.xinhuanet.com/newscenter/2007-10/24/content_6938568.htm，2007年10月24日。

[⑤] 《十八大报告(全文)》，新华网，http://www.xj.xinhuanet.com/2012-11/19/c_113722546.htm，2012年11月19日。

提供社会公共服务，推进社会事业发展，以实现社会公平正义，建立社会管理模式的过程①。从关于社会管理三种代表性的观点看，社会管理在主体上强调政府和社会主体的作用，在方式上强调对社会行为、社会活动的"组织、协调、服务、监督和控制"过程。

社会治理是一个舶来词，其中治理一词源于英文 Governance，原为控制引导和操纵的意思。20 世纪末，西方政治学和经济学家通过赋予治理新的含义，将治理推广到社会、经济领域等各个学科领域。但"治理"的思想资源早已广泛存在于我国的文化典籍之中，《大学》中就有"修身齐家治国平天下"，孔子以德政为上的为政思想，都体现着治理思想。所以，治理概念所涵盖内容，中西方是相通的，尤其是在中国特色社会主义理论的指导下，中国学者更多地被赋予其新的含义。

王浦劬认为社会治理应以实现人民群众的根本利益为核心，在坚持中国共产党领导的格局下，通过发挥其他社会组织作用，多元治理主体共同参与化解社会矛盾，解决社会问题，完善社会福利，促进社会公平，进而实现社会和谐有序发展②。陈成文、赵杏梓认为社会治理的基础是搭建"政府—市场—社会组织—公民"协商合作关系，方式是法、理、情三种方式的综合运用，目的是化解社会矛盾，解决社会问题，促进社会公正，促进实现社会和谐③。向德平强调社会治理的基础在于多元治理主体间的参与合作，核心是通过确立科学规范的制度基础，来更好地应对社会问题，促进社会资源合理配置，满足民众合理需求④。三位学者对社会治理的定义都强调社会治理主体多元化、治理手段多样化、治理方式互动化、治理目标和谐化等治理的普遍性特征。

基于对社会治理历史和概念的考察，我们认为社会治理是针对现存社会管理体系、运行机制中和社会生活、社会发展诸多环节中的不协调以及相互冲突等问题，以社会治理总体理念的认同为前提，以政府主导，市场、社会共同参与为基础，促进多元社会主体间的互动与协调，建构多元社会主体自主管理、自我运行机制，创建新的社会治理结构体系，从而实现社

① 丁元竹：《中国社会管理的理论建构》，《学术月刊》2008 年第 2 期，第 26—36 页。
② 王浦劬：《国家治理、政府治理和社会治理的含义及其相互关系》，《国家行政学院学报》2014 年第 3 期，第 11—17 页。
③ 陈成文、赵杏梓：《社会治理：一个概念的社会学考评及其意义》，《湖南师范大学学报》（社会科学版）2014 年第 5 期，第 11—18 页。
④ 向德平、苏海：《"社会治理"的理论内涵和实践路径》，《新疆师范大学学报》（哲学社会科学版）2014 年第 6 期，第 19—25 页。

会良性运行、和谐发展的活动和过程。我们可以通过表 5-1 来辨析社会管理与社会治理的基本区别。

表 5-1 社会管理与社会治理的联系与区别

类别	社会管理	社会治理
目标	维护社会秩序实现社会公正、社会稳定	通过建构社会秩序，实现社会和谐，维护社会公正与稳定
对象	社会生活各个具体环节、具体方面、特定过程的问题	社会大系统协调运行问题，社会运行体系问题
主体	主体单一，强调政府部门的作用	主体多样，在政府主导下发挥市场组织与社会组织作用
方式	针对具体问题提出具体解决办法，强调自上而下的解决社会问题	从具体问题入手研究系统层面的根源，以理顺关系为宗旨，调动不同社会主体的作用，培育和形成社会系统治理体系
手段	以社会行政组织的行政管理方法为主	强调法治与德治相结合，强调不同社会主体的合作与协同，强调谈判协商，运用综合手段

从目标上看，社会管理提出是以维护社会秩序为背景的，是对当时群体性事件频发、社会矛盾激化造成社会秩序无序化的回应，从而决定了社会管理是以化解社会矛盾，解决社会问题，维护社会稳定为目标。而社会治理的目标不仅限于维护社会稳定，更在于强调消除社会问题产生的根源，通过市场主体的规范运作和社会主体的自我管理，增强社会活力，形成以政府为主导的多元治理主体自我管理与运行机制，从而创建新的社会治理体系结构，建构一个合理的社会秩序，实现社会的良性运行、和谐发展。总之，社会治理着眼于社会大系统层面的秩序，着眼于新秩序的形成。社会治理的目的是形成社会多元主体自我管理，社会问题自我消解，社会结构关系协调，社会自我调适能力增强的良性运行状态。所以，维护现有秩序和创建一个新的秩序，是社会管理与社会治理的基本区别。

从对象上来看，社会管理的内容相对具体，只针对社会生活、社会发展诸多环节中的不协调以及相互冲突等问题；而社会治理的对象范围则更为宽泛，不仅包括社会生活以及社会发展的各个环节不协调、冲突和问题，还针对以往社会管理体制本身及其运行机制中的问题。它致力于通过具体环节上的具体问题发现治理体系上的问题；一般来说，是通过具体的问题发现系统层面的问题，并从系统层面解决问题。社会治理强调针对社会管理领域和运行机制中的问题，通过政府的总体协调，社会主体的自我管理和市场主体的规范运作，使社会运行机制得以调整，社会治理体系结构得以重建，以形成新的社会秩序。因此，社会治理的对象着眼于社会大系统协调运行，社会运行体系问题。

从主体上看，社会管理强调政府主体在社会管理中单一性和主导性，而社会治理则强调治理主体的多元性，强调在政府主导下发挥市场组织与社会组织作用。社会管理忽略了政府、市场、社会在社会管理中分别发挥不同作用的思想和理论，忽略了市场组织、社会组织在提供社会服务、促进社会资源的有效配置、缓和社会矛盾、促进社会和谐中的重要作用。社会治理则强调政府主导而不是政府包揽，主张政府负责却不是政府直接操作，而是在政府的主导下，将市场组织、社会组织作为社会治理的中介环节，通过发挥市场主体、社会主体自身的功能，共同参与社会公共事务治理活动，克服政府因包揽事务过多造成的政府治理失效，提升社会公共事务治理的有效性。

从方式上来看，社会管理侧重于政府对社会的管理，更多地表现为通过自下而上的管控社会来解决社会问题；而社会治理不仅强调通过政府与社会间的"双向互动"，理顺政府与社会的关系，还强调社会自我管理和自我运行机制的培育。社会管理体制将管理行为分为管理者与被管理者，强调通过管理者对被管理者的控制，甚至于以高压方式解决社会问题。而在社会治理体制下，政府与社会的关系得以重新建构，政府仅作为社会公共事务的一个主体从事管理与服务工作，社会也有对政府治理行为的回应和反馈，自上而下与自下而上双向互动，政府与社会的关系得以理顺。并且在双向互动过程中调动了各社会主体发挥自我管理的能动性，发挥多元治理主体自身的功能，共同参与社会公共事务治理活动，形成"政府—社会组织—社会成员"三级衔接、多种类型并存的社会治理体系和状态。

以维护社会稳定为目的、以自上而下进行控制的方式，决定了社会管理手段的单一性，即主要依靠政府的行政手段；而社会治理则更加强调法治方式与德治方式相结合，协商、谈判等非制度化手段综合运用在化解社会矛盾中的作用。近年来，维稳工作进入"投入越大，群体性事件越发严重"怪圈现象，这与政府以行政手段为主解决社会问题的方式有着直接联系，以"不出事"为目的，不针对问题发生的根源，结果是解决一个问题引出更多的问题。要缓解社会矛盾，解决社会问题必须运用综合手段，通过协商、谈判的方式缓和矛盾，通过法治化、制度化的方式解决矛盾，并且通过强化道德约束，提高社会成员自身的道德素质，进一步规范社会行为、协调社会关系，实现社会问题的有效解决。社会治理手段的综合运用使社会问题从根源上得以消解，实现了和谐有序的社会局面。

二、社会治理呼唤系统的社会工程活动

（一）社会工程是关于社会治理实现的学问

基于本文对社会治理的理解，我们认为：社会治理的研究对象是建构一个新的治理"主体—体制—机制—机理—环境—架构—过程—秩序"的系统结构和运行模式。从社会大系统的层次上讲，社会治理是研究社会管理主体和管理客体的相互关系、互动规律，建构新型治理架构和运行机制的活动，其目标是通过建构多元社会主体的自主管理、自我运行的机制，形成总体治理体系结构，理顺各种社会矛盾关系，实现社会良性运行与和谐发展。图 5-1 是关于社会治理体系结构的简单描述。

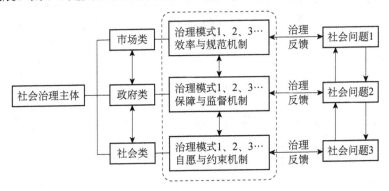

图 5-1　社会治理体系结构图

图 5-1 的左边是社会治理的多元主体，即主要有政府、市场和社会组织（含民间团体），三类主体以多元参与、协商合作的理念相互配合，共同管理社会公共事务；最右边是社会治理的多元客体，一般是各类社会问题、社会矛盾和居民的社会需求；中间部分则是为了解决社会矛盾、社会问题和满足多种需求，多元社会治理主体进行的治理模式选择和各种规则设计。治理模式的选择和规则设计一方面是考虑社会问题本身的特点，另一方面在治理过程中多元主体对社会问题的反馈，也在促使治理模式不断地调整。基于对不同社会治理主体属性的理解和功能的定位，三类主体进

行具体社会管理活动的机制不同，市场类主体主要按照效率机制和公平机制进行社会资源、服务生产和配置；社会组织类主体则以协作机制与行业规范，通过协商自愿、自我约束的机制，以非营利性目的进行微观社会服务与社会管理；政府类主体的社会治理职能体现在，建立保障民生和应对危机的社会福利与社会救助体系，培育微观社会管理的环境和平台，同时也提供社会治理的监督体系。

社会工程研究为搭建社会治理体系结构提供了理论基础。从社会工程研究的内容来看，"社会工程的基本任务是通过建构新的社会模式去促进社会发展"[①]，模式研究是社会工程研究的核心内容。社会工程以研究旧模式不适应社会发展需要所带来的社会问题为起点，通过考察社会运行进程，综合社会发展规律以设计新的社会结构，去推动社会由旧模式向新模式的转变。其次，社会工程注重对复杂的社会结构进行关联分析，在多重关系相互交叉的集合中，社会工程研究重点研究其结构要素和结构诸方面的相互作用、相互影响的协调规律与约束状况，用以揭示当社会结构某一方面的性质发生变化时对其他方面的影响，或者社会结构整体变迁时对结构中要素的影响。在社会治理体系结构图中我们可以看到，社会治理体制建立的基础在于处理政府、市场与社会的关系，核心在于治理模式的建构，主要方面在于多元治理主体在社会治理中运行机制的发挥。可以说，社会工程研究的模式设计问题以及模式设计过程中各要素的关联性问题，为搭建社会治理体系提供了理论基础和方法论指导。

（二）多元主体之间的系统关系模式是社会工程关注的主要问题

社会治理本质上是综合协调的状态和过程，尤其是对多元治理主体、治理主体与治理活动、治理模式与治理机制相互关系的综合协调。首先，治理主体的治理活动作为具体的社会工程活动，需要通过规则体系的建构实现自我治理。例如，传统的商会都有其内部约定和行为规则；新兴网络世界中的各种网络主体，也应阻止其相应的网络主体协会，自己制定约束自己网络行为的规范体系，自己管理自己的网络行为。其次，不同治理主体之间、不同的社会治理活动需要协调。社会治理体系中存在着不同类型的社会治理主体，每一个治理主体自主管理各自领域的社会事务，但是由

---

① 王宏波：《社会工程的概念和方法》，《西安交通大学学报》（社会科学版）2000年第1期，第45-52页。

于治理主体之间利益诉求、价值追求的差异，需要通过建立高一级规则体系对其治理行为进行协调。从分析确定不同社会治理的问题，到选择设计解决问题的模式和策略，再到主体间的协调互动、规则与模式间的协调互动，深刻地体现了不同社会治理活动的衔接与协同。最后，对多元社会主体的社会工程活动进行协调与整合，这些过程的实现本身就是由不同的、特殊的、具体的社会工程活动构成总体的社会工程，需要用社会系统分析的方法进行综合协调的研究和设计，以增强社会治理的协调性、协同性、系统性和整体性。为此，社会治理本质上体现为连续的、系统的社会工程活动。

所以，将社会治理理解为系统的社会工程，就是要将社会治理的重点放在关注多元社会治理主体自我管理活动之间的系统联系，即政府主体、市场主体、社会主体在社会治理活动中各自的治理机制、相互关系以及对社会协调运行应发挥的作用。针对社会公共事务的治理，根据治理主体的不同存在着三种不同的运行逻辑与治理机制。政府主体是等级化的权力逻辑，治理机制包括科层结构、命令系统和法律法规，政府主体通过制定宏观的治理框架和各主体的行为规范，综合运用行政、法律、经济等多种方式协调多行为主体的关系。市场主体按照盈亏的逻辑通过竞争机制、价格机制，以市场的契约精神，提高公共物品的供给效率和效能并体现社会公平，实现公共物品需求与供给的平衡和服务质量的提升。社会组织作为第三方参与公共事务的治理，则通过信任、互惠和网络的机制，将原子化的个体组织起来，通过彼此间的相互信任，订立自主合约，实现自主治理。良好治理格局的形成得益于政府主体、市场主体与社会主体的相互协商合作，形成了一个由多个权力中心组成的治理网络，不同的治理主体之间通过相互竞争、协商、合作的方式处理公共事务，利用中央机制来解决冲突。

（三）社会治理作为社会工程活动的基本内容

从社会治理的基本体系和结构来看，目前中国的社会治理还处于探索、发展、完善和建设阶段，本身是一项社会工程展开的过程，当前社会治理的基本内容应是：

1. 整合社会治理机构，坚持系统治理

发达国家政府在处理社会治理职能的组织设计上充分注意治理机构间的相互扯皮推诿问题，将治理的机构进行整合管理，实现对某一类问题有针对性的治理。美国1970年成立的联邦环境保护局就是针对在环境治理领

域存在的多头管理、权责不明等问题进行的机构整合，以便统一对环境问题实施治理。近年来在我国针对社会管理中出现的条块分割、多头管理等管理碎片化现象，整合社会管理机构是迫切需求。例如有些地方在街道办事处虽设立了社会事务综合科等，但多头管理、相互推诿等情况依然严重，亟待整合管理机构，实现综合治理。

2. 培育社会组织，处理好政府与社会的关系

根据民政部的统计结果，截至 2012 年全国有各类社会组织 49.9 万多个①，在社会服务、社会救助、居民自治、慈善帮扶、社区服务等方面发挥了重要作用。但当前我国社会组织在组织规模和组织结构上仍存有较大问题，与发达国家每十万人口拥有的社会组织成百上千的水平相比，2012 年我国每十万人口拥有的注册登记社会组织不到 38 个，并且在关乎社会服务、促进民生、维护社会成员权益等方面社会组织建设迟缓，未能发挥社会组织应有的作用。因此，以激发社会组织活力为目标，通过简化社会组织注册审查手续，重点培育社区服务类、行业协会类、公益慈善类等社会组织，注重社会组织在社会治理中的作用，推进社会组织明确权责、依法自治、发挥作用，是推进社会治理体制创新的重要任务。

3. 加强城乡社区治理，优化城乡社区治理模式

习近平总书记在参加十二届全国人大二次会议上海代表团审议时，谈到加强和创新社会治理时强调，社会治理的重心必须落到城乡社区。面对城镇化和社会转型给城乡社区带来的单位制瓦解、社区类型多样化、社区管理体制碎片化等诸多问题，各地根据自身的实际探索了不同的社区治理模式：行政主导型模式、居民自治型模式、混合型模式、网格型模式等，为我国城乡社区治理的发展提供了有益探索。在过去的 30 多年中，中国的社会治理体制一直处在不断变化发展之中，当前中国的社会治理尚无成熟模式可言，亟待建构和发展具有中国特色的社会治理模式。中国的社会治理既区别于西方社会的治理，也同传统的社会管理相区分，中国社会治理模式的建构必须通过研究当前社会治理中的现实性问题和以往社会管理体制中的问题，坚持以马克思主义理论为指导，建构新型治理架构和运行机制，形成多元社会主体自主管理、自我运行的机制，搭建新的社会治理体系结构，以实现社会良性运行与和谐发展。

---

① 《民政部 2012 年社会服务发展统计公报》，民政部门户网站，http://www.mca.gov.cn/article/zwgk/mzyw/201306/20130600474640.shtml，2013 年 6 月 19 日。

三、社会工程是关于社会治理的方法论

社会工程研究强调以"问题指向和价值定位下，综合协调规律、价值、情境三类变量进行社会模式设计与实施"的模式设计方法，为搭建社会治理体系结构，建构社会治理模式提供了方法论支持。社会治理模式设计与实施是社会治理的核心环节，通过设计实施各类社会治理模式，创新、修正已有治理政策和体制中的缺陷，促进社会治理取得真切实效。

社会治理模式设计是对社会治理中重大现实性问题的对策性回应。习近平总书记多次强调改革的问题倒逼机制，在社会治理中存在的重大现实性问题追问着有效的社会治理模式建构。由此，新的治理模式建构必须直面传统社会管理体制的问题和当前社会领域出现的现实性问题、矛盾，通过对传统社会管理体制中忽视社会组织作用、利益诉求渠道不畅、政府干预过度、管理手段单一等问题产生的历史原因和现实困境，为新的社会治理体系建构寻求突破口。同时，面对市场化背景下社会矛盾与冲突，在主体、取向、层次和领域上呈现出多元化的基本特征，创新有效预防和化解社会矛盾的体制机制是全面深化改革的必然要求。所以，如何设计一个合理的社会治理模式是社会治理创新的核心问题。

（一）社会治理模式的设计是在价值定位下进行的，必须整合不同的价值诉求和分歧

当前我国社会正处于价值观多元、价值观混乱、价值观冲突的转型时期。传统马克思主义、西方民主自由主义、民主社会主义等价值观激烈交锋，社会意识形态领域问题复杂，是当前社会治理模式建构的总体性价值环境。所以，必须坚持发展了的马克思主义，科学解释了的马克思主义，坚持中国特色社会主义理论体系的指导，排除各种思想文化思潮的影响，合理设计社会治理模式。我们还必须看到，不同治理主体因其文化背景和利益结构的差异所呈现的不同价值追求和价值判断构成了社会治理模式建构的具体价值情境。因此，当前我国社会治理模式建构，必须通过社会主义核心价值观的确立，寻找到人们价值认识的"最大公约数"，来统领、凝聚全民共识；必须科学处理社会治理主体多元导致的利益复杂性和价值多元性，扩大利益交汇点，凝聚社会价值共识，以此整合不同的价值诉求和分歧。通过价值整合引领社会治理模式的目标，兼顾社会各阶层的利益诉求，从而消解社会矛盾，促进社会发展。

（二）社会治理模式设计的过程应不违背相关规律性条件，系统把握各方面要求

社会模式设计中所涉及的规律是多样的，它包括各种社会规律，也包括相关的科学、技术和工程规律。社会治理模式建构应首先注重研究社会主义建设规律，把握社会主义建设的总体规律与分领域的规律的关系。从20世纪70年代末开始，我国社会主义建设在探索社会主义建设总体规律的前提下，分阶段、分领域进行了渐进式的改革，每一个阶段，各领域的改革优先次序不同。1978年至21世纪初，社会主义建设以经济建设为主导，政治改革和社会建设为辅；自中共十六大以来，我国已经进入以一个以社会建设为主的改革阶段，通过社会改革消化经济改革带来的负效应；目前我国已进入"五位一体"的全面深化改革阶段，需要总体把握各方面、各领域的规律性要求。除此之外，社会治理模式建构应掌握社会治理演进规律。社会治理总体上经历了一个由人治向法治转变的过程，该过程是具有现代性意义的。传统的社会治理方式表现为自上而下的管理控制过程，而现代的社会治理则体现出自由平等、民主法治、多元参与、协同共治的理念，在治理方式上追求自上而下与自下而上相结合的双向互动的治理过程。这就要求社会治理模式在治理方式、治理手段上符合现代治理理念的要求，通过社会主义建设规律、社会治理规律的把握，为社会治理模式建构提供理论支撑。

（三）社会治理研究和实施过程要注重综合集成方法的运用

社会治理模式设计的过程就是"按照一定的要求把模式所涉及的规律问题、价值问题、情境问题综合集成的过程"[①]。这种综合集成的过程是在价值定位下的综合集成，也是在掌握规律和情境约束下的价值定位过程。我们必须防止从单一学科理念，或者单一领域的规律性约束，来讨论社会治理模式的设计问题，要注重运用综合集成的方法论思想。我们要追求社会治理的整体效应而不是局部效应，需要总体设计，协调推进；要瞻前顾后，统筹兼顾，科学发展。习近平多次强调的把握"改革的力度、发展的速度、群众接受的程度"相统一的原则，强调顶层设计和基层创新相结合的原则，强调局部设计和系统设计相结合的原则，过程推进和结构协调的原则，都充分地体现了综合集成的方法论思想，需要我们结合社会治理创

[①] 王宏波：《论社会工程学的意义、内容与学科特征》，《西安交通大学学报》（社会科学版）2011年第1期，第65-72页。

新的实际进程深刻领会和努力实践。

社会工程作为社会治理实现的学问，既为搭建社会治理体系结构提供了理论基础，又为建构社会治理模式提供了方法论支持。因此，创新社会治理体制，提高社会治理水平，推进国家治理体系和治理能力现代化需要强化社会工程研究。以社会工程的学理和方法研究改革发展的现实性问题，从学理和学术角度总结改革开放的基本经验，建构反映中国经验的社会工程方法论，为社会治理研究提供了理论基础和方法论原则，是构筑中国话语、体现马克思主义中国化、学术化的重要切入点。

第六章
邓小平的社会工程思想

　　当代中国社会主义改革是一项伟大的社会工程，邓小平是这项伟大社会工程的总设计师。邓小平在思考和领导当代中国社会主义改革的过程中形成了系统完整的社会主义改革理论和丰富精深的社会工程思想。挖掘、梳理邓小平的社会工程思想是深入研究邓小平理论的重要内容，也是响应党中央实施马克思主义理论研究与建设工程号召的重要任务，具有重要理论意义。同时挖掘、梳理邓小平的社会工程思想对于我们今天继续深化社会主义改革、全面建设小康社会也有着重要现实指导意义。

一、社会工程与社会改革

　　社会工程是社会的人基于对社会发展规律认识与把握的基础上，创造出符合主体价值与需要的社会结构。根据马克思主义基本原理，社会是由以生产力发展为基础的各种生产关系以及建立于其上的上层建筑构成的有机体系总和。而从实际的角度看，社会则表现为一系列制度、体制、政策、法规和各种规范。这些制度、体制、政策、法规和各种规范是社会的人创立的，又是社会的人打破并由新的形式所替代。而建立一个新的社会形式，是一种创造，是设计新的社会蓝图和建立新的社会模式，这在本质上是一种社会工程活动。由此看来，社会工程活动这个基本特征存在于社会发展过程之中，社会发展过程具有社会工程活动的显著特点。社会工程活动所突出的环节是社会模式设计，包括对象设计和过程设计。所以，社会工程研究的核心也就集中在社会蓝图设计和社会过程设计问题上。如何确立一个合理的社会目标蓝图，这个合理的社会目标蓝图是什么，采取什么样的方法、步骤、途径去实现这个目标蓝图就成为社会工程研究的具体内容和实际问题。

社会发展演进具有社会工程的特征，这主要是通过社会改革的环节表现出来，社会改革是社会工程的重要形式。社会改革是作为社会主体的统治当局在认识社会矛盾、把握社会发展规律的基础上，自上而下地主动地对社会结构进行调整，对社会发展的目标蓝图、过程方式进行有目的、有计划、有选择地再设计和创造的过程。社会改革的深层原因和根本动力来自于社会基本矛盾及其在不同社会历史条件下所表现出来的社会主要矛盾。这是社会改革的客观条件。但这种客观条件如何转变为直接、现实的原因与动力，这就涉及社会改革的主体因素问题。社会改革主体的介入使社会改革真正变成现实，成为可能。改革主体对改革形势的准确把握，对改革目标的合理定位，对改革方法、步骤、途径的恰当选择，是改革成功的关键。改革的这些问题都涉及社会改革要达到的目标设计问题，又涉及改革过程的设计问题。由此看来，社会改革的中心环节也是"设计"，即改革目标与改革过程的设计。改革的这种特征决定了改革活动就是一种社会工程活动，社会改革集中体现了社会发展所具有的工程特征。正因为这样，社会工程思维是社会改革的内在思维形式，社会工程的研究方法同样适合于对社会改革的考察研究。

社会改革是社会工程的重要表现形式，邓小平不仅是当代中国改革开放和现代化建设的总设计师，同时也是当代中国社会工程的总设计师。有中国特色社会主义建设是一项伟大的社会工程，邓小平紧紧抓住"什么是社会主义、怎样建设社会主义"这个中心主题。指出："现在我们搞经济改革，仍然要坚持社会主义道路，坚持共产主义的远大理想，年轻一代要懂得这一点。但问题是什么是社会主义，如何建设社会主义。我们的经验教训有许多条，最重要的一条，就是要搞清楚这个问题。邓小平正是围绕这一问题来思考当代中国社会主义建设问题：将马克思主义基本原理同当代中国实际相结合，探索建设有中国特色的社会主义道路和目标模式，准确回答什么是社会主义的问题；以经济建设为中心，进行社会主义改革，实行对外开放，坚持四项基本原则，用这些政策"设计"回答当代中国如何建设社会主义的问题。从而产生、形成邓小平的社会工程思想。

二、社会改革的模式探索

社会改革是社会工程的重要表现形式，邓小平正是通过对当代中国社会主义改革的思考与"设计"来展现其社会工程思想。邓小平对社会主义改革的思考并开启社会主义建设伟大工程是在社会主义建设遭受严重挫折的背景下，重新思考社会主义以及社会主义建设问题，从而逐渐形成发展起来的。邓小平提出了社会主义模式范畴，并对马克思主义基本原理、毛泽东思想的精髓、社会发展规律等范畴同社会主义模式范畴进行了区分，阐明了它们的区别和联系。这为既坚持马克思主义、坚持社会主义，维护社会稳定奠定了重要基础，同时又为社会主义改革提供了理论依据。在此基础上提出建设有中国特色的社会主义这一改革目标。

邓小平提出了社会主义模式范畴，并指出社会主义有多种模式的命题。社会主义模式是社会主义的具体实现方式，是社会主义建设的具体形式。各个国家在建设本国社会主义时都必须通过一定的模式来进行，社会主义模式是客观存在的。所以在如何建设社会主义的问题上，存在着社会主义模式的选择与"设计"问题，这是一项十分复杂的社会工程活动。改革开放前，我们在社会主义建设问题上，照搬照抄苏联高度集中的计划经济体制，认为那就是社会主义的"标准"。社会建设遭受挫折迫使人们发出疑问：坚持社会主义为什么会失败呢？重新认识社会主义的问题自然被提上日程。"什么叫社会主义，什么叫马克思主义？我们过去对这个问题的认识不是完全清醒的。"①邓小平强调指出："社会主义是什么，马克思主义是什么，过去我们并没有完全搞清楚。"②对社会主义没有完全认识清楚，一个重要的失误就是没有提出、也没有重视社会主义模式问题。社会主义模式的选择与"设计"对社会主义建设十分重要，不同国家应当从自己的实际出发，选择设计适合自己的发展道路和发展模式。这就蕴涵着不同社会主义国家存在不同社会主义模式和社会主义有多种模式的问题。1989 年 5 月邓小平在会见苏共中央总书记戈尔巴乔夫时，总结社会主义建设经验教训，强调说："在革命成功后，各国必须根据自己的条件建设社会主义。固定的模式是没有的，也不可能有。"③

邓小平提出社会主义模式范畴并提出社会主义有多种模式的命题，实

---

① 邓小平：《建设有中国特色的社会主义》，《邓小平文选》第 3 卷，北京：人民出版社，1993 年，第 63 页。
② 邓小平：《改革是发展生产力的必由之路》，《邓小平文选》第 3 卷，北京：人民出版社，1993 年，第 137 页。
③ 邓小平：《结束过去，开辟未来》，《邓小平文选》第 3 卷，北京：人民出版社，1993 年，第 292 页。

际上隐含着社会发展规律与社会发展模式相区别的问题。社会发展规律是社会发展的必然趋势和前进方向，是真理问题；而社会发展模式是社会发展规律的具体实现形式。尽管后者是建立在对前者的认识与遵循的基础之上，而且前者也决定了后者的选择空间，但社会发展模式是一个理论与实际相结合，真理与价值相结合，规律与主体选择相结合的问题，其社会工程特征极为明显。在社会主义建设中，社会规律与社会模式的区别、联系集中体现在马克思主义基本原理与不同国家社会主义模式关系上。马克思主义基本原理，揭示了社会发展的一般规律，是我们建设社会主义，选择与设计社会主义模式必须坚持的理论指导。但社会主义建设的具体模式并不等同于马克思主义基本原理本身。这就要求社会主义建设，必须自觉地从实际出发，选择、设计适合自己的社会主义模式。邓小平在改革开放和现代化建设过程中，多次强调，我们要建设的社会主义是有中国特色的社会主义，是符合中国实际的社会主义。"我们搞的现代化，是中国式的现代化。我们建设的社会主义，是有中国特色的社会主义。"① "我们的原则是把马克思主义同中国的实际相结合，走中国自己的路，我们叫建设有中国特色的社会主义。"②

邓小平区分社会发展规律与发展模式、区分马克思主义基本原理与社会主义模式，才能实现马克思主义基本原理与实际相结合。改革开放前，社会主义建设之所以不能够从中国实际出发，建设有中国特色的社会主义，一个重要的原因就是在理论上没有对马克思主义基本原理与社会主义模式进行区分，教条主义地对待马克思主义，将苏联模式当成是社会主义真理的化身，将苏联社会主义模式看作是唯一正确的社会主义模式。照搬照抄苏联社会主义模式，社会主义建设遭受严重挫折。正如邓小平所说："坦率地说，我们过去照搬苏联社会主义的模式，带来很多问题。"③在理论上对马克思主义基本原理与社会主义模式进行区分，就为从实际出发，探索符合本国实际的社会主义模式奠定了理论依据。马克思主义基本原理不等同于社会主义模式，各个国家要根据自己的实际创造性地运用马克思主义，选择自己的建设道路。所以，邓小平在思考中国社会主义建设时，一再强调不要苛求马克思主义为社会主义建设提供现成的答案，要从中国的实际

---

① 邓小平：《路子走对了，政策不会变》，《邓小平文选》第 3 卷，北京：人民出版社，1993 年，第 29 页。
② 邓小平：《对中国改革的两种评价》，《邓小平文选》第 3 卷，北京：人民出版社，1993 年，第 135 页。
③ 邓小平：《解放思想，独立思考》，《邓小平文选》第 3 卷，北京：人民出版社，1993 年，第 261 页。

出发，要独立思考。"绝不能要求马克思为解决他去世之后上百年、几百年所产生的问题提供现成答案。"① "把马克思主义的普遍真理同我国的具体实际结合起来，走自己的路，建设有中国特色的社会主义，这就是我们总结长期历史经验得出的基本结论。"②

邓小平对社会主义模式保持探索与实验的态度是一种客观理性的态度。既然社会主义模式是马克思主义基本原理的具体实现形式，它不等同于真理本身，所以就不可能绝对正确；另外社会主义模式选择本身就是创造，需要人们去探索，也不可避免会犯错误。所以，社会模式的本质就要求人们对待模式不能盲目地崇拜，不能教条迷信地看待任何一种模式。承认模式需要探索和实验，也就隐含着对模式的探索有失败与成功两种可能，失败与成功并存，模式探索是要冒很大的风险的。这是对社会主义模式探索一种客观、理性的态度。只有认识到风险，认识到失败的可能性，才能更加深入研究实际，从而化解风险，防止重大错误发生。正如邓小平所说："我们搞四个现代化和改革、开放，以后还会遇到风险、困难，包括我们自己会犯错误。中国是这么大的国家，我们做的事是前人没有做过的。……搞改革完全是一件新的事情，难免会犯错误，但我们不能怕，不能因噎废食，不能停步不前。胆子还是要大，没有胆量搞不成四个现代化。但处理问题要谨慎小心，及时总结经验。小错误难免，避免犯大错误。"③同时，既然社会主义模式是一种探索和实验，那么社会主义某种模式的失败，也就不能证明社会主义、马克思主义的失败。

三、社会改革的路径选择

社会改革作为社会工程的重要表现形式，改革不仅要进行改革的目标设计，而且还要进行改革的过程设计。改革的路径选择是改革过程设计的重要内容。邓小平立足当代中国实际，对改革的路径进行了准确、合理地选择，从而使社会主义改革这一伟大的社会工程实践活动建立在现实的基础上。

紧抓系统矛盾中的主要矛盾，实现工作重心由阶级斗争向经济建设转移，这是邓小平思考和领导中国社会主义改革的路径关键。社会发展是社

---

① 邓小平：《结束过去，开辟未来》，《邓小平文选》第3卷，北京：人民出版社，1993年，第291页。
② 邓小平：《中国共产党第十二次全国代表大会开幕词》，《邓小平文选》第3卷，北京：人民出版社，1993年，第3页。
③ 邓小平：《汲取历史经验，防止错误倾向》，《邓小平文选》第3卷，北京：人民出版社，1993年，第229页。

会基本矛盾、主要矛盾和具体矛盾相互交织的过程。在系统矛盾中，社会主要矛盾对社会发展起着关键性的作用。社会改革、社会建设必须紧密围绕社会主要矛盾、解决社会主要矛盾进行。改革开放前，社会主义建设之所以发生失误，根本原因就在于对社会主要矛盾判断有误。从 50 年代末期就错误地认为阶级矛盾是整个社会主义社会的主要矛盾，阶级斗争成为社会主义建设的中心任务，严重干扰了经济建设，社会主义建设遇到重大挫折。邓小平在领导中国社会主义改革与建设时，首先就从社会主要矛盾的重新认识，工作重心的重新判断入手。1979 年改革伊始，邓小平就指出：至于什么是目前时期的主要矛盾，也就是目前时期全党和全国人民所必须解决的主要问题或中心任务，由于三中全会决定把工作重点转移到社会主义建设方面来，实际上已经解决了。我们的生产力发展水平很低，远远不能满足人民和国家的需要，这就是我们目前时期的主要矛盾，解决这个主要矛盾就是我们的中心任务。社会主义改革在重新认识社会主义社会的主要矛盾和主要任务中扬帆起航。一系列解决主要矛盾的改革政策和举措相继出台；经济建设、发展生产力成了整个改革的主线和中轴。从而摆脱了旧的路径依赖，确立新的社会发展方向，这就抓住了整个改革的路径关键。

　　判断社会发展阶段，提出社会主义初级阶段理论，这是邓小平思考和领导中国社会主义改革的路径基点。通过社会主义改革，探求有中国特色的社会主义模式，必须要将马克思主义基本原理与当代中国实际相结合。所以，准确把握当代中国实际是进行社会主义改革的重要前提。改革一开始，邓小平就要求准确地认识国情，认识自己的特点，要求根据自己的特点走出一条具有中国特色的现代化道路。指出："要使中国实现四个现代化，至少有两个重要特点是必须看到的：一个是底子薄。……第二条是人口多，耕地少。……中国式的现代化，必须从中国的特点出发。"[①]随着改革的发展，对中国国情、实际的认识也更加深入、更加系统，提出社会主义初级阶段理论，这是对当代中国实际从更高层次、更加全面的认识和把握。社会主义初级阶段成为思考社会主义改革的立论依据。一切改革的方针政策都必须要从社会主义初级阶段这样一个最大的实际出发。1987 年 8 月邓小平向外宾介绍即将召开的中共十三大时说："我们党的十三大要阐述中国社会主义是处在一个什么阶段，就是处在初级阶段，是初级阶段的

---

① 邓小平：《坚持四项基本原则》，《邓小平文选》第 2 卷，北京：人民出版社，1994 年，第 163-164 页。

社会主义。社会主义本身是共产主义的初级阶段，而我们中国又处在社会主义的初级阶段，就是不发达阶段。一切都要从这个实际出发，根据这个实际来制订规划。"①社会主义初级阶段理论的提出，使改革有了一个切实的基础，奠定了改革路径的基点。

甄别发展动力机制，确立社会主义市场经济体制改革目标模式，这是邓小平思考和领导中国社会主义改革的路径方向。社会改革的路径选择问题必然涉及发展动力机制的选择问题，发展动力机制的选择是改革路径选择的重要方面。当代中国改革就是在传统社会主义发展动力机制出现功能衰竭，社会发展失去活力状况下，甄别社会发展动力机制，选择新的具有活力的社会发展动力机制，并发挥其功能的过程。改革开放前，社会发展动力机制是高度集中的计划经济体制，即以国家行政权力配置资源，调动社会力量。这种社会发展动力机制在短时间内具有积极作用，但后来弊端越来越明显。以一种更有活力的社会发展动力机制替代高度集中的计划经济体制就成为邓小平思考当代中国改革必须回答的问题，并在探求更有活力的发展动力机制的过程中，逐渐形成、确立社会主义市场经济体制这一新的社会发展动力机制。1979 年，邓小平就指出："说市场经济只存在于资本主义社会，只有资本主义的市场经济，这肯定是不对的。社会主义为什么不可以搞市场经济，这个不能说是资本主义。我们是计划经济为主，也结合市场经济，但这是社会主义的市场经济。②1992 年邓小平南方讲话，是在总结改革开放以来实践经验基础上，进一步肯定社会主义市场经济，指出："计划多一点还是市场多一点，不是社会主义与资本主义的本质区别。计划经济不等于社会主义，资本主义也有计划；市场经济不等于资本主义，社会主义也有市场。计划和市场都是经济手段。"③这为中共十四大社会主义市场经济改革目标的确立奠定了重要基础。社会主义市场经济体制改革目标的确立，以一种全新的发展动力机制替代了旧的发展动力机制。当代中国社会主义改革就沿着建构新的发展动力机制与发挥新的发展动力机制功能的相互作用路径中推进。所以说，社会主义市场经济改革目标的确立，规定了改革路径的方向。

---

① 邓小平：《一切从社会主义初级阶段的实际出发》，《邓小平文选》第 3 卷，北京：人民出版社，1993 年，第 252 页。
② 邓小平：《社会主义也可以搞市场经济》，《邓小平文选》第 2 卷，北京：人民出版社，1994 年，第 236 页。
③ 邓小平：《在武昌、深圳、珠海、上海等地的谈话要点》，《邓小平文选》第 3 卷，北京：人民出版社，1993 年，第 373 页。

四、社会改革的方法设计

在社会改革的过程设计问题上，不仅要解决改革的路径选择等宏观原则问题，还必须解决方法设计等微观具体问题。这样才能明确从何处着手，具体怎样进行改革。邓小平从中国实际出发，运用辩证思维，构想并形成了一系列行之有效的改革方法与策略，这是邓小平社会工程思想的重要内容。

从最为紧迫的问题入手。社会紧迫问题的出现，使社会改革成为必然，改革为解决社会最为紧迫的问题而被提上日程。这是任何社会改革的一般逻辑。邓小平在思考并领导当代中国社会主义改革问题时，也遵循这一规律。那么当代中国最为紧迫的问题是什么呢？这就涉及对当代中国社会最为紧迫问题的判断。邓小平遵循历史唯物主义基本原理，并深入思考社会主义建设的教训，认为社会最为紧迫的问题是社会主义优越性没有真切地显示出来，人民太穷，社会主义太落后。"国家这么大，这么穷，不努力发展生产，日子怎么过？我们人民的生活如此困难，怎么体现出社会主义的优越性？……我们干革命几十年，搞社会主义三十多年，截至一九七八年，工人的月平均工资只有四五十元，农村的大多数地区仍处于贫困状态。这叫什么社会主义优越性？"[①] "贫穷不是社会主义，更不是共产主义。"[②] 正是立足于经济落后、人民生活穷困、社会主义优越性没有显示出来这一最为紧迫的问题，才将发展生产力，发展经济，提高人民生活水平作为整个改革的中心工作和首要任务。正如邓小平所说："根据我们自己的经验，讲社会主义，首先就要使生产力发展，这是主要的。只有这样，才能表明社会主义的优越性。"[③] 当代中国社会主义改革便在如何发展生产力，如何体现社会主义优越性的思考与探索中展开。

从群众最关心的问题入手。改革愿望和改革心理是推动改革的重要主观条件，成功的改革者无一不需要对社会改革愿望和心理进行深切地洞察与准确地把握。而群众改革愿望和心理又与他们最关心的问题相关。群众最关心的问题一般是那些与社会民众切身利益相关的具体问题，对民众影响深远同时又存在极大争论的实际问题。对于群众来说，党的知识分子政

---

① 邓小平：《一心一意搞建设》，《邓小平文选》第3卷，北京：人民出版社，1993年，第10-11页。
② 邓小平：《建设有中国特色的社会主义》，《邓小平文选》第3卷，北京：人民出版社，1993年，第64页。
③ 邓小平：《社会主义首先要发展生产力》，《邓小平文选》第2卷，北京：人民出版社，1994年，第314页。

策、高等学校招生问题成为当时人民群众最为关心的具体问题。因为知识分子定位问题和高等教育政策不仅关系到众多的脑力劳动者的切身利益，而且涉及成千上万人的前途命运问题；再加之新中国成立以来，特别是"文化大革命"期间，党和国家的知识分子政策和高等教育政策发生了许多次重大变化。广大人民群众对知识分子政策和高等教育政策自然就最为关心。"文革"结束，改革启动，知识分子的定位问题、高等教育发展问题再次凸显出来，成为广大人民群众最为关心的问题。邓小平正是在洞察、把握人民群众最为关心的问题基础上，从改革知识分子政策，恢复高考方面开始改革，自告奋勇主抓科技教育工作。从理论上讲清知识分子是工人阶级的一部分，脑力劳动也是劳动，为成千上万的知识分子摘掉了"资产阶级知识分子"的帽子；从 1977 年开始恢复高考制度和大学招生制度，圆了千百万人上大学的愿望。改革在科技界、知识界很快见到了成效。

从涉及面最广的问题入手。改革是社会利益格局重新调整的过程。所以，在改革的方法选择上必须充分考虑社会绝大多数人的利益和愿望。只有增加社会绝大多数人的利益，实现绝大多数人的要求，改革才会有动力。农民占人口绝大多数，所以改革需要满足广大农民群众的要求，使他们在改革中获得实际利益。正是基于这样的思考，邓小平在设计中国改革步骤问题上，选择先改革农村。从 1979-1983 年，在全国范围内完成了农村改革，以家庭联产承包责任制替代了人民公社。农民有了种植和经营的自主权，调动了生产积极性，农业生产和农民生活水平大幅度提高。正如邓小平所说："从中国的实际出发，我们首先解决农村问题。中国有百分之八十的人口住在农村，中国稳定不稳定首先要看这百分之八十稳定不稳定。……所以，我们首先在农村实行搞活经济和开放政策，调动了全国百分之八十的人口的积极性。"[①]农村改革成功，农村就稳定下来，积累了改革经验，这为在更大空间、更广领域和更深层次上的改革奠定了重要基础。

从允许特殊实验入手。当代中国社会主义改革是要探索一条有中国特色的社会主义现代化道路，这是从来没有过的事情，没有现成的经验和模式可借鉴。所以改革是有风险的，需要自己去摸索和实验，必须抱着实验的心态对待改革。邓小平对这一点始终保持着清醒的认识。"深圳经济特区是个实验，路子走得是否对，还要看一看。它是社会主义的新生事物。……一切有利于发展社会生产力的方法，包括利用外资和引进先进技术，我们

① 邓小平：《建设有中国特色的社会主义》，《邓小平文选》第 3 卷，北京：人民出版社，1993 年，第 65 页。

都采用。这是个很大的实验，是书本上没有的。"①开办经济特区、开放沿海城市是实验；经济体制改革也是实验。正是因为改革开放是很大的实验，改革开放的对错需要时间和实践来检验，所以就不能要求人们在改革的看法上一致，而是要允许不同看法，包括不同行为的存在。这与人们对改革的不同认识水平也是符合的。所以，要允许看，允许等，甚至允许有不同意见。但不搞争论，因为争论可能使改革耽误、搁置，所以不争论，用事实来说话，当改革的实际效果显露出来之后，人们的落后思想认识必然会改变，对改革的种种疑虑和异议也会消失。这需要一个过程，不可能要求人们，特别是所有的人一下子都对改革有深入的认识。邓小平在总结农村改革时说："对这个政策有一些人感到不那么顺眼，我们的做法是允许不同观点存在，拿事实来说话。农村改革，开始的一两年里有些地区根本不理睬，他们不相信这条路，就是不搞。观望了一年，有的观望了两年，看到凡是执行改革政策的都好起来了，他们就跟着走了。"②1992 年，邓小平在南方视察工作，对改革开放的方法策略进行了总结，深有感触地说："开始搞并不踊跃呀，好多人在看。我们的政策就是允许看。允许看，比强制好得多。我们推行三中全会以来的路线、方针、政策，不搞强迫，不搞运动，愿意干就干，干多少是多少，这样慢慢就跟上来了。不搞争论，是我的一个发明。不争论，是为了争取时间干。一争论就复杂了，把时间都争掉了，什么也干不成。"③

五、社会改革的操作逻辑

社会主义改革是一项伟大的社会系统工程。在改革的过程设计问题上，我们静态地分析了邓小平思考和领导社会主义改革的路径选择以及方法设计。但仅仅停留在这种静态分析水平上是不够的。因为社会改革是一个前后相继的动态展开过程。这就要求我们必须如实揭示邓小平思考和领导中国社会改革的动态过程和具体操作逻辑，这是研究邓小平社会工程思想的重要任务。

遵循历史与逻辑相统一的基本要求，梳理邓小平社会改革的操作逻辑，

---

① 邓小平：《改革开放是很大的实验》，《邓小平文选》第 3 卷，北京：人民出版社，1993 年，第 130 页。
② 邓小平：《拿事实来说话》，《邓小平文选》第 3 卷，北京：人民出版社，1993 年，第 155 页。
③ 邓小平：《在武昌、深圳、珠海、上海等地的谈话要点》，《邓小平文选》第 3 卷，北京：人民出版社，1993 年，第 374 页。

我们认为操作逻辑如下：问题导向—目标定位—实验先行—理论对立—理论创新—模式完善—全面展开。

社会改革是伴随社会问题的产生而出现，并以解决社会问题而展开，这是社会改革的一般逻辑起点。邓小平在思考和领导当代中国社会主义改革的过程中也遵循这样的规律。那么引起当代中国社会改革并主导改革方向的问题是什么呢？这就是社会主义的优越性问题。根据马克思主义基本理论，社会主义比资本主义优越，社会主义是迄今为止最先进的社会制度，但经过几十年社会主义建设，中国社会主义依然很落后，人民连最起码的温饱问题都没有解决。这究竟是怎么回事呢？社会主义建设的挫折、社会主义优越性的困境将"什么是社会主义、怎样建设社会主义"的时代性问题摆在 20 世纪 70 年代末的中国共产党人面前。邓小平正是在追问与回答这一时代性问题中，进行改革，并通过改革展现社会主义优越性。当代中国社会主义改革就是在这样的问题导向下启动的。

既然社会问题是改革的深层动因，那么解决问题就成为改革的目标追求和主要任务，即如何体现社会主义的优越性。以前的社会主义建设没有体现出社会主义的优越性，一个重要的原因就是教条主义地对待马克思主义，照搬照抄苏联模式，不从中国的实际出发。所以，不能走老路，要改革，要开辟新的道路；要将马克思主义基本原理同当代中国实际相结合，建设有中国特色的社会主义。改革的目标就是建设有中国特色的社会主义。整个改革的过程就是探索建设有中国特色社会主义的过程，通过建设有中国特色的社会主义来体现社会主义的优越性。

建设有中国特色的社会主义这一改革目标确立后，就需要采取一定的方法步骤去实施。建设有中国特色的社会主义是一项崭新的社会工程，没有现成的经验可以借鉴，没有现成的模式可供参考，只能"摸着石头过河"；而且有风险，可能犯这样那样的错误。所以改革要实验先行，先试点，总结经验，然后再向全国推广。这样做比较稳妥些。农村改革一开始就是在一两个省里搞实验；举办经济特区、开放沿海城市是实验；经济体制改革也是实验。另一方面，实验先行，在原有体制的局部进行改革实验，能减少改革的阻力，改革在局部实验中稳步推进。

社会改革是社会体制的根本性转变，在实验先行的改革推进过程中，必然会遇到新的体制与以前的理论发生矛盾冲突的情况，这是社会改革必然要经历的阶段。在改革开放过程中，出现了多种所有制并存的局面，出现了市场经济调节体制，出现了多种分配方式，这些改革后出台的政策体制与以前对社会主义的观点理论发生了矛盾冲突。理论遇到了困境，因为旧有的理论不能解释新出现的改革变化；改革实践也放不开手脚，因为新出现的很多方针政策缺乏理论依据。这种理论对立与实践困境集中表现在各种改革思潮的涌现以及思想混乱。

改革过程中出现了理论对立的状况，就要求进行理论创新，这是理论发展和改革实践推进的需要。提出社会主义初级阶段理论，合理地解释了改革开放以来为什么实行这样的政策，而不能实行别样的政策；重新认识计划与市场，提出社会主义市场经济理论，破除对当代中国改革性质的错误认识和不准确判断。特别是随着改革的推进，作为理论创新成果的邓小平理论的形成，当然也包括邓小平的改革理论和社会工程思想。从而使人们在改革的认识上更加清醒、准确，这对于消除人们的思想疑虑，继续推进、深化改革有着重要作用。

改革实践在经历了实验先行、理论对立和理论创新发展阶段后，必然对社会改革的各项方针政策进一步调整，例如，如何协调公有制为主体与多种所有制并存的关系，如何处理宏观调控与发挥市场配置资源基础性作用的关系，以及如何规范按劳分配与按生产要素分配的关系等。党的基本路线的提出，有中国特色社会主义的经济、政治、文化概念与内容的提出，特别是党在初级阶段的基本纲领的提出后，党对当代中国社会主义建设规律的认识进一步成熟，社会改革趋于成熟，建设有中国特色社会主义模式探索更加完善，改革的各项方针政策进一步定型、稳定化。一种新的社会体制和运行机制逐步健全并发挥功能作用。

社会改革以探索健全一种新的社会模式为目标，而一种新的社会模式的形成、完善又为社会发展提供新的基础；社会在新的社会模式框架中获得新的发展。这是社会改革的逻辑归宿。将改革开放以来形成的各项方针、政策和措施上升到党的理论、路线和纲领的高度，意味着改革模式的完善。而学习、研究、宣传这些理论、路线和纲领，并以这些理论、路线和纲领来指导新的改革实践，则意味着社会改革的全面展开，表明改革理论和工程思想的最终形成。

第七章
习近平治国理政实践的
社会工程思维特点

　　自改革开放以来，几代党领导集体形成了丰富的社会工程思想，有效推动了中国的改革开放进程。进入新时期，以习近平总书记为核心的党领导集体形成了"国家治理现代化"思想，具有鲜明的社会工程思维特点，从目标、路径、过程方面规定了从思想理论、意识形态到实际操作的思想路线，是指导中国特色社会主义建设深入推进的行动指南。习近平治国理政的社会工程思维特点集中地表现在他关于治国理政的新思维、加强顶层设计的新方式和治国理政思维的方法论。

一、习近平治国理政新思维

　　习近平治国理政的新思维主要体现在提出了经济发展新常态的新思想，确立了治国理政的新目标，规划了国家发展的新战略。

1. 经济发展新常态的新思想

　　进入 21 世纪以后，世界经济格局发生了新的变化，中国经济已经发展成为世界第二大经济体。同时中国经济发展也出现了新的特点。其一是经济增长速度由过去三十多年来的高速增长转变为中高速增长，经济增速换挡回落，从过去以来长期维持的 10% 以上的增长率转换为 6-7% 的增长率，表现为增速换挡。其二是优化经济结构成为经济发展的主要任务。产业结构由中低端向中高端转换。需求结构变化方向将向以消费需求为主转变，城乡区域差距将逐步缩小，收入分配结构将更加公平，居民收入占比将会上升。其三是发展方式转型，由规模速度型的粗放增长向质量效率型集约增长转变。其四是经济动力发生转型，由过去的要素驱动和投资驱动转变为创新驱动。其五是资源配置由市场起基础性作用向起决定性作用转换。充分用好"有形之手"和"无形之手"：一方面发挥好市场作用，另一方面发挥好政府作用。"有形之手"和"无形之手"协调用力、共同用力，推动经济发展。其六是经济福祉由先富先好型转向包容和平等性，更加注重社会和谐。另外世界经济多变，经济发展的风险因素也会增加，从而导致经济发展的不确定性也会增加。经济新常态是习近平提出的经济发展的新思想，这个新思想揭示了经济发展的新机遇和新前景，提出要认识新常态、把握新常态、引领新常态的新任务，提出要保持战略定力和平常心，遵循经济发展规律、可持续发展规律、社会发展规律，抓住历史机遇，推动中国经济迈上新的台阶。

2. 治国理政新目标

习近平总书记提出了国家治理现代化和治理能力现代化的目标设计。

第一，国家治理现代化的阶段目标在于构建系统完备、科学规范、运行有效的制度体系，更好发挥中国特色社会主义制度的优越性。"国家治理体系和治理能力是一个国家制度和制度执行力的集中体现。"[①]完善和发展中国特色社会主义制度是国家治理现代化的前提和实质。国家治理现代化的目标就在于"为党和国家事业发展、为人民幸福安康、为社会和谐稳定、为国家长治久安提供一整套更完备、更稳定、更管用的制度体系"[②]，以便"更好发挥中国特色社会主义制度的优越性"。因此，十八届三中全会决定"2020 年形成系统完备、科学规范、运行有效的制度体系，使各方面制度更加成熟更加定型。"

第二，国家治理现代化的战略目标是从经济基础和上层建筑的统一上实现中华民族伟大复兴中国梦的战略安排。习近平主席在博鳌亚洲论坛

---

① 习近平：《完善和发展中国特色社会主义制度 推进国家治理体系和治理能力现代化》，《人民日报》2014 年 2 月 18 日，第 1 版。

② 习近平：《完善和发展中国特色社会主义制度 推进国家治理体系和治理能力现代化》，《人民日报》2014 年 2 月 18 日，第 1 版。

2013 年年会上的主旨演讲上指出，"要在本世纪中叶把我国建成富强民主文明和谐的社会主义现代化国家，实现中华民族伟大复兴的中国梦。"与这个现代化相较，"全面实现农业、工业、国防和科学技术的现代化"和"推进国家治理体系和治理能力现代化"等"五化"都是它的实现方法与手段。其中，农业、工业、国防和科学技术现代化作用于经济基础层面，"推进国家治理体系和治理能力现代化"作用于上层建筑层面，它们构成了"建设社会主义现代化国家"的完整体系。

第三，推进国家治理水平现代化和治理能力现代化，是中国特色社会主义事业发展的新要求，是对国际社会主义事业的新贡献。从国家统治到国家管理，从国家管理到国家治理，国家治理现代化完成了质的转变。然而，"怎样治理社会主义社会这样全新的社会，是当代中国共产党人要应对和解决并实现的时代课题。马克思、恩格斯没有遇到全面治理一个社会主义国家的实践，他们关于未来社会的原理很多是预测性的；列宁在俄国十月革命后不久就过世了，没来得及深入探索这个问题；苏联在这个问题上进行了探索，取得了一些实践经验，但也犯下了严重错误，没有解决这个问题。我们党在全国执政以后，不断探索这个问题，也发生了严重曲折"。[①]推进国家治理体系建设、治理水平建设和治理能力建设，将给马克思主义的国家治理理论和治理实践增添新的篇章。

3. 国家发展新战略

第一，"四个全面"的战略布局。以习近平为核心的党中央提出了"四个全面"协调推进的发展战略，清晰地规划了国家发展与改革创新的战略思路。"四个全面"协调推进的发展战略包括：全面建成小康社会、全面深化改革、全面依法治国、全面从严治党。"四个全面"协调推进的战略布局，立足治国理政的全局和根本，着眼于中华民族伟大复兴的长远目标和现代化建设的根本任务，确立了党和国家在新形势下各项工作的战略方向、重点领域、主攻目标。第二，创新驱动发展战略。第三，扩大中等收入群体战略。第四，强军战略。第五，一带一路战略。第六，构建新型国际关系战略，等等。

4. 以人民为中心的发展新理念

在新的发展阶段上，习近平提出以人民为中心的发展思想，并进一步

---

① 习近平：《切实把思想统一到党的十八届三中全会精神上来》，《人民日报》2014 年 1 月 1 日，第 2 版。

体现为"创新、协调、绿色、开放、共享"五大发展理念，这五大发展理念是改革发展的总体要求。坚持创新发展，必须把创新放在发展的核心位置，不断推进理论创新、制度创新、科技创新、文化创新等各方面的创新，让创新贯穿党和国家的一切工作，让创新在全社会蔚然成风。坚持协调发展，必须牢牢把握中国特色社会主义事业的总体布局，正确处理发展的重大关系，不断增强发展的整体性与协调性，在协调发展中增强发展空间。坚持绿色发展，必须坚持节约资源和保护环境的基本国策，坚持可持续发展，坚定走生产发展、生活富裕、生态良好的发展道路，加快建设资源节约型、环境友好型社会，推进美丽中国建设。坚持开放发展，必须顺应我国经济深度融入世界经济的大趋势，奉行互利共赢的开放战略，发展更高层次的开放型经济，积极参与全球经济治理和公共产品供给，提高我国在全球经济治理中的制度性话语权，构建广泛的利益共同体，开创对外开放的新局面。坚持共享发展，必须坚持发展为了人民，发展成果由人民共享，作出更有效的制度安排，使全体人民在共建共享发展中更有获得感，增强发展动力，增进人民团结，朝着共同富裕的方向稳步前进。

二、习近平的顶层设计思想

习近平总书记指出："全面深化改革是一项复杂的系统工程，需要加强顶层设计和整体谋划。"设计是工程思维方法，改革设计就是社会工程设计，是社会工程的核心内容。

社会是个复杂的系统，社会改革的对象是把社会理解成一个复杂的系统，本质上是社会工程。社会工程是应用人文社会科学、自然科学和工程思维的思想方法研究社会关系结构的发展变化问题，即社会关系、社会规则系统的建构和变化问题。社会工程设计一方面要利用各种科学技术方法优化社会研究的过程，用现代科学技术手段收集数据资料，构造数据模型；另一方面要应用社会科学的知识，突出"设计思维"，强调预先设计建构的思想。习近平总书记强调的顶层设计，就是从社会系统的全局进行总体设计，既有总体目标，又有结构支撑，还有重点领域，更有基本路径。顶层设计的过程就是社会工程思维展开的过程。

习近平总书记经常用系统工程的思想表述对各领域改革的要求。他说，改革是一项复杂的系统工程，从严治党是一项复杂的系统工程，社会建设是一项复杂的系统工程，生态文明建设是一项复杂的系统工程。习近平总书记讲的"系统"是社会系统，这个系统是经济、文化、民生、政治、科技、外交、生态交织在一起的社会系统。所以对这个社会系统进行整体推进和系统改革，就是社会工程。对社会系统进行顶层设计就是社会工程思维的典型特征。从社会工程思维的基本特征出发，习近平经常强调要注意把握各项工作中的系统性、协同性和整体性三大要求。

一是系统性要求。社会工程是"社会系统"的工程，研究对象——社会的系统性首先决定了社会工程的系统性。系统性要求就是系统思维的要求，首先要考虑系统运行和演化的方向，从环境考虑系统的基本要求。习近平总是从世界大局分析中国发展。"一带一路"的发展战略，就是从世界结构变迁和国家发展的态势作出的顶层设计。这里既考虑到经济全球化的规律和中国经济发展规律的相互作用，也考虑到中国自身的发展价值需求和沿带沿路国家的发展价值，更考虑到全球经济、政治格局大变化，是一个科学、合理地社会工程设计。

二是整体性要求。整体性要求是社会工程思维的重要特征。它不仅要从系统性思维出发，更要考虑系统内部各组成要素之间内在关联所具有的整体性。在"四个全面"协调推进的战略布局中就充分地体现了顶层设计的整体性。全面建成小康社会是"四个全面"的战略目标，居于中心地位，全面深化改革、全面依法治国、全面从严治党是三大战略举措，是推进国家治理体系和治理能力现代化的有力抓手，是实现全面建成小康社会的重要保证。通过这三大战略举措推动经济系统、政治系统、文化系统、社会系统、生态系统、党建系统、国防外交系统的改革建设平稳快速发展，有力推进全面建成小康社会战略目标的实现，如图7-1所示。

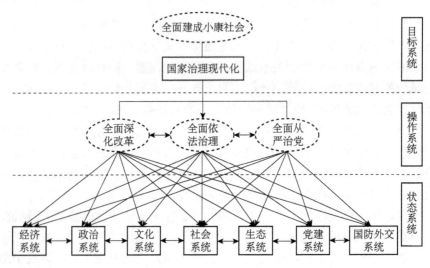

图7-1　国家治理现代化思想的结构关系图

三是协同性要求。习近平总书记多次强调改革的协同性。社会系统是由各个分系统组成的，各分系统又有自己的分系统。每一个子系统都有自己的运动和演化规律，也有自己的价值需求；而且，不同的子系统的演化发展有自己独特的环境条件和内部过程。这就涉及不同方面、不同层次、不同类型的发展规律之间相互作用。而且，每一种规律的运行都负载了相应的价值。所以，社会系统的运行与调控，必须注重协同性。这种协同是活动在不同子系统的社会主体在运用规律和价值满足之间的协同。例如社会发展中的公平与效率问题，如果优先公平，社会发展就应当主要按照社会规律运行，如果优先效率，社会发展就要以经济规律为主，要想兼顾公平、效率就需要在不同的价值取向中进行价值整合，规律协同。因此，想要激发出社会发展模式的"联动效益"和"共生效应"，促进社会系统的协调发展，就必须在社会工程的活动中协调、统筹好各种规律、价值的关系，处理好不同社会子系统的社会主体之间的物质利益关系，实现复杂系统的内外部平衡。

五大发展理念体现着协同性思维。每一个领域都要贯彻五大发展理念，这五大发展理念中的任何一个都与其他四个联系在一起，既是支撑，又是制约，构成了相互独立又联系融合的理念系统。对于这一复杂理念系统的践行，必须坚持协同性思维。如图 7-2 所示，"五大发展理念"呈现出类似五行运行的关系结构：其中，创新、协调、绿色、开放、共享各守一端，五个理念由内外两圈、共 10 条线段相连，反映了五大理念之间最基本的15 种辩证关系。

第一类是两两之间的辩证关系，共有 10 种，每一种关系的处理都十分复杂。第二类是多者间的结合关系，共有 15 种，其中 10 种为三者间的关系，5 种为四者间的关系。

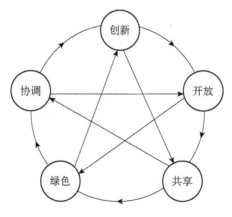

图 7-2 五大发展理念的关系结构图

以发展与共享的关系为例，从共同富裕的角度来看，发展与共享是一个财富增长与财富分配的问题，它们本身相生相克：一方面，财富增长与分配相辅相成，增长越多，蛋糕越多，分配所得就越多；而分配越多，积累越多，增长的基础也就越扎实。另一方面，财富增长与分配相互制约，财富增长要求多劳多得，效率优先；财富分配要求社会均衡，公平至上。而如何在不同的情境、价值与规律下，处理好效率与公平问题就成为协调这两大发展理念的关键所在。

三、习近平治国理政思维的方法论特点

国家治理现代化是一系列社会工程活动。习近平总书记多次在不同场合、从不同方面对国家治理现代化思想进行了论述，表现出鲜明的社会工程思维特点。

1. 问题导向与目标导向相结合

习近平在论述全面深化改革，涉及改革方案、规划该路线图时既强调问题导向，又强调目标导向，体现了问题导向与目标导向相结合的思维特点。2013 年 9 月 17 日，习近平总书记在中南海召开党外人士座谈会上指出，"改革是由问题倒逼而产生，又在不断解决问题中而深化。解决我国发展面临的一系列突出矛盾和问题，实现经济社会持续健康发展，不断改善人民生活，要求全面深化改革。中国共产党人干革命、搞建设、抓改革，从来都是为了解决中国的现实问题"。

问题导向是国家治理现代化思想的第一要义，包涵问题意识、问题界定、问题评价三方面内容。首先，问题意识指思维的问题性心理，即改革必须时刻保持反思、疑问和探求的状态。习近平总书记指出，"在认识世界和改造世界的过程中，旧的问题解决了，新的问题又会产生，制度总是需要不断完善，因而改革既不可能一蹴而就，也不可能一劳永逸。"其次，问题界定或称问题构造，是划定一个特定问题边界以便集中解决的过程，是解释系统中张力的最初标志。没有问题界定，问题解决就会呈现分散的状态。最后，问题评价。它要求根据问题的重要性和紧急性进行排序，分清重要又紧急、重要不紧急、不重要不紧急、紧急不重要四类情况。在问题评价的标准上，习近平总书记指出"各项改革任务都要坚持以影响经济社会发展的重大问题为导向，以经济社会发展重大问题和涉及群众切身利益的实际问题为内容，立足于经济社会发展的瓶颈制约、群众反映强烈的突出问题，努力破除体制机制障碍，解决好人民最关心最直接最现实的利益问题"。

习近平在强调问题倒逼的改革进路时，十分注意改革的目标导向。他说，改革的目的就是不断完善和发展中国特色的社会主义制度，谈到国有企业改革时，他总是强调通过混合所有制改革使国有企业做强做大；在谈到房地产业发展模式时，他郑重指出，房子是用来住的，不是用来炒的①，明确指出了房地产业发展的方向。十八大刚一结束，习近平在深圳考察时就指出，中国发展一定要坚持改革是社会主义制度自我完善的大方向，但是也需要明确有些不能改的坚决不改，需要长期坚持下去。通过理解习近平的思想，可见所谓问题倒逼是在发展社会主义，不断完善中国特色社会主义过程中的问题。问题导向是在目标导向规定下问题导向，解决问题是为了更好地实现目标，是两者的辩证统一。

2. 顶层设计与具体探索相统一

习近平总书记指出："全面深化改革是一项复杂的系统工程，需要加强顶层设计和整体谋划"。顶层设计是治国理政的关键环节。抓方向设计、战略设计、整体谋划，从根本方向出发向系统的各个层次提出要求，是顶层设计的主要特点。习近平总书记十八大以来的治国理政实践充分地体现了顶层设计的特点。同时总书记还十分强调在改革过程中的具体探索。这个具体探索的思想体现在对邓小平提出的"摸着石头过河"的思想方法的肯定、继承和创新上。

习近平总书记强调改革必须坚持正确的方法论，深度解释了"摸着石头过河"的方法论思想的新内涵，提出了摸着石头过河与顶层设计相统一的方法论要求。"摸着石头过河就是摸规律，从实践中获得真知。"②今天的"石头"已不仅仅是某项改革的具体方案，而是改革过程的具体规律。今天我们要摸的"石头"是"方案+规律"。

摸着石头过河与加强顶层设计是辩证统一的，"摸着石头过河"关注眼前的、局部的利益，是自下而上的改革方法；"顶层设计"强调长远的、整体的利益，是自上而下的改革方法。"摸着石头过河"和加强"顶层设计"是辩证统一的，"推进局部的阶段性改革开放要在加强顶层设计的前提下进行，加强顶层设计要在推进局部的阶段性改革开放的基础上来谋划"③。

① 《中央经济工作会议在北京举行，习近平李克强作重要讲话》，人民网，http://politics.people.com.cn/n1/2016/1216/c1024-28956325.html，2016 年 12 月 16 日。
② 习近平：《在十八届中共中央政治局第二次集体学习时的讲话》，《人民日报》2013 年 1 月 2 日，第 1 版。
③ 习近平：《在十八届中共中央政治局第二次集体学习时的讲话》，《人民日报》2013 年 1 月 2 日，第 1 版。

要坚持"摸着石头过河"和"顶层设计"相结合,就要凝聚自下而上和自上而下改革的合力,协调整体利益与局部利益、长远利益与短期利益。习近平在不断强调改革的方向性的同时,认为"凝聚共识"是形成合力的重要方法。他说,"凝聚共识很重要,是改革顺利推进和全面成功的必要条件",并且强调"从历史经验上看,凝聚共识对改革能否成功至关重要"。

3. 系统思维和辩证思维相结合

系统思维要求把握改革的整体性、系统性、协同性。"四个全面"就是实现国家治理现代化的复杂系统,每一个"全面"都是一个子系统。其中,全面建成小康社会是我们的战略目标,全面深化改革、全面依法治国、全面从严治党是三大战略举措。"四个全面"的系统性使得各方面的改革都有牵一发而动全身的效应。

"辩证思维能力,就是承认矛盾、分析矛盾、解决矛盾,善于抓住关键、找准重点、洞察事物发展规律的能力"[①]。习近平总书记关于改革论述贯穿着丰富的辩证思维,集中表现在对处理改革所面临的一些重大问题的认识上:如坚持解放思想和实事求是辩证统一、整体推进和重点突破相结合、顶层设计和摸着石头过河相统一、胆子要大和步子要稳有机结合等。

系统思维和辩证思维的密切结合,是改革不断推进的要求。改革中的矛盾不是孤立的矛盾,而是不同类型、不同性质和特点的矛盾,相互交织、互为条件的矛盾系统。这就要求我们坚持系统的观点,认识到单一矛盾与矛盾系统的关系;同时,坚持辩证思维,在众多矛盾解决中"不是平均用力、齐头并进,而是抓住主要矛盾和矛盾的主要方面,注重抓重要领域和关键环节,努力做到全局和局部相配套、治本和治标相结合、渐进和突破相结合,实现整体推进和重点突破相结合。"

4. 过程思维与底线思维相统一

过程思维与底线思维的统一,是习近平总书记推动改革、把握方向的方法论思想。他强调说,"方向决定道路,道路决定命运","我们的改革是在中国特色社会主义道路上不断前进的改革,既不走封闭僵化的老路,也不走改旗易帜的邪路",时刻把握改革正确方向是习近平把握改革大局首要特征。

为了保证改革的正确方向,必须注意改革的过程性特点。以习近平为

---

① 习近平:《掌握工作制胜的看家本领——关于科学的思想方法和工作方法》,《人民日报》2014年7月12日,第12版。

核心的党中央，不仅提出改革的宏伟目标，而且还规定该改革的路线图和时间表。习近平多次强调，改革进入深水区，一定要做到，胆子要大、步子要稳。胆子要大，就是要敢于啃硬骨头，敢于涉险滩；步子要稳，就是方向一定要准，行驶一定要稳，尤其是不能犯颠覆性错误。要把握改革过程顺利推进，必须管好"关键少数"。习近平要求把"三严三实"要求贯穿改革全过程，要求干部做到严以修身、严于用权、严于律己；做到谋事要实、创业要实、做人要实，当改革的促进派，当改革的实干家。

为了保证改革的方向，习近平总书记提出了在改革过程中要运用底线思维。所谓底线思维，就是为改革设置不可逾越的底线。他强调说，"我们党领导的改革历来是全面改革。问题的实质是改什么、不改什么，有些不能改的，再过多长时间也是不改，不能把这说成是不改革"[①]。"治大国若烹小鲜，我国是一个大国，绝不能在根本问题上出现颠覆性错误"[②]。这个根本性问题就是改革的底线。底线原则还表现在社会政策要托底。习近平总书记在谈到农村土地制度改革的时候就指出，"不管怎么改，不能把农村土地集体所有制改垮了，不能把耕地改少了，不能把粮食产量改下去了，不能把农民利益损害了"[③]。

目前，底线思维的方法论要求已经体现在改革的具体推进中。例如，国际贸易管理中的"负面清单管理模式"，政府规定哪些经济领域不开放，除了清单上的禁区，各类市场主体可依法平等进入清单之外领域。还例如，社会治理中的民生底线，农地管理中的耕地红线，金融领域中的风险底线等等。

---

① 中共中央文献研究室编：《习近平关于全面深化改革论述摘编》，北京：中央文献出版社，2014年，第15页。
② 中共中央文献研究室编：《习近平关于全面深化改革论述摘编》，北京：中央文献出版社，2014年，第42页。
③ 中共中央文献研究室编：《习近平关于全面深化改革论述摘编》，北京：中央文献出版社，2014年，第66页。

第八章
社会工程思维与马克思主义
理论教育

推进马克思主义理论教育的创新，推动高校马克思主义理论教育课程的实效性持续提升，彰显马克思主义理论的思想魅力，在经济全球化、文化多元化、思想领域呈现复杂性特点的形势下发挥马克思主义理论的引领作用，我们需要树立马克思主义理论教育的新理念，进一步拓展马克思主义理论教育的学术视野。

一、马克思主义理论课教学遇到的问题和挑战

马克思主义理论课是高校大学生必修的思想政治理论课。就当前教育环境来说，大学生处于一个开放多元的社会文化环境中，中外文化的交流、交融和交锋，带来了思想文化源流的多元化；网络、电视、家庭等人们之间的多元互动交流，使学生的社会信息超量增大、并呈多元化状态；在大量信息中，既有正面信息，也有负面信息，还有中性兼正负包容相杂的信息，多元化的社会信息汇集在大学生的头脑中，各种观点所形成的思想张力存在于他们的潜意识中，他们会无意识地进行思想挣扎。另外，他们又是独立思考的一代，其课堂接受过程也不再像一块海绵一样，无选择地接

受教师所有的知识灌输。他们会用审视的眼光、辨析的心理对待老师课堂所讲的内容，甚至有些学生受功利主义的影响，以无所谓的态度对待思想政治理论课的学习。可见，当前大学生所处的教育环境和时代特点给马克思主义理论课教育带来了更高的要求和新的挑战。

　　理论联系实际是马克思主义的理论品质和根本特征，也是进行马克思主义理论课教育的指导方针和根本方法。但如何运用理论联系实际的教学方法，不同的教师在课堂教学中都有自己的运用方式。但是，我们也注意到，在实际教学中，经常会出现理论与实际简单对接的现象。比如，有的出于解释某些概念的需要，简单联系社会上一些孤立现象，而不能从根源上解答学生心中的疑惑，那么，学生依然存在着理解上的困难；有的单纯地联系社会正面现象，忽视社会问题解析，出现单纯歌颂现实的现象，在学生的心目中产生粉饰困难的误解；还有的一味联系社会负面现象进行义愤填膺的批评，只看到社会问题，看不到社会主流方向。因此，我们要提倡联系实际，但要研究和思考联系实际的方法论问题，即为什么联系实际，联系什么样的实际，怎样联系实际的问题。对此，列宁曾经有过深刻的分析，"因为社会现象极端复杂，随时都可以找到任何数量的例子或个别材料，来证实一种意见"[①]"在分析任何一个社会问题时，马克思主义理论的绝对要求，就是要把问题放到一定的历史范围内。此外，如果谈至某一个国家，那就要估计到同一历史时代不同于其他各国的具体特点。"[②]社会现象具有复杂性、多重性、具体性等特点，我们观察到的个别社会现象未必反映社会本质，特别应当注意到的是，个人所看到的、听到的东西都不一定是事实真相。因此，随意地从社会现实中拿来一种社会现象，作为理论联系实际的对象，是一种简单性的做法。这种做法，如果是为了帮助学生理解某个概念的内涵和外延则是可以的，但如果是为了说明社会发展的趋势和总体性特点，就是一种有问题的做法，特别是那些为了证明某种片面性命题的正确性，选用一种简单的社会现象进行说明，就丧失了理论联系实际的科学性。我们知道，在复杂的社会现实中，存在着各种不同性质的社会现象。有一些社会现象是正在生成和成长进步中的社会现象，有一些社会现象是正在衰亡中的社会现象，它们都同时存在于社会现实中。对这些不同性质和特点的社会现象的鉴别和分析是联系实际的前提。那种把马克思主义理论简单地联系实际的做法，是不能收到良好的教学效果的。

---

① 列宁：《列宁全集》第 22 卷，北京：人民出版社，1958 年，第 18 页。
② 列宁：《列宁全集》第 20 卷，北京：人民出版社，1958 年，第 401 页。

那么，在马克思主义理论课教育过程中，我们该如何使理论能更好地联系实际呢？这就要求我们有意识地确立新的教学理念：即联系社会工程实际的新理念；建构性批判的教学理念；以马克思主义理论为轴心的交叉学科的学术视野，强化学术思维与政治思维相结合的方法论理念。

二、社会工程是理论联系实际的新理念

在当今的中国，马克思主义理论及其中国化最新成果，指导中国发展由世界边缘走向并接近世界中心，然而在现实生活中，马克思主义理论似乎疏离人们的日常生活，呈现出被"悬空"起来的状态。另一种说法是我们有些理论阐释不接"地气"。为什么会出现这样状况呢？一个重要的原因是马克思主义理论教育与社会现实结合得不够好，马克思主义理论的阐释过程停留在一般规律和宏观思维的层次，与具体的社会科学问题相结合得深度不够。还有一个因素也不能忽视，这就是有些社会科学学科与专业由于引进、借鉴西方学术思想，但在中国话语转换方面尚待时日，致使马克思主义的理论生活与社会科学相脱离。这种相脱离的现象就导致在一些具体政策制定的理论解释上难免依赖西方普通社会科学的概念与话语，以至于在某些社会政策和经济政策的分析和制定、法律法规建设的推进和落实等方面，马克思主义的理论生活与人们的社会生活处于分离状态，产生了马克思主义理论命题被边缘化、抽象化，逐渐远离了人们的日常社会生活领域的现象。人们似乎在日常生活中不能具体感觉到马克思主义理论的真实需求。所以，马克思主义理论要发挥影响力，使中国特色社会主义理论深入到青年人的思想深处，它就必须能够解释具体的社会生活，把理论生活与社会生活有机联系起来，才能发挥马克思主义理论指导群众社会实践的意义和价值。

要改善和提升马克思主义理论教育联系实际方面的实际效果，把马克思主义理论与现实生活紧密地联系起来，提升马克思主义在人们社会生活中的影响力，需要我们关注社会工程活动。马克思主义理论教育联系的实际就应当是社会工程活动，这是理论联系实际的新理念。这是因为，社会工程活动是马克思主义理论转化为群众具体的社会实践的中间环节，是马克思主义理论的社会应用形式，"社会工程活动是在比较抽象的理论原则和具体的社会实践之间的一个过渡环节，是理论与实际相结合的载体。"[①]。

---

① 王宏波、杨建科、周永红：《社会工程是马克思主义理论的社会应用形式》，《马克思主义研究》2009 年第 12 期，第 35-41 页。

如果离开社会工程这个中间环节去应用马克思主义，去联系实际，马克思主义必然脱离主流的社会生活，必然会联系一些零散的社会现象，就达不到在改造社会的过程中认识社会的基本要求。

社会工程活动是理论向实践转化的过程，它的基本标志就是形成社会模式。社会工程是探索和研究如何将理论命题转化成可操作性命题的理论和方法，这是一个知识类型的转换过程。社会模式是理论转换为行动的中介形式，是知识转换的产物，这是一个将普遍性的知识转化为具体的、地方性知识，将一般的、抽象的理论命题转换成可操作命题的过程。这是将一般的社会发展原理、原则和命题与当前中国具体经济社会发展领域和问题相结合，探索、规划和设计的社会发展模式、制度体系和政策体系的过程。社会模式规范社会行动。马克思主义理论、模式研究、社会实践过程，构成了相互关联的三个不同的层面，如第二章图 2-1 所示。

马克思主义理论层面与社会实践过程层面的联系需要经过模式研究这个层面。社会模式是马克思主义理论转化为社会实践的中介形式。理论联系实际的"实际"就是社会模式。这种社会工程的思维方法在理论教学中的应用，要求我们紧紧抓住社会模式分析社会的历史与现实。总结历史经验也是如此，要抓住历史上已经起作用的社会模式进行研究，分析一般理论、社会模式与具体社会实践的关系，才能打破先入为主的观点，结合具体的实际进行分析和研究。所以，马克思主义理论联系实际，应当抓住社会工程这个实际，抓住社会工程活动中的社会模式这个标志性对象，只有这样马克思主义理论才能抓住真正的实际，才能与生动的社会生活紧密相连。

第一，马克思主义理论教育联系的"实际"应当是社会工程活动，而不仅仅是社会上已经存在的个别现象。社会工程活动是制度设计和实施的社会活动，各种社会现象都是一定社会制度或者社会政策实施的产物，因此，社会工程活动产生社会现象，社会工程活动是原因，社会现象是它的结果。普通的社会生活变化都是特定的社会工程活动影响的结果。比如，股票交易制度、土地承包制度、户籍制度、公务员招聘考试制度、现代公司制度、社会保障制度等，这些可观察到的制度形式都是社会工程活动的结果。农民的生活样态、邻里关系的变化等社会现象是受到土地制度等影响的结果，各行业、各领域内的生活关系也都受到行业、领域的制度影响，农民工在城市的生活状况受到城市管理制度和城市发展政策的制约。社会政策、经济政策、文化政策的制定过程也是社会工程活动，深刻影响着社会成员的社会生活。可见，社会工程活动架构起了马克思主义理论与社会现象的联系，马克思主义理论的社会作用通过社会工程活动体现出来的，马克思主义理论教育联系的"实际"应当就是社会工程活动。把马克思主义理论教育与具体的社会工程活动联系起来，就能够说明有些社会现象为什么产生，有些社会现象为什么消亡，也能够说明有些基本是合理的社会现象为什么还存在一些待解决的问题，以及解决这些问题的基本思路。否则，离开社会工程活动，把马克思主义理论与社会现象直接联系起来，就是一种简单的联系。这样的分析能够体现马克思主义是活的灵魂而不是僵死的教条；这样的分析能够把马克思主义的基本原理通过制度设计、政策分析和具体的社会生活紧密地联系起来，使人们真切地感受到马克思主义理论的创新和发展，推动着中国的改革开放和中国梦的实现过程。

第二，社会工程是马克思主义发挥影响力、体现指导力的实践环节。社会规律是抽象的理论形态，它要指导社会实践，必须转化为实践形式。社会工程就是社会规律向实践结果转化的实践形式，是社会规律转化为实践规定的必经环节，其一，它将社会规律转化为社会模式。规律是事物之间或事物内部本质、必然的联系，是事物发展的必然趋势。社会发展的趋势就是社会规律的具体表现。规律是内在的、客观的，是不依人的意志为转移的。我们只能是认识规律，把握、利用规律，社会工程活动就是把握、利用社会规律的过程，是将社会规律转化为社会模式的研究活动，是在价值导向下，综合各种社会、经济、文化、科技规律，结合现实情境因素设计社会发展模式和实施的管理活动，它表现为制度设计、政策设计与实施的一系列活动。其二，社会工程活动的实质就是在把握社会规律的基础上建构新的社会模式，也就是建构新的人与人之间关系即新社会关系的工程，如组织的创新、机构的设立、体制的创立以及经济、政治、文化诸领域各种新的游戏规则的制定等，都是典型的社会工程。

由于制度的设计和实施是社会工程的重要内容，是社会规律的物质表现形式，是对社会结构模式和社会关系设计与调整的重要表现形式，所以，要抓住这个环节，联系制度设计，研究和宣传马克思主义理论，真正切入到社会生活中。只有联系制度设计中的理论争论研究马克思主义，才能体现马克思主义理论教育的思想针对性，彰显马克思主义理论的"亮剑"精神；只有联系制度设计分析其对社会生活的影响，才可以让马克思主义理论贴近老百姓的日常生活；只有联系改革设计研究马克思主义，才能发展马克思主义。因为改革是社会工程的重要形式，中国的改革开放是非常成功的社会工程实践，积累了非常丰富的社会工程经验，它边"设计"边"实施"，对改革的目标定位、路径、逻辑、突破口的选择等方面形成了改革的"中国模式"，因此，中国的改革开放是马克思主义理论教育丰富的实践经验和思想资料。

马克思主义理论教育联系实际就是要联系我国的改革实际，这样的研究、宣传和学习马克思主义，才有现实感和针对性，才有说服力。

第三，研究社会工程是马克思主义理论自觉的表现。充分发挥马克思主义理论引领社会工程实践的社会功能，是推进马克思主义理论发展创新的重要环节。在我国具体的社会改革设计中，在具体的社会政策、经济政策、政治策略论争中，马克思主义的理论立场和研究方法要起到具体的指导作用，只有介入到社会工程活动中，建立和发展阐述具体问题的马克思主义理论，才能改变马克思主义理论在大众视野中似乎已经淡出的状况；马克思主义要不断地扩大它的受众群体，真正起到引领社会发展的作用，就不仅要关心宏观的战略性理论，更要关心具体的战术性理论，也就是要关心改革与发展的具体操作即各种类型的社会工程活动。因此，对社会工程的研究是当前马克思主义理论自觉的表现，也是马克思主义理论课教育理论联系实际的客观要求。

三、应用社会工程思维，确立建构性批判的教学理念

马克思主义理论要与实际结合，但是，当面对一些社会的负面现象和问题时，我们又该如何引导学生呢？一味地歌功颂德，抽象地肯定成绩，或者一味地批判负面现象，都不是正确的立场和方法。面对复杂的社会现实，要发挥理论的引领作用，需要我们确立建构性批判的教学理念。关于批判性思维，有持基本否定立场的解构性批判，也有瓦解核心价值观的颠覆性批判，还有完善和发展的建构性批判。不同的批判方式，批判的立场和出发点不同。我们的思想政治理论课教学，要拒斥解构性批判，因为它会消解社会的正能量；更要反对颠覆性批判，因为它反对我们的社会主义核心价值观和基本制度。建构性批判是为建设、发展和完善中国特色社会主义基本制度而进行的批判性思维，是为建立现代国家治理体系和提高国家治理能力现代化而进行的批判性思维，为适应东西方文化交流、交融和交锋的需要而进行的批判性思维，为推动中国传统文化现代化、弘扬中国精神而进行的批判性思维；它是以"建构"为目的，为实现"中国梦"，引领社会大众和青年学生科学分析和判断社会发展形势，凝神聚气，正视发展中的问题，在成就与问题的辩证分析中，端正发展方向所进行的批判性思维。在马克思主义理论课教学中，确立建构性批判的教学理念，就是要以马克思主义引领社会发展、引领思想进步为目的，发挥马克思主义理论的批判、引领和建构功能，实现建构性与批判性的统一。而要运用建构

性批判的思维原则，就应当引入社会工程的思维方式。

1. 社会模式设计是社会工程思维的基本形式，提供了建构性批判的思维空间

社会工程思维是实践思维的一种表现方式，是"生产"一个制度体系或者规则系统的思维方式，它是一种"创造"游戏规则的活动，其基本形式是社会模式设计。在社会模式设计过程中要综合处理规律、价值、情境三者相互依赖、相互制约、相互补充、相互支持的复杂关系。规律、价值、情境是社会工程思维所涉及的基本维度。规律维度表示各种不同类型的规律如科学规律、技术规律、社会规律、经济规律甚至文化规律等不同类型的客观知识的综合；价值维度是表示各种社会主体的价值指向，这些价值具有不同的取向和性质，有的相互之间甚至是冲突的，需对这些不同的价值进行整合；情境维度是对事物本身的状态和所处时空条件的客观认知和判断；这三个基本维度构成了社会工程研究进行社会模式设计的思维空间。在对每一个维度的因素进行处理的基础上，三个维度的因素还要再度进行综合与集成。这是一个比较复杂的过程。各维度都是多种因素的综合集成，三个变量之间又是相互关联、相互影响，其中一个变量发生变化，就会影响另外两类变量定位的变化，三个变量的相关因素按照一定的要求综合集成起来，就建构起一个具体的社会发展模式。

所以，社会工程思维是以社会模式的建构为目标对象，以规律、价值、情境各类相关因素的综合集成为基本特点的。它的要求有对各类客观规律的认知和应用，也有对各种不同的价值所做的价值权衡，还有对实际状况的准确认知以及对相关要素的选择、功能匹配等，这是一个结构化的综合集成思维过程。马克思主义理论教育的建构性批判原则，只有抓住社会模式建构的逻辑结构，明确区分规律、价值和情境的各自地位和作用，把理论原则和具体模式相区别，才能进行科学的理论批判；也只有将理论原则与社会模式相联系，才能充分揭示理论原则对社会模式建构的影响，有力地体现理论的建构性功能。

2. 综合集成的社会工程思维特点，是历史"合力效应"的逻辑再现，也是马克思主义理论应用的逻辑要求

首先，社会工程思维是历史发展的合力效应在思维中的再现。恩格斯指出："历史是这样创造的：最终的结果总是从许多单个的一直的相互冲突中产生出来，而其中每一个意志，又是由许多特殊的生活条件，才成为他所成为的那样，这样就有无数相互交错的力量，有无数个力的平行四边

形，而由此就产生一个总的结果，即历史事变。这个结果又可以看作一个作为整体的、不自觉地和不自主地起着作用的力量的产物。"①恩格斯的这段话说明了，第一，社会历史的发展是由多种复杂的因素、社会力量促成的；第二，最终的社会现实是理论思维和实践思维不断反复结合的综合过程。这两个特点表现在思维过程中，就是要把特定情境下多种因素的相互作用再现出来。社会工程的规律维度、价值维度和情境维度的高度统一，就是历史进展过程中的合力因素的逻辑再现。

其次，应用马克思主义理论联系实际，其核心就是联系社会模式的设计与实施过程中所涉及的理论规律、价值背景和实际条件，展开马克思主义的分析。这就要求我们应用马克思主义理论分析特定的社会模式形成的历史依据、学理依据、现实依据、价值背景之间的相互关系及其实际效果，揭示特定的社会模式形成的各种社会力量结构，把马克思主义理论的指导作用和多种社会力量结构的变动趋势及其社会后果联系起来，充分揭示社会意识形态特点—社会结构变迁—社会运行状态之间的逻辑关系与现实关联，充分说明马克思主义的社会影响力和历史导向力。

3. 应用马克思主义理论分析社会工程实际，揭示社会模式设计的双重效应，发挥引领改革发展的作用

马克思主义理论教育联系的实际是"社会工程活动"，社会工程活动是在马克思主义理论指导和价值引领下的一种社会模式的创造性活动，制度、政策、规则等是它的表现形式。任何制定的制度、政策都可能有正、负、好、坏，互相关联的双重效应。对社会工程双重效应的分析是马克思主义理论分析的指向，即用马克思主义理论分析特定的制度模式的结构和功能，评价它的正负效应，总结经验教训，明确发展方向；分析社会工程实施过程的主要矛盾和次要矛盾，主导效应和次生影响；评价改革的得失成败，分析改革的前景，研究改革的一般思路、总体框架、具体操作等，总结改革的成就与经验，起到引领改革的社会作用。

马克思主义理论的价值观引领和统摄作用的发挥，也要通过应用社会工程思维方式体现出来。从上面的社会工程思维结构图中可以看到，各维度因素综合集成的过程是在价值导向下的综合集成，也是规律维度和情境约束下的价值分析和价值定位的过程。所以价值维度的价值整合起着价值的统摄作用。不同的理论和价值取向下进行的社会模式的设计会有不同的

---

① 《马克思恩格斯选集》第 4 卷，北京：人民出版社，1995 年，第 697 页。

过程和结果。价值统摄要通过模式设计和模式选择来体现，"不同模式的创建体现了不同的价值观取向，而各种价值取向定位的背后有多种理论做支撑，多种理论的相互作用要求在价值观取向上实现协调和统摄。"①在多种理论价值观的协调中，马克思主义理论起指导和统摄作用，其他社会科学理论在马克思主义理论统摄性价值观的指导下发挥作用。所以，马克思主义理论只有通过社会模式的设计分析，才能把价值导向渗透到各知识要素的综合中，发挥它的价值观统摄作用。如果通过马克思主义理论的分析，能够建立起"理论-价值-模式-社会效应"，就能使理论关注社会生活，理论联系实际就能起到良好的效果。总之，马克思主义理论联系实际，如果抓住社会工程中的模式设计这个环节，抓住制度设计、政策设计与运行的过程，应用马克思主义理论，就能抓住影响社会生活的关键环节，就能赢得社会的认可和百姓的认同，也就可以抓住青年学生的思想实际，起到社会引领作用。

四、以马克思主义理论为轴心的交叉学科的学术视野

在马克思主义理论课教育过程中，要提高教学效果，达到教学目的，做到理论与实际的很好结合，还需要我们在马克思主义理论层面的理解和把握方面，拓展以马克思主义理论为轴心交叉学科的学术视野即以马克思主义理论为基础的学术思维与政治思维相结合的学术视野。

1. 交叉学科的学术视野

马克思主义理论具有自身的内在逻辑性和整体性特点，是哲学、人类学、社会学、经济学、政治学等人类知识的多角度统合。确立马克思主义理论的整体性认识及与多学科知识交叉性的学术视野是马克思主义理论课教育的理论与教学要求。

马克思主义理论的整体性中体现着学科的交叉性、综合性及内在关联性。首先，马克思主义哲学、政治经济学、科学社会主义三位一体，共同构成了整体的马克思主义理论。马克思主义哲学、政治经济学、科学社会主义是马克思主义理论最主要的内容。马克思运用马克思主义哲学研究经济学得出了科学社会主义的理论，三者有机联系在一起。马克思主义理论的主线是关于人类社会发展规律和人类解放的科学，它以"现实的人"为

---

① 王宏波、杨建科、周永红：《社会工程是马克思主义理论的社会应用形式》，《马克思主义研究》2009年第12期，第35-41页。

理论的逻辑起点,展开对自然界、人类社会和人类思维规律的整体性研究。在马克思主义理论的经典著作中,这样的主线和逻辑贯穿于三大组成部分,同时三大组成部分又融合在整体的理论体系中,形成了马克思主义理论的科学体系。在马克思主义理论课教学中要注意理论的整体性,不可孤立、分裂地理解三个部分。其次,马克思主义理论发展中的一致性,体现了其理论本质和理论创新的高度统一,它是不同社会历史阶段上的马克思主义发展成果历史性统一。中国特色社会主义理论体系坚持了马克思主义理论的世界观、方法论,是当代中国的马克思主义,是发展了的马克思主义,与马克思主义的一切理论成果是一脉相承的。但是理论创新的过程与结论充满着与新的实践相关联的多学科知识的汲取与概括。习近平在论述治国理政新思想时,不仅运用中国优秀传统文化精髓,而且运用系统科学思想。马克思主义的思想、精神、方法和观点贯穿于整个发展过程中,在发展过程中又汲取了很多学科的知识与思维。在马克思主义理论课的教学过程中,要确立马克思主义理论整体性观点,注意掌握由不同分支学科构成的马克思主义和由不同历史阶段上创新成果的统一。

马克思主义理论与相关社会科学理论存在着交叉性与互补性。马克思主义理论具有与哲学、社会学、人类学、政治学、经济学等相关哲学社会科学的交叉性与互补性特点,有些概念和问题涉及多学科的交叉性研究。例如,价值问题既是马克思主义理论的重要问题,也是其他哲学社会科学研究的重要问题,不同学科的理论立场与学术观点及其价值诉求,既存在相互的对立理论立场,也存在着相互补充的理论因素,还存在着相互并列并行的状况。这种交叉性的复杂状况需要马克思主义的理论教学系统梳理、仔细鉴别、认真分析,综合把握。马克思主义理论是关于人类社会发展规律研究的科学,哲学史、社会学史、经济学史、中国哲学史、世界史、中国社会史、近现代史,尤其是事件史等是注释和论证马克思主义理论的历史材料。在马克思主义理论课教学中,拓展史学方面的知识,会非常有助于我们对马克思主义理论的理解和掌握。另外,基本的自然科学史、技术科学史、工程科学史与科学技术哲学和工程哲学等方面的知识,也是我们准确理解、把握马克思主义理论,把理论与实际更好地联系,实现思维转换,应该具备的基础知识。

在马克思主义理论课教育过程中,确立交叉学科的学术思维,将马克思主义理论原则与其他相关科学知识联系起来,多视角地研究和汲取知识营养,把马克思主义的理论与价值导向渗透到多学科交叉的知识要素中,从而准确地把握马克思主义的理论和价值导向,确立马克思主义在社会科学问题或社会问题中的理论指导地位。

2. 理论教育的学术视角

把政策与理论混淆在一起，是当前理论生活的一个问题。马克思主义的"理论"不同于具体政策或政策理念，要避免把马克思主义理论课教育变成政策的宣讲，如果这样就失去了大学理论教育的特点，把大学生变成了一般社会大众。同时也不能孤立地看待理论与政策。理论是对客观事物的本质及其规律性的认识，是经过逻辑论证和实践检验并由一系列概念、判断和推理表达出来的知识体系。政策是国家政权机关、社会政治集团以权威化形式表达的在一定时间的行动方略，是集团利益和意志的反映。理论是政策制定的依据，政策背后需要有理论支撑。理论的目的是"求真"，具有完整的逻辑性和系统性。政策是社会以集团的利益为价值目标而形成的阶段性的实践化理念。可见，政策理念是价值权衡与整合的产物，不是逻辑推理的产物，因此，相互矛盾的命题不能出现在一个理论体系中，但是可以被整合在一个政策体系中。理论自觉不仅体现在要区分常识、意见、真理三个基本范畴，而且在今天的中国要区分真理、价值和模式三个基本范畴。真理是正确的理论，政策是模式的表现形式。真理可以发现，不能创造，模式是"创造"、"设计"出来的。模式的建构需要以真理为基础，以价值为导向，以文化为条件。真理、价值、模式都是相对独立的理论对象，是相对独立的科学研究、理论研究的对象。因此，真理不等同于模式。前苏联和改革开放以前的中国，曾经把模式当作了真理，犯了教条主义错误。我们目前的问题是在思想理论教育上有人把政策等同于理论，也就是把作为模式表现形式的政策当作了规律性的认识，大大降低了理论的品质和信服力。因此，对社会实际问题的学术解剖，需要对政策理念背后的理论观点支撑作进一步分析。

3. 建立学术观点、政策取向与意识形态取向之间的内在联系

高校是我国马克思主义意识形态教育的主阵地，马克思主义理论课承担着意识形态教育的主要功能。建立学术观点、政策取向与意识形态取向之间的内在联系，把学术思维与政治思维结合起来，这是马克思主义理论课教育的课程和思想教育要求。

意识形态是指与一定社会经济和政治相联系的系统的思想体系，表现为一定社会中所有成员共同具有的认识、思想、信仰、价值等。意识形态有主流意识形态和非主流意识形态。我国主流意识形态是以马克思主义理论为指导的中国特色社会主义意识形态。意识形态的核心内容是价值观，

根据价值观取向的不同，在意识形态取向上出现了所谓的保守主义、激进主义和中间路线。

学术观点是从学科化研究的角度发表的对社会现象发展变化的原因、特点、趋势的看法，是理论层面的概念。政策取向是社会统治集团在社会发展理念和战略指导下，结合现实问题，确定的阶段性的政策着力点、重点方向和政策目标。学术观点支撑或论证意识形态取向，意识形态取向是政策取向的思想基础，也就是在学术观点的论证或支撑下，形成意识形态取向，从而确定政策取向。

比如，关于住房政策设计的分析。由于住房本身具有双重属性，其一是住房的经济属性。住房是商品，具有经济功能，依据市场经济规律展现其经济功能；其二是住房的社会属性。它是生活必需品、居民生活的底线。这种双重属性规定了住房产业发展内在含有的双重目标，即既要促进经济的发展，又要保障百姓住房需求的实现，而两个目标在一定条件下又相互冲突和矛盾。所以，在政策设计时就客观地存在着双重取向之间的矛盾，是促进经济的发展还是保障百姓住房需求？还是双重取向的相互协调？这就形成了政策理念的三重取向，从而决定了在政策取向上政府和市场两只手如何发挥作用。很明显，住房产业政策的制定是受政策理念制约的，而政策理念的确定是依赖于意识形态取向的，意识形态取向是由一定的学术观点和理论观点支撑的。因此，建立学术观点、政策取向与意识形态取向之间的联系，有助于我们更透彻地分析和思考理论及实际问题，培养学术思维与政治思维相结合的交叉思维能力。

4. 提倡交流与交锋，展开不同学术观点及其社会效应的对话与讨论

当前在意识形态领域和思想文化领域存在着多元文化与思潮的交流、交融和交锋的态势，这种多元相互作用已经从一般思想观念形态深入到学术思想层面，其中有不少消解、否定马克思主义思想文化观念的交锋论点，以学术化的形式出现，很容易地影响青年学生和一般社会公众。这就给马克思主义理论和思想文化的传播和教育提出了更高的要求。中国特色社会主义事业是一个崭新的事业，它是人类社会发展史上一个新的历史现象，它创造了新的理论视野，呼唤着新的学术话语体系。因此，一定要把意识形态观念与学术话语方式密切结合起来，进一步发展意识形态的学理逻辑与建构新的学术话语方式，有效地展开理论交锋，开展不同学术观点及其社会效应的对话与讨论。特别是对那些颠覆社会主义基本制度的学理观点、消解社会主义核心价值的学术命题进行有针对性的、深入的、

有效的争鸣和批判。只有这样，才能掌握思想文化领域内马克思主义的领导权和话语权。

展开不同学术观点及其社会效应的对话与讨论，是马克思主义理论课教育过程中拓展教学视野的一个重要方面，也是思想文化领域内理论联系实际、引领社会发展走向的根本要求。学术观点是政策制定的思想依据，影响着大众观点和社会心理。以不同的学术观点为依据制定的政策，会产生不同的社会效应。所以，马克思主义理论教育，应当把社会上各种经济文化现象背后的理论精神揭示出来。如果把不同的学术观点与意识形态取向和政策理念及其所产生的不同的社会效应联系起来，展开不同学术观点及其社会效应的对话与讨论，在不断地思想碰撞中，激发、拓展我们分析研究问题的视野和思维，确立对社会现象和问题的正确认知，有利于奠定马克思主义理论的学术地位和主流意识形态地位，从而实现马克思主义理论课教育联系实际和引领社会的目的。

下篇
社会工程研究的理论和方法

第九章
社会工程是新兴的综合性知识应用活动

对于社会工程概念仍然存在着不同的理解。例如不少人把社会工程等同于社会系统工程。还有人把社会工程理解为一种技术，而不是理解为一种特殊的社会实践活动；有的虽然理解为社会实践活动却忽视了它的多学科知识交叉融合性主导的综合性特点。

一、如何理解社会工程的概念

社会工程的概念已频繁地出现在媒体语言中，但是在学术领域内对此仍然见仁见智，尤其是将工程问题与社会问题联系起来，仍然有许多问题有待澄清。有些人以社会现象特殊于物理现象为由否定了社会工程概念的方法论意义和在研究社会问题、推进社会进步过程中的作用。社会工程的英文表达可以使用"Social engineering"一词。但是这个英文词在翻译成汉语时有两种意义的译法，可以译为社会工程，也可以译为社交工程。《牛津高阶英汉双解词典》对此词条的解释是"指根据特定的政治信念，尝试改变社会和处理社会问题,例如通过改变法律去改变社会"[①]。但在不同的领域人们对社会工程有不同的界定。

在计算机网络和信息技术领域内,所谓的社会工程就是一种社交工程,它是指在计算机网络信息系统中通过网上社交活动、信息的交流获取别人的敏感信息,并利用这种信息进行网络攻击和网络欺诈。它的活动特征是不使用计算机领域的硬件技术或者软件技术,而是通过设计一套缜密的方案,采用温和的方式欺骗对方透露密码或其他信息,从而降低对方系统的安全性。所以它也被理解为"黑客"的一种高超技术。它绕过耗资巨大的安全防范系统,进入计算机网络,实施网络欺诈和网络攻击,达到不战而屈人之兵的效果。因此,在网络系统中社交工程被称为是因特网的最大威胁。当代许多社交工程攻击就是使用电子邮件的方式,如:如果您有一个免费的电子邮件地址,那么您很可能收到过一些奇怪的电子邮件,这些邮件声称发自外国,例如尼日利亚的"高级政府官员"或尼日利亚国有企业人员,发信人声称他盗窃了数以百万计的外国资助金或联合国资助金,由于不能把金钱存入其尼日利亚银行的账户,为了清洗黑钱,他需要一个外国的银行账户。骗子承诺只要有人愿意提供银行账户号码,让他把金钱存入账户,就可以分得那笔金钱一至三成的数目。这种信件就是典型的一种网络欺诈行为,或者叫 Internet 欺诈(Internet Fraud)。不出意料,受害人透露账户信息后,所有存款将不翼而飞。还有,恶意付费也是一种社交工程攻击,即用受害人的计算机发送大量的垃圾邮件。早期的恶意邮件导致机主不能自动执行打开附件。现在的用户在遇到这种情况时,必须明确地点击激活附件。然而许多用户盲目地点击其收到的附件,从而使这种攻击有机可乘。一般的手法如:下载一篇论文需要用户名或密码。另一种手法是谎称是系统管理员要求更改密码。总之,最有效的攻击是欺骗用户,使用户认为他是一个系统管理员,由于要排除某种障碍需要用你的密码。由此可见,网络系统中的社会工程活动是一个贬义的理解,它指负面的社会活动。

关于社会工程对于社会发展的意义和作用,存在两种极端态度:一是激烈反对。认为没有社会工程,只有自然工程:建一座桥梁、修一座大坝、盖一间房子这叫工程;而社会是由人与人之间的关系构成的,构成社会主体的人是有知、情、意的差异,人是有不同的兴趣爱好、个性、心理特点的特殊存在物,怎能用工程的方法进行加工?人的发展是按照天性、自由

---

① 《牛津高阶英汉双解词典》(第六版),牛津大学出版社、商务印书馆,2004年,第1667页。

的意愿展开，怎能用工程的方法来设计？这种认识和理解反对社会工程的提法。二是泛工程主义，什么都是社会工程。从大街小巷的标语到各大媒体的宣传，大小事情都纷纷冠之社会工程的名称。

我们所讲的社会工程是关于社会关系的实现形式和设计、实施的社会活动。一般地说，社会关系具体表现为社会政策、法律、法规等社会的规则系统。我们也认为，社会工程活动是推动社会发展的一种形式。如果从学理角度考察社会工程，我们认为社会工程学就是研究社会规则系统的设计与实施的规律和方法的理论，它是一门新兴的社会科学应用基础的学问。

二、社会工程活动的两个相互联系的层面

如果认为，社会工程活动是推动社会发展的一种形式，也就是从积极的意义上理解社会工程，也存在着两个层面的解释，即偏重于从技术层面理解的社会工程与着重从社会层面理解的社会工程。前一种简称为技术理解的社会工程，后一种可简称为社会理解的社会工程。

1. 钱学森的社会工程思想——技术理解的社会工程

1979年钱学森发表题为《组织管理社会主义建设的技术——社会工程》的论文，他把"组织和管理社会主义建设的技术叫做社会工程"[①]。他从宏观社会管理的层面上理解社会工程，着眼于国家怎样发展、国家经济怎样发展、国家经济计划怎么做，我们必须把它看成是一个社会工程。他从系统工程角度指出社会工程是对宏观社会总体进行组织管理的技术。钱学森认为社会工程是系统工程的范围的技术，但是范围和复杂程度是一般系统工程所没有的，这不只是大系统而是巨系统，是包括整个社会的系统。组织管理社会的前提是提出社会的发展目标和根据，制定更具体的政策、组织原则和法规。他认为社会工程是从系统工程发展起来的，但社会工程的对象是整个社会、整个国家，所以社会科学对社会工程就更加重要。社会工程工作者要很好掌握现代科学发展的规律和社会发展规律；社会工程是处理范围广阔和复杂程度高的社会系统工程问题。

他认为社会工程有两个重要的支撑：一是社会情报信息系统，包括情报、资料的数据库；二是工具理论，如运筹学、控制论和系统工程的情报信息系统，这是从事社会工程工作的基础。钱学森倡导建立一个供社会工

程研究使用的情报网和情报资料数据库，即一个自动化、计算机化的网络数据库。此外，社会工程研究还要有明确的指导思想。在我国，马克思主义理论就是我们进行社会工程研究的指导思想、理论前提。钱学森的这种思想是我国社会工程思想的先驱者和开创者，他提出系统工程的理论和手段在社会管理中的应用，开启了社会工程研究的先河。钱学森强调搞社会工程要有两种人的参与，一种是系统、复杂理论专家，另一种是社会科学专家，两类专家联合解决社会问题。钱学森理解的社会工程偏重于从技术理解的社会工程。虽然钱学森强调社会管理，强调社会科学家的作用，但是他的基调是系统科学和系统工程的理论和方法。所以，他把社会工程理解为组织管理社会主义建设的技术。在这里，社会关系的发现和实现问题，社会规则系统的设计和变更问题则较少关注，他更多关注的是国家计划的科学性问题，发展目标的科学性问题。强调对这些问题的解决要使用系统工程的理论和方法。所以，我们认为钱学森关于社会工程的理解主要是基于技术层面的理解，可以概括为技术理解的社会工程。

2. 社会科学理解的社会工程

其实社会工程的概念和思想方法在 19 世纪已经萌发。19 世纪的社会学家孔德提出把研究自然界的科学方法应用于研究人类社会，把自然科学中已经成功运用的观察、实验、比较方法应用于研究社会发展问题，并且提出了社会静力学和社会动力学思想。孔德认为社会静力学就是暂时不考虑社会系统的基本运动，去研究社会系统内各个组成部分的作用和反作用的规律；而所谓社会动力学则研究社会进步的机制。孔德的社会学方法论思想应当被认为是社会工程思想的前期萌芽，由于孔德过分强调物理学方法对社会学研究的意义，从而导致另一些人们因强调社会现象不同于物理现象而否定了孔德的社会学方法论思想。至 20 世纪上半叶，社会工程的概念被社会科学研究者逐步明确。比较有代表意义的是在法学领域中产生了社会工程法学学派，其代表人物是美国法学家罗斯柯·庞德，庞德的社会工程法学把法学认为是一种社会工程学，指出社会工程法学要研究社会秩序，而不是去争论法的性质；作为一种社会工程活动，法的目的是尽可能合理地建筑社会结构等。

中国社会学家费孝通教授在《乡土中国生育制度》一书中论及社会学的研究内容时说，社会现象的内容固然可以分成各个制度，但是这些制度并不是孤立的。社会学研究社会可以从各个制度的联系上探讨，从各个制度的相互关系上着眼。譬如某一政治制度的形式常和某一经济制度相配合，又譬如在宗教制度中发生了某种变动会在某一经济制度或政治制度中发生影响。社会学研究各个制度的相互联系的方式，可以从总体上研究社会结构的模式①。

如上所述，社会科学关注的重点是社会制度、社会规则系统问题。如果说把工程的思想引入社会研究，那么，社会科学的视野中的社会工程是应用自然科学和工程科学的思想方法研究社会关系结构的发展变化问题，即社会规则系统的演变问题，社会秩序的建构问题。因此，社会科学理解的社会工程是社会关系、社会规则系统的建构和变化问题。这就是所谓的社会理解的社会工程。

3.　综合知识的社会工程——技术的理解和社会的理解统一

马克思主义的历史唯物主义是社会工程思想的哲学方法论基础。历史唯物主义认为，社会生产力与生产关系的统一是社会结构的基础，所以，研究社会变化既要关注生产力的指标，又要关注生产关系的状态；研究社会变迁是联系生产力水平去研究生产关系的状况，联系生产关系的状况去研究生产力的发展情况。把这种思想引入社会工程的研究，就需要把技术的理解的社会工程和社会理解的社会工程辩证地统一起来。

日本是较早开展社会工程研究的国家，早在 20 世纪 60 年代中期就在一些大学开设了社会工程专业。而今社会工程研究已发展成为新的学科体系。社会工程学成为反映社会现当代发展复杂程度的一门综合性的社会科学。日本学者认为，要使现今的社会发展成为未来更美好的社会，离不开两种知识：一种知识是"是什么"的知识；另一种是"怎么做"的知识。为什么社会成为现在这个样子？为什么发生这种问题？问题是什么？追究其原因是哲学和科学的任务。追究"是什么"的知识是对社会的发现，它能说服我们，使我们理解社会。理解社会还必须和"怎么做"的知识相联系，问题怎么解决？在方案设计出台以后，必须提出解决的方案和对未来的意向。怎么做的知识是要发明一个新社会模式。他们认为，发现一个社会的原因和创造一个社会模式知识的结合就是社会工程知识。

根据历史唯物主义的基本思想和关于社会工程研究的各种观点，特别是日本关于社会工程学科的发展思路，可以认为：社会工程研究具有理论研究导向和实践研究取向相结合的综合研究特点。这种研究方式具体表现为技术理解的社会工程与社会理解的社会工程相结合的特点。也就是说，

---

① 费孝通：《乡土中国生育制度》，北京：北京大学出版社，1998 年，第 91 页。

社会工程研究需要将系统工程的理论和方法与社会科学的理论和方法密切结合，将理论研究和实验研究相结合，定性研究与定量分析相结合，调查研究与模型分析相结合，历史研究、现实研究和未来研究相结合，理论分析与模式设计相结合，具有综合性、整体性、过程性研究相统一的特点。

技术理解的社会工程是以自然科学、工程科学、系统科学方法在社会关系结构的变迁研究中的具体运用为特点的。它以信息收集、分析和模型建构方法为特征。从这个角度说，系统工程和控制论理论是核心理论，现代调查技术、情报分析技术和数据库技术是基本的技术手段。技术理解的社会工程的数据指向是各种社会活动的效率和效益指标，它反映人们社会活动的经济、政治、文化和生活方式与交往方式的现实结果、实际状态以及期望状态。社会理解的社会工程研究的指向是人们社会生活所赖以存在的社会规则系统，它表现为各种政治制度、经济制度和文化制度的相互交织所形成的社会结构，是指人在社会生活、生产、交往中相互作用关系的总和。社会理解的社会工程就是指建构各种具体社会关系形式的过程和结果，他把社会关系结构理解为一种变化的量。就社会关系而言，可以分为一般社会关系和具体社会关系。一般社会关系指人与人在生活、生产、交往过程中形成的普遍的、一般的联系。而人们在社会生活、活动中的联系往往是具体的，社会工程就是旨在建构人与人之间具体的社会关系。例如，在改革过程中，当我们认识到现有的计划经济形式效率低下，有各种弊端，但哪种形式好、有效率？这要有一个认识过程，通过研究、试验，发现新的经济形式，并通过人们的设计过程和实验过程使之具体化、普遍化。又如在市场交往关系中，买卖双方是一种一般的顾主与顾客的关系，在买卖活动中如何保障双方的权益，建构一种怎样的买卖关系？再例如在改革中，人们要建立一种按生产要素分配的分配关系，那么这种分配关系在实践中怎样体现出来、怎么操作？这些都是社会工程研究的问题。可见，社会工程意在把一种潜在的社会关系转化为现实的、具体的社会关系。即从社会问题出发，把人与人之间的社会关系具体化，并上升为人们的社会理念，进一步转化为具体的社会关系的形式，从而真实表达人们之间的关系。总而言之，我们可以把社会工程活动理解为探寻潜在的社会关系并形成关于合理的社会关系形式的定位性认识，进一步将其转变为现实的社会关系，寻找符合人们真实意愿的社会关系的实现形式，探索和寻找真实的社会关系模式的活动过程。这样一种关于社会工程的认识可以被定义为社会理解的社会工程。

如果仅仅是技术的理解社会工程，要搞计算机、数据库、进行综合分析，那么它是在什么社会关系形式下的综合模型？所以，技术理解的社会工程的前提是社会理解的社会工程活动的结果。同样，作为社会理解的社会工程活动的结果，需要利用技术的手段进行测试和论证。也就是说，建构的社会关系效果如何，还要通过数据分析、模型再现。社会理解的社会工程活动结果必须利用综合模型把它表现出来。模型的作用在于在原有的政策未改变之前，在模型中把未来的结果进行虚拟性研究。所以，如果仅有信息收集、分析工具的运用，没有具体社会关系的设计，模型分析只实现了现有社会关系结构的状况，不能反映所要改变的社会结构及其运行结果的状况。技术理解的社会工程和社会理解的社会工程缺一不可。

我们认为对社会工程的理解要把技术的理解和社会的理解统一起来。我们理解的社会工程（social engineering）一方面要突出"设计"的概念，强调预先建构的思想；另一方面要考虑这种设计是针对人与人之间具体的社会关系的设计。把设计从蓝图转化为具体方案，并通过综合模型对设计结果进行预测。

三、社会工程是综合性知识应用的活动

社会科学可以区分为基础理论学科和应用理论学科。基础理论学科如经济学、社会学、政治学、哲学等，研究特殊领域、学科的一般理论和方法。应用理论学科如会计学、管理学等，研究学科的具体理论和方法，一经学习就可以直接运用。在社会发展过程中，直接运用基础理论学科的理论解决社会问题是有弊端的。如直接运用某种经济理论设计经济政策往往会导致政策的不稳定。如在经济改革过程中我们政策不停地变，一项经济政策出台后，在实践过程中才发现出了问题，怎么办？改！经济理论本身并没有错，为何在改革的过程中就贯彻不下去了呢？纯粹以一种经济理论制定政策或单独使用、直接运用基础理论学科解决社会问题往往达不到预期的结果。因为社会结构的复杂性特征表现为政治、经济、文化、科学、技术、教育、文化相互交叉渗透的一体化，就好比一个橘子，每一个分瓣就是一个学科、领域，每一个学科、领域之间又是经络交叉浑然一体的。而每一个因素中又都包含政治、经济、文化等问题。面对纷繁复杂的社会问题，要很好地解决它不仅需要从部分、局部的角度把握各个分支领域的规律、问题，更需要从相互关联的整体角度把握其规律和问题，这就是社会工程。从学理上说，我们认为从基础理论出发解决社会问题时缺少一个中间环节，在基础理论学科和应用理论学科之间缺少一个应用

基础理论，去说明如何运用一般的理论的学科。这就是社会工程何以产生的缘由。

社会工程研究不同于社会工程学。社会工程研究针对具体的社会问题，而社会工程学着眼于社会工程一般理论方法的研究，旨在建立一种应用社会学的基础理论，其核心概念是社会分析、模式设计、模式分析，其具体对象是各种社会政策和社会法律法规。如农村低保、高校收费政策、计划生育政策、贫困生贷款问题等属于社会工程问题，而以上问题的解决所涉及的共同特征、一般理念、理论和方法就是社会工程学研究的内容。

社会工程的本质特征如下：

1. 方法上具有工程思维的特征，是工程方法和社会方法的统一

为什么要在社会政策、制度法规的研究中引入工程概念和工程思维呢？首先从科学认识的特点来看，科学认识的形成所运用的是抽象方法，在科学概念的形成过程中通过分析、抽象，剔除了客观事物的具体特点和具体属性，提炼出合乎规律性的特征，使人们对研究对象的认识结果获得一个简单的模型，所以，科学抽象的过程实质上是一个逐步简化的过程，最后获得具有简单性特征的深刻结论。所以，如果形象地说，科学研究是一个做减法的过程；而工程对象的特点是具体性、综合性、整体性。怎样运用科学认识把蓝图、意图、意愿转化为具体的对象，是一个做"加法运算"的过程。特别是在社会发展过程中，不同领域之间规律相互作用、影响，往往表现为一个领域的规律是另一个领域规律起作用的平台和边界，人、事物之间的关系呈现出愈来愈复杂的状态，只有既注重具体，又兼顾整体，综合考虑各种因素，才能制定出更好的社会政策，实现推动社会发展的初衷。因此，社会工程研究在方法上的工程特征，突出的表现在社会规则的设计环节上，既包括对象设计也包括过程设计，这种设计活动的本质是建构人与人之间具体的社会关系。

2. 社会工程本质上是建构性的

社会工程是一个建构的过程，把一个原来没有的事物创造出来，是一个从无到有的过程。是人们在把握规律的基础上，通过对象设计构思出蓝图，再通过过程设计将蓝图转化为现实，是一个合规律、合目的的建构性实践活动。这种建构性认识的基本特点在于要创造一个新的社会事物，而且对这个社会事物的理念建构在先，具体做法随后。社会工程思维的过程性特点是社会问题意识明确，主体建构的主观能动性强，想方设法运用科学规律和经验知识，建构实验模型分析社会问题，本质上是一种模式创新

思维。它有如下几个重要环节：

第一，界定社会工程问题，通过对社会问题的评价分析、提出社会工程问题。社会工程问题时常引起社会问题，即社会规则系统中的问题，一般的社会问题是社会规则系统问题的表现。

第二，社会理念构思，通过综合分析形成新的理念，通过对旧的社会关系的反思、评价，提出一个新的社会关系形式，它是新的社会存在物的预先设想的原则。

第三，从社会理念转变为规划，通过对象设计和过程设计把工程理念融入未来规划。

第四，从规划转变为模型分析。这是实现设计目标的过程，通过综合模型使蓝图具体化、进一步论证规划。

第五，现实化操作过程，即应用新的社会规则替代旧的社会规则，解决社会问题，实现人的真实需求，也就是用新的社会关系替换原有旧的社会关系形式，推动社会改革和社会发展。

3. 社会工程具有选择性

在解决具体社会问题的过程中，可以设计出不同的解决方案。方案的选择是在有限可能性空间内活动，而制约可能性的最大变量是理论规范，开拓可能性的最大变量是理论变革。所以社会工程方案的确定总是和理论创新联系在一起。好的政策和科学的理论总是密切地联系在一起。

四、社会工程思维的特点

社会工程思维有以下几个特点：

1. 工程概念和社会工程概念本质一致性

工程师的活动不同于科学家的活动，一个在于揭示和发现客观现象发生却未知的原因和事物的客观规律；另一个在于设计并创造出自然世界中原本并不存在的事物。工程设计过程的突出特征是，人根据自己的目的和意图形成操作意见而施加于客观事物，并借助于对事物自身规律的利用，使事物发生有利于人的目的或意图实现的变化，从而形成一个新的事物，最终实现人的目的或意图。

工程研究过程不同于科学研究，工程研究过程中所突出的环节是"设计"，它包括对象设计和过程设计。例如，要建造一座水坝，比方说长江三峡大坝，大坝的模型就是对象设计的产物。大坝的模型设计方案确定之后，如何实施或实现呢？这就是工程设计的内容。科学研究中所突出的环节是"发现"，它要探索未知事物及其规律。"发现"的过程也要设计，但发现物却不是设计出来的，因此，科学研究过程中存在着工程设计，却不存在对象设计。

工程活动的基本特征是如何使外界的事物满足人与社会的需要，它的实现过程是通过创造一个新生事物来完成的。从社会演进的方式看，工程活动的这个基本特征也存在于社会管理过程中，并通过社会管理的环节作用于社会发展的进程。马克思主义认为，社会是以生产力发展为基础的各种生产关系的总和及其确立其上的上层建筑体系。从实际角度看，它表现为一系列制度、体制、法律、政策和规范。这些事物是社会的人建立的，也是被社会的人打破并由新的形式所替换的。每建立一个新的形式，都是一种创新。设计新的社会蓝图，也就是制定新的社会制度模式、法律、政策和各种规范，建立一个新的社会结构和社会秩序，也是一种社会工程。社会工程研究也就是社会蓝图设计和社会过程设计。18 世纪的法国唯物主义所设计的理想社会就是进行对象设计的产物，问题在于他们不了解历史发展规律和社会基本矛盾，在工程设计上是不符合实际的，因而是空想社会主义。今天，我国提出的社会主义市场经济体制的改革目标，也是对象设计的产物。问题是如何设计一个工程，使社会运行结构由计划经济体制到市场经济体制的转换过程达到稳定、快速发展的要求。

社会的发展与变迁在本质上具有"工程"特征，用"科学"的概念并不能完全解释它。每当我们提出一个改造社会的方案、拟定一项新的社会政策，我们就在进行社会工程的研究和实践活动。

2. 社会工程思维与一般工程思维活动的同构性特点

工程思维和科学思维的基本区别是，前者是创造一个原本不曾存在的新事物，后者是发现一个原本不曾发现的新规律。要创造一个新事物，首先要有关于它的观念模式，即事物的理念建构先行，具体操作随后。工程思维弘扬主体精神、强化问题意识、着力于科学规律和价值规定的综合，着眼于实践模型的建构，落脚于工程创新的效应，本质上是一种模式创新思维。社会工程研究也是如此，社会工程活动的核心环节是建构一个新的社会结构模式，而模式的建构与创新也是一般工程活动的基本思维特征。要改变一个社会系统的状况，首先要建构一个新的社会结构模式，然后再实施它。如果不能建构一个新的社会结构模式，就无法推动社会进步。就其思维过程而言，社会工程与一般工程活动是同构的。

社会工程思维的核心是社会模式的设计与实施，其突出特征是模式创造问题；在模式创造过程中，真理与模式并不是必然等值的。我们把握了真理，未必就能把握一个合理的模式，因为从真理中并不必然能够推出有效的模式；同样，模式失效也是并不必然地能够证伪真理。在社会实践中，人们设计、创造的各种社会结构模式仅仅映现社会发展规律的要求，它本身并不等于社会发展规律。一个规律可以通过各种模式表现出来，同样，社会发展规律的某种规定也可以通过不同的社会结构模式表现出来。另外，社会发展过程的不同方面的不同规律的集合，决定了模式创造的基本空间。马克思主义历来强调普遍真理同具体实践相结合，其实质是要求探索普遍真理在不同条件下的不同实现模式。模式也是一种作业假说，它在原则上是可错的。社会工程思维提示人们，任何现行的政策模式并不一定是真理的化身。

人类的社会实践本质是一种工程活动，它既有真理问题，也有模式问题。模式问题是认识由理论到实践过程的基本问题，既是工程活动的核心问题，更是社会工程活动的核心问题。社会工程研究以社会发展规律的研究为基础，集中探索社会规律的具体实现形式。社会主义建设是一项伟大的社会工程。邓小平是这项伟大事业的总设计师。邓小平理论既解决了什么是社会主义的问题，也解决了如何建设社会主义的问题，即解决了模式设计和过程设计问题。

五、对否认社会工程合理性存在的初步回应

不少人认为社会工程是没有其存在的合理性基础的，我们则不大认同。

首先，有人认为社会工程是违背人性的。这是不对的。西方自由主义代表人物大多反对政策、法律规则的设计。如边沁就讲："每一条法律都是对自由的侵害。"[①]哈耶克认为所谓自由就是"一个人不受制于另一个人或另一些因专断意志而产生的强制状态，亦常被称为'个人'自由或'人身'自由的状态"[②]。他把摆脱了强制状态的人的生存状态理解为自由。他认为"所谓强制，我们意指一个人的环境或情境为他人所控制，以致为了避免更大的灾害，他被迫无法按照他自己一贯性的计划去做，而要为他人的目的去服务"[③]。他们认为政策、法律规则这些创构性的规则带有极强的

---

① 转引自吴然：《优良道德论》，北京：人民出版社，2007 年，第 68 页。
② [英]弗里德利希·冯·哈耶克著，邓正来译：《自由秩序原理》，生活·读书·新知三联书店，1997 年，第 4 页。
③ [英]弗里德利希·冯·哈耶克著，邓正来译：《自由秩序原理》，生活·读书·新知三联书店，1997 年，第 4 页。

强制性特点。他使人不能按照自己真实意愿行事，是对人的天然本性的束缚。对此，我们认为，在现实的社会中，人们不能摆脱社会关系的束缚，问题是你存在于什么样的社会关系的形式之中？社会工程所要建构的新的社会关系就是要解除不合理的旧的社会关系对人的束缚，重建一种合乎人本性的新的社会关系。它不但不违背人性，而是对人性的一种解放。哈耶克也承认，要防止强制，就必须划出一个私人领域，在这个领域中别人或政府不得干涉。那么，谁来划这个领域？用什么保障这个领域的确立？没有针对此类问题的新的政策、法律规则的设计、出台能实现拥有私人领域的愿望吗？社会工程的政策设计就是要再造、形成和设计合乎人的发展的新型社会关系，其目的在于探求符合人们真实意愿的社会关系形式。

其次是社会工程活动中的设计产物的合理性、正当性问题。有学者提出，从经验到意识形态的一跃是致命的。人何以可能靠有限的经验设计出真正符合社会发展的制度、政策呢？这是对社会工程何以可能提出质疑。这实际上是在问人们所赖以存在的社会规则系统是自发形成的，还是通过人的社会设计过程实现的？纵观人类社会的历史，随着历史的延伸，我们看到越来越多的社会规则被设计出来。专利制度就是典型的一例。当然设计是有可能犯错误的。正因为它可对可错，我们才需要建立一门学问去研究它，提升它成功的概率。不可否认，在以往的社会主义实践中，我们在政治、经济、文化政策的设计上有过严重的失误。原因之一，长期以来我国社会科学发展水平低、理念落后，曾经只重视马克思主义不重视社会科学，从马克思主义关于人类发展的最一般理论出发，把它缩小到一个具体的时点上制定具体政策，使我们的社会主义建设走了许多弯路。也正因为有许多失败的设计实践，不理想的结果，才要追问、提出社会工程问题。在基础理论和解决具体问题之间构架一座桥梁、中介。社会工程作为一门新兴的社会科学应用基础理论就是要解决如何运用一般理论，解决我们面对的社会问题，为社会科学的基础理论的应用提供一般的方法论。

第十章
社会工程研究的基本特征

　　任何学术问题和学科理论的提出和推进，都有它的时代背景和社会背景。社会工程研究也是一样。中国的社会工程研究问题的提出，得益于中国改革开放的实践和中国社会主义建设的需求和经验。中国 1999 年提出西部大开发战略进一步推进了我们对社会工程问题的研究。我们本着中国国情的特殊性和社会工程模式的多样性问题展开了社会工程的理论和方法的研究。

一、问题提出的基本背景

　　社会工程理论基于社会发展规律和社会发展模式的区别，研究社会发展过程中的多重规律集成作用所形成的具体模式。在这个意义上，研究社会工程理论与方法，对于研究西部发展的规律与模式具有重要理论指导意义。社会工程理论和方法既是研究西部经济社会跨越式、可持续发展的理论支撑和方法基础；同时，西部发展问题的研究进一步深化了我们对社会工程理论和方法的认识。西部大开发是中国当代发展中的一个重大战略问题，西部地区特殊的空间结构和特殊的社会特征决定了西部社会发展规律的特殊性、层次性和具体模式的多样性，西部发展问题不可能用一个单一的规律来解释，也不可能用一个统一的模式去实施。

社会工程的思想渊源可以追溯到久远的历史。19 世纪社会学家孔德提出把研究自然界的科学方法应用于研究人类社会，把自然科学中已经成功运用的观察、实验、比较方法应用于研究社会发展问题。孔德的社会学方法论思想是社会工程思想的早期萌芽。当代国外社会工程研究取得了重大进展。主要从 3 个方面展开社会工程研究：①作为政治科学的社会工程研究。社会工程是通过任何组织形式得以实现的社会活动；多数有效的社会工程活动都是由掌握权力的中央政府所发动。②作为一种方法论的社会工程。Scott Nearing 认为，社会工程是一种新的科学；Bela H.Banathy 在其著作《Designing Social System in a Changing World》一书中则广泛地讨论了设计步骤、模型、方法、工具以及社会系统设计的理论和哲学基础。③社会工程组织及学科设置。如澳大利亚成立了 SESA，引导澳大利亚在一些复杂的事业领域中取得最大可能的成功。日本各大学的社会工程学科建设堪称世界一流，尤以日本东京工业大学、筑波大学为代表。日本东京工业大学社会工程学科于 1966 年在世界上首次设置，并招收社会工程专业的本科生、研究生。

在国内，钱学森于 1983 年提出社会系统工程的概念，也曾提出社会工程概念。钱学森认为社会工程是建设社会主义的技术。在钱学森的思想中，社会工程与社会系统工程并没有严格的区分。20 世纪 80 年代后期西安交通大学开始探讨社会工程的基本概念，随着中国社会结构的变迁和各种社会问题的凸显，进一步推动了我们对社会工程比较深入的研究。"211"建设伊始，我们成立了"西安交通大学社会工程研究中心"。

二、社会工程理论与方法的基本思路

1. 社会工程的基本概念

社会工程是关于社会关系结构设计与建构的学问。从实际的角度看，社会则表现为一系列制度、体制、政策、法规和各种规范。这些制度、体制、政策、法规和各种规范是社会的人创立的，又是社会的人打破并由新的形式所替代。而建立一个新的社会形式，是一种创造，是设计新的社会蓝图和建立新的社会模式，这在本质上是一种社会工程活动。社会工程活动所突出的环节是社会模式设计，包括对象设计和过程设计。所以，社会工程研究的核心也就集中在社会蓝图设计和社会过程设计问题上。如何确立一个合理的社会目标蓝图，这个合理的社会目标蓝图是什么，采取什么样的方法、步骤、途径去实现这个目标蓝图就成为社会工程研究的内容和问题。

2. 社会工程研究的特点

社会工程研究是从社会关系的总体上把握社会结构的特征。现代社会结构的复杂性特征表现在科学、技术、政治、经济、教育、文化相互交叉、渗透的一体化。人们不仅需要从"部分"的角度把握科学、技术、社会及其他领域的问题，更需要从相互关联的整体角度把握它们的结构，这就是社会工程研究的基本视角。它着重于不同社会规律之间的整合、配套、协调方式的研究，而不单纯是某种社会规律的趋势走向分析。

社会发展的制度建构常常表现为对社会模式的设计，社会发展模式是在遵循客观规律的基础上，结合社会主体的理想目标和价值选择的产物。社会制度的设计和社会政策的制定就是在寻求建构和选择社会模式。社会模式设计受三维变量（规律、价值、情境）的制约，多重规律的互动、干涉和共同约束是模式设计的客观基础，多重准则的合取是模式设计的基本逻辑特征，多种价值目标的冲突是模式设计的主观状态，协调与整合性思维是模式设计的思维要求，情境的准确判断是模式设计的前提条件。社会模式设计同时也要考虑社会发展理念的建构与创新。

社会工程的研究要对复杂性的社会结构进行关联分析。社会工程的研究方法的重点指向是，在结构关系集合中的交叉领域，研究其结构要素和结构诸方面的相互作用、相互影响的协调规律与约束状况。它揭示不同规律在综合作用中的互动趋势和特点，以及这些规律之间的互动关系。社会工程所揭示的"互动规律"具有"网络"的性质和结构。在社会结构中，每一个结构中的存在单元，都会与其他的存在单元发生"一与多"的对应关系，形成双方互动的网络结构。社会工程研究的最终目的就是揭示这种网络互动导致的某种整体性规律。

社会工程研究的方法论内容：①社会分析方法：社会问题诊断的逻辑数理方法，社会网络分析方法，社会主体结构分析方法，社会系统结构与"基本"矛盾分析方法，协调分析方法，理想类型分析方法，变结构分析方法等。②社会模式的设计方法：体制结构的设计方法，社会政策的设计方法，法律法规的设计方法。③社会模式的模型分析方法，主要是模型模拟方法。④社会选择的理论与方法，主要是以社会价值理论与社会真理的辩证关系为指导研究社会选择的具体操作原则、标准和方法。

3. 社会工程理论的知识特征

社会工程学被认为是反映社会现当代发展复杂性程度的一门综合性的社会科学，其目标是对各种社会问题进行实例分析和解决。它并不是将人文科学、社会科学、自然科学的知识与技术的简单相加，而是根据计划、

政策的概念，在重构这些知识和技术的基础上，进行新的探索和整合。图
10-1 是社会工程学的内涵。

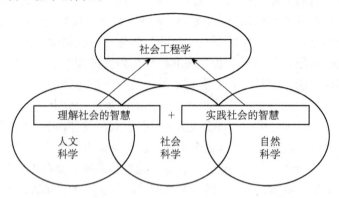

图 10-1　社会工程学的内涵

社会工程是在自然科学知识与人文社会科学知识统一的基础上，应用经
济学、社会学和政治学知识，通过调查、测量获得数量数据、历史数据和空
间数据，将不可量化的社会现象转化为可量化的知识，然后在分析的基础上
形成计量数据。在计量数据的基础上进行政策设计，为呈并发态势发展的各
种社会问题寻求解决方案和替代方案，为最终达到对社会运行模式和政策的
设计提供思想基础和方法论。社会工程的综合与协调方法论思想，成为社会
工程的逻辑结构。其逻辑结构如图 10-2 所示。

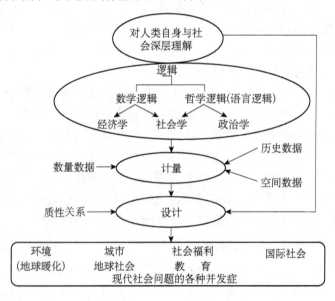

图 10-2　社会工程学的逻辑结构

三、"规划"与"设计"是社会工程学的主要方法

（一）工程学与社会工程学的关系

通过以上的整理分析，我们知道，自然工程就是为了创造某一东西，或者解决某一问题，在方法上寻求突破的实践性研究活动。而工程学是指为了上述实践性活动提供认识论和方法论的解释，提供模式和说明的方法，是将自然科学的原理应用到工农业生产活动中而形成的各学科的总称[①]。霍有光、王宏波教授认为人类能够为"自然界打上自己的印记"的那些工程，势必产生新的自然与社会属性。他认为自然工程的特征是：①可以迫使动植物迁移；②可以改变人的居住地的面貌与环境；③可以影响气候；④可以改变动植物本身；⑤工程把各种生产工具（或产品）并入了生产过程，有组织、有目的地生产或创造"凝结着技术的"人工物品。就是说，自然工程是为了解决生产实践过程中出现的具体问题而对科学、技术知识的利用，是与生产、建设活动密切联系，运用自然科学理论和现代技术原理才能得以实现的活动。其基本方法是"测量"和"控制"。

与自然工程比较，社会工程通过对自然工程概念的延伸与发展，利用自然工程知识来解决社会问题。工程学的这种方法论之所以应用于对社会问题的解决领域，其原因就在于工程学的基本原理也为社会问题的解决提供了方法论。但这仅仅是问题的一个方面，由于工程活动对人类社会产生巨大的影响，人们必须对工程自身、工程与经济社会、工程与生态环境等可能出现或面对的各种新的事实进行研究；同时更重要的是，人的工程活动对人自身思维的影响，反过来人的思维对包括自然工程活动在内的所有活动的影响也必须给予研究。这是自然工程概念转变为社会工程概念的关键。

因此，社会工程学就是将不可观察的社会现象通过一系列手段而转化为可观察、可计量的过程，从而对未来进行预测、规划、设计、评估等。社会工程学的研究对象为社会，它不但包括如地域、城市、国土、地球规模等广大的空间领域，还包括如居住环境、工作环境、学习、休闲、自我修养、交流等人类自身活动的广大领域。当从空间角度和人类自身活动的

---

① 陈昌曙将有关工程的定义归纳为 6 种：（1）工程是应用科学知识使自然资源最佳地为人类服务的一种专门技术；（2）工程是将自然科学的原理应用到工农业生产部门中去而形成的各学科的总称；（3）工程是把数学和自然科学知识应用于开辟合理使用天然材料和自然力的途径上来，从而为人类谋利的职业或专业；（4）工程是生产制造部门用比较大而复杂的设备进行的工作；（5）工程是人类的一种活动，通过这种活动使自然力处于人类控制下，并使事物的性质在装备和机器上发挥效用；（6）工程是人们综合应用科学理论和技术手段去改造世界的实践活动。详见陈昌曙：《技术哲学文集》，沈阳：东北大学出版社，2002 年。

角度进行观察时,我们发现我们的社会存在许多问题。为了解决这些问题,在引用工程学的方法之前,首先我们必须具备理解社会的能力和发现社会问题的能力。总之,在社会与科学技术不可分割的现代社会,我们需要理解社会的智慧和实践社会的智慧。

以社会为研究对象的社会工程学的方法主要为"规划(planning)"和"设计(design)"。从表 10-1 可以看出,工程学包括自然工程和社会工程,它的基本方法在于对工程过程的"设计"和"控制",包括了工程蓝图、工程成本和工程质量。社会工程学的基本方法则在于"社会设计",即通过设计合理的社会运行模式,规范社会活动,提高工作效率,来有效地控制社会发展中所带来的风险。

表 10-1　自然工程与社会工程的关系

	自然工程	社会工程
定义	运用自然科学原理,设计对人类有用的物体,应用到人类生产活动而形成的学科	将自然科学与人文社会科学有机协调起来,对社会发展进行观察、测量、规划设计、评估,以期改善社会结构,促进社会变革和发展的综合性学科
属性	硬科学,有时空特征,提供具体有形的物体	软科学,没有时空特征,探索社会构成要素间的内在联系和发展规律,优化社会运行模式
任务	创造物质领域里对人们有用的物体,满足人们生产生活领域的物质需要,为生产和生活的发展提供工具和手段	运用多学科知识,解决社会问题,优化社会结构,改善社会关系,促进社会良性运行和协调发展
对象	自然现象(人类活动内容的一部分),物质实体	社会现象(人类活动的全部),社会的各个构成要素及其关系
基本方法	针对具体工程项目的观察、测量、控制、设计、模拟等	针对社会问题的社会调查、统计推断、规划设计、试点
内容	自然科学的知识、变革自然的技术、自然工程设计、实施的知识	社会科学的知识、变革社会结构的方法、理解社会的知识和智慧、社会实践的智慧
本质	自然知识转化为具体实物的过程,人类对自然规律发现和运用的过程,是人们生活方式、工具和手段更有效率、更发达的过程	对社会事实、社会关系深化理解的过程,是对社会运行规律不断探索的过程,是人们对社会现状的反思,以期改进的过程,体现了人们的共有价值观和理念
关系	相同点:自然工程学和社会工程学都是工程学的一部分,二者在方法上和本质上有相同之处,即都有测量和设计,都是为了人类社会发展需要。不同点:①作用领域不同,自然工程领域作用于物质实体,产生有用物体;社会工程作用于社会领域,改善社会结构和关系。②结果不同,自然工程产生的是物质实体,看得见,摸得着,方便人们的生产生活;社会工程使得社会结构变迁,产生的结果是社会政策的出现或人们价值观和理念的变迁,进而使得社会发展	

虽然,工程学和社会工程学在定义、目的、对象、任务、立足点、基

本方法和内容上都有区别，但是它们之间又有着千丝万缕的联系，这反映在社会工程是自然工程概念的延伸与扩大，社会工程学是工程学的延伸与发展，是人类自身活动领域、活动范围不断扩大所导致的思维领域、范围的扩大，是人类思维活动连续性的表现，是人类知识积累、融合的过程。

今天，社会工程学的地位越来越引起人们的注意，其根本原因就在于社会的发展需要具有综合性、跨学科领域的知识全面的人才。最近，政策科学的概念不绝于耳，但是这个概念本身仍然没有摆脱理工与人文社会的分界。两种知识的合流才是今后教育研究机构改革的必由之路，是时代的要求。

（二）社会工程研究的方法论特征

社会工程学的方法论特征就在于强调发现问题、解决问题的综合性、整体性、协调性思想。由于社会问题的复杂性、独特性，其解决方法在具体实施中必然有所区别。图 10-3 所展示的只是其中一例，但是却充分地揭示了社会工程学的方法论中的综合性思想内涵。

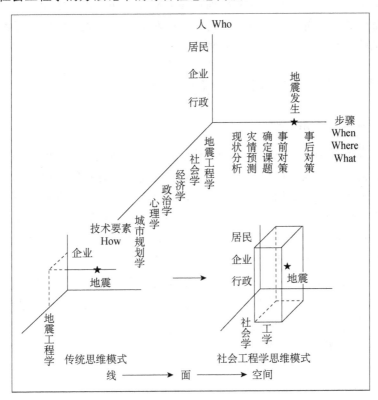

图 10-3　社会工程学的方法论特征

从图 10-3 中可以看出，社会工程学的思维方式与传统思维方式的最大区别就在于，从线性思维向平面思维的转变，从平面思维向立体空间思维的转变。在解决问题时，强调综合性、整体性、立体性和协调性。例如就地震这一自然灾害而言，传统的解决办法是由有关科学技术工作者研究预测地震的知识，企业根据科学技术工作者的研究结果生产预测地震的仪器，然后投入具体的地震预测。科学技术工作者与企业之间的关系是线性联系。然而，社会工程学所建立的思维模式为，由步骤（When，Where，What）、人（Who）、技术要素（How）构成三维空间。首先是步骤维度，由地震的现状分析、灾害程度预测、具体课题的确定、地震发生前的应对措施和地震发生后的应对措施构成；其次是人的维度，由居民、企业和行政三方构成；最后是技术要素，包括了地震工程学、社会学、经济学、政治学、心理学以及城市规划学等专业构成。以上模式的特点就在于方法上的综合性，真正做到定量分析与定性分析相结合，静态分析与动态分析相结合，结构分析与过程分析相结合，微观分析与客观分析相结合。优点就在于我们在类似于地震这种自然灾害面前，最大限度地动员各种社会资源，形成一个综合的、整体的、立体的、协调的应对体制，最大限度地发挥各个群体的功能，有效地控制社会发展风险。

四、社会工程理论研究的重点问题

1. 社会变结构的过程分析

社会发展实质上表现为由一种社会系统结构转变为另一种社会系统结构，社会系统结构的这种变化、变迁过程，是社会存在的客观状态。处于变化之中的社会变结构具有非平衡、非线性、动态变化特点的复杂系统。社会变结构各组成部分之间存在相干性和耦合特征的系统。社会变结构的演化过程都经历着从旧结构的失稳—临界状态的出现—有序新结构的形成等几个环节所构成的动态过程。

社会变结构状态可以通过状态函数、整合函数、选择函数进行宏观描述。社会结构变迁是内部矛盾和外部环境相互作用的结果。协调就成了维持社会变结构稳定和发展的客观要求。协调要求：①形成有机的动态协调机制，能对突变现象及时调整。②形成新旧结构转换过程中的衔接机制，保证顺利转变，减少混乱。③兼顾发展连贯性和阶段性的关系。

2. 制度设计和社会政策分析

制度设计就是依据一定的社会目标和社会条件建构一种新的行为规范和准则体系以引导和规范社会行为和社会关系的活动。

社会政策问题的本质在于政府通过对自身利益和社会利益的考虑，在减少主观差距和减少客观差距之间作出选择，进而及时有效地解决公共问题。社会政策是调整社会结构，推动社会前进的直接动力之一，政策设计与工程设计具有同构性特点，二者都是目标设计与过程设计的内在统一，政策设计冲突有目标冲突和利益冲突两种基本类型，两种冲突在许多情况下可以相互转化，解决政策设计冲突的一般方法有：分离法、平衡法、补偿法。这既是协调政策设计冲突的三种方法，也是解决大型政策设计冲突的三个重要环节。

3. 社会工程研究的协调分析思路

协调发展是关于社会结构转变过程的规定，它要求社会运行方式在由旧秩序转向新秩序的过程中，社会结构的各要素能相互适应、相互补充、相互促进，从而顺利实现社会结构的转变。当社会系统运行发生失衡现象时，协调被当成了稳定的另一种表达方式，要把"协调发展"作为社会工程研究的一种指导思想和方法论原则。我们认为协调首先表现为控制主体的需求与控制客体之间的一种适应与满足关系。当控制主体的需求适应控制客体的状态，并且使控制客体满足控制主体的需求时，两者的关系可视为协调的，反之即为不协调的。从控制客体的方面看，其结构性质有利于客体功能的实现时，其结构相对于其功能来说是协调的。由于结构是多种因素、多种力量之间的关系结合体，因此，协调状态总是表现其结构中的多种因素和多种力量的多重促进、多元互补的合理配合的关系。从控制客体的系统结构转换方面看，当控制客体的原有结构比较顺利地转换过渡到另一新结构，而这新结构又是控制主体的期望结构时，这个转换过程可视为协调的。协调分析思路对我们分析社会状态模型与社会机制模型、社会现实模型与社会理想模型有重要的指导意义。

五、社会工程理论的学科意义

社会工程学的研究旨在建立一门应用社会学的基础理论，它是社会工程研究的方法性理论。社会工程学的核心概念是社会分析、模式设计、模式分析，其具体对象是各种社会政策和社会法规。社会工程学涉及多学科的参与，以社会学的理论和方法为主导，结合其他社会科学，吸收工程科学的思维特点，引入数理模型与逻辑模型方法，进行交叉式与融合式的综合性研究。社会工程学的研究在学理上将社会科学规律与社会发展模式区别开来，分别研究其各自的特点与作用，在此基础上研究社会模式建构的原则和方法。

六、社会工程研究的国内国际影响

西安交通大学社会工程研究中心在国内率先提出社会工程，并进行了较深入研究，在国内外都产生了影响。在国际上，我们已经和加拿大萨斯喀彻温大学就社会工程为主题开展了三次学术研讨和交流，我们 2006 年和 2007 年分别在加拿大萨斯喀彻温大学和中国西安交通大学联合召开社会工程和政策分析的国际学术会议，就社会工程理论与方法问题展开了广泛和深入的国际学术交流与合作，我们也先后与美国、日本等国家和地区大学进行相关研究的交流，扩大学术影响。

在国内，我们对社会工程的前期研究和成果使得西安交通大学成为国内研究社会工程的主要基地。我们为此建立了社会工程研究中心网站，成为展示成果和学术交流的窗口和平台。围绕社会工程的主题，我们发表了 25 篇学术论文，2003 年我们也主持完成了《社会工程理论与方法》的国家社科基金课题。我们已经出版了《社会工程研究》六辑。2006 年 4 月初我们与哈尔滨工业大学联合举办了全国首届"社会工程理论与方法学术研讨会"。2007 年 1 月在哈尔滨工业大学两校联合举办了第二次全国社会工程研讨会。2007 年 10 月在西安交通大学举办了国内首届"马克思主义理论与社会工程高层论坛"。

第十一章
社会工程问题的界定与分析

　　社会工程是人们综合运用社会科学、人文科学、自然科学、工程科学的理论、方法，探索和创立自己的技术工具，通过测量、评估、开发、控制和管理等手段，选择社会运行的具体模式和社会发展的方向，积极寻找社会合作方式，开发、寻找解决社会冲突的方案，从而提高社会行为和社会活动的效率和效益，使社会运行具有稳定性，社会转型具有可控性，社会变革具有进步性，社会发展具有可持续性的一种社会管理活动。社会工程问题是社会生活各个层面问题的综合，既有宏观层面，社会大系统和大社区的运行和发展，如社会秩序、社会阶层、社会风气和文化，又有微观层面，社会子系统和一般社区，如农民问题、妇女问题、青少年问题，涵盖社会各个方面、各个层次的社会现实状况。在社会工程研究过程中，首先要界定社会工程问题，理清社会工程问题的分析思路。一般认为，社会工程研究的问题就是一般所指的社会问题，或者公共问题。我们认为，这样说只是抓住了问题的表象，并没有触及问题的根本。社会问题或者说公共问题不是社会工程所针对的直接问题，它们是社会工程研究的出发点，这些问题的解决是社会工程活动的最终结果。我们所要说明的恰恰在于，社会问题虽然作为社会工程研究的出发点和其最终结果，却不是其所直接针对的问题，这就是本文的目的。

一、社会问题是社会工程活动的出发点

社会工程活动以解决社会问题为出发点和最终的落脚点。为此，我们先讨论社会问题的概念、特征和分类。

1. 社会问题的概念

德国社会学家在相当长一段时间内把社会问题理解为劳工问题，许多人都对劳资关系、阶级矛盾、分配、就业、工会、住宅及妇女就业等开展过广泛研究；法国迪尔凯姆认为，人与人之间的相互接触，要有一种适合、平衡和规律，才能使社会关系协调，才有社会运动、人类文明和社会进步，如果一旦失去适合、平衡和规律，就会出现社会问题；早期美国社会学家大多将社会问题的起因归结为社会变迁时发生的社会失调。美国 W.F.奥格本认为，社会变迁时快时慢，这一快一慢之间往往出现文化失调，社会问题即产生于文化失调。20 世纪 40 年代初，美国社会学家富勒提出，多数人认为偏离他们特有的某些社会规范的社会状况即为社会问题。

20 世纪 60 年代初，美国社会学家默顿等人提出社会问题应包括 3 个方面的含义：社会期望或愿望的事物安排的中断，社会规定的正当东西的破坏，社会所珍视的社会模式与关系的脱节。

国内有的学者归纳了社会学关于社会问题的 4 种视角的解释：①社会变迁和文化失调的视角，认为社会结构变迁与文化传统失调形成社会问题。②社会公众利益与情感视角，该视角认为社会问题并无特殊内容，无论什么社会情况，只要引起社会上多数人的注意，并需要社会集体采取行动以求调整和补救的问题就是社会问题。③社会心理视角认为，社会问题不仅是一种见得到的现象，更主要的是人们的一种心理状态，是一种价值冲突现象。④主客体相统一的视角，认为社会问题具有其主客观标准。其中，客观标准就是说它是可以确认的，其存在具有数量上的可验证情境；主观标准指人们认识到某种社会问题对其价值观造成威胁的情形。中国社会学学者孙本文在总结归纳社会问题定义的基础上认为，社会问题是社会全体或一部分人的共同生活或社会进步发生障碍的问题。

对以上学者的论述，我们可以进一步分析社会问题的构成要素如下：

第一，必须由一类或数种社会现象产生失调情况。例如生态环境问题是由于人类活动与自然环境之间的关系失调，人口问题产生于人口再生产的规模和发展速度，与物质和精神生产的规模失调。

第二，这种结构和关系失调影响了人们的社会生活。也就是说，社

会问题是社会公众问题而非个人的烦恼。这些失调只要与社会制度、社会结构无关,没有普遍性,就不是社会公众问题,也不能成为社会问题。只有那些对众多人的生活,对整个社会生活产生重大影响的失调才构成社会问题。

第三,这种失调引起了社会多数成员的注意。作为社会问题,客观上存在社会现象的失调情况,主观上要有社会大多数人的认定,得到社会公认,就是社会问题。就业问题、环境问题、人口问题就是如此。

第四,社会问题必须运用社会力量才能予以解决。

综上所述,我们认为社会问题的概念可以总结为如下三个层次:首先,一般地讲,社会问题是指社会关系或社会结构失调,影响社会全体成员或部分成员的共同生活,破坏社会正常活动和秩序,妨碍社会协调发展,需要动用社会力量进行干预解决的社会现象。其次,从结构功能范式看,社会问题是因为社会运行中结构的失调使得社会期望和规定的事物遭到破坏,社会所珍视的社会模式与现实关系脱节,现实结构与功能需求无法匹配。再次,从社会问题的后果看,社会问题直接和间接地规定着现实和潜在的社会冲突,一方面社会问题的积累可能会瓦解社会结构,另一方面社会问题的出现和有效控制可能促进社会结构的调整。

2. 社会问题的基本特征

社会发展的主要特征是社会结构优化,社会整合度和凝聚力上升,社会的良性运行、安定团结和健康发展,社会民众的归属感和认同感,影响社会良性发展的社会问题减少。而社会问题是纷繁复杂的,涉及社会生活的方方面面,不同程度地影响着社会的稳定和经济的发展。

虽然社会问题的表现形式和存在状态是包罗万象的,包含有社会结构、社会秩序、社会活动、社会规范、社会关系、社会心理、社会观念等多种表现形态,但其实质或本质是相同的,可概括为:在特定的历史时期和区域,社会的相对不平衡、不协调、不稳定,即社会失调。社会问题有如下的一些基本特征:

第一,广泛性。社会问题的广泛性是指社会问题的非个别性和非局部性。一个问题是否是社会问题存在着一个临界点和数量界限,主要是指以特定比率发生的不合理事件引起了社会公众的强烈注意,影响到大多数公众的正常生活。在某种程度上,社会问题是广泛存在的社会现象。它包括双重含义。首先,社会问题是任何社会、任何时代都存在的社会现象。具体表现在:社会问题作为一种社会现象,存在于各个国家、民族或地区;

存在于社会生活的各个领域和方面，波及大多数领域，牵扯到社会生活的主要方面。其次，任何一个具体的社会问题都是一定时期、一定范围内广泛存在的现象，具体表现在社会问题是一个涉及大多数人社会生活的现象，对社会生活的影响是广泛的，不仅受社会问题影响的成员是广泛的，而且社会问题影响的范围和领域也是广泛的。

第二，复杂性。社会问题的起因与社会后果包含多种因素，导致多种多样的结局。社会问题之间相互关联，表现为并存性、连锁性。一个社会往往同时存在多种社会问题，同时并存的诸种问题相互关联、互为因果。有时一个问题的产生会促使另一个问题出现，一个问题的解决又伴生出另一个问题。随着时间和空间的变化社会问题还可以是多变的。

第三，异常性。社会问题是人们的行为偏离社会的正常秩序和社会规范，也就是个人或群体的越轨行为造成的危害社会普遍原则的现象，表现为：社会异化，某些社会成员的行为异常，违背规范，从而导致了社会的不稳定、不平衡，引发社会冲突，这些社会成员的价值标准、行为模式违背了社会的道德标准，被视为非正常、非健康或非道德的，不被社会认可、接纳和支持的，这种异常的存在状态就是社会问题的一个基本特征。

第四，交叉影响性。社会问题是共同性的社会现象，任何社会问题的出现都不是个别人的行为观念或个别现象造成的，其具有交叉影响和互动的特征，某个社会成员的异常行为，往往影响到其他的社会成员的正常行为，某一个社会问题往往和其他的社会问题互为因果、相互影响、相互作用，这种偏离正常行为的社会问题的交叉性，也正是社会问题的复杂性、社会性，例如个别恐怖分子制造的恐怖事件，虽然是个体行为，却可能是阶级冲突、信仰冲突、民族冲突等其他社会问题所引致，即使只是个别事件，但对其他社会成员的人身安全、生活状态、心理等都有着深刻的交叉影响，需要高度重视并且立即采取紧急措施来制止和解决。又例如，我国的住房紧张问题，交叉影响到人们生活的诸多方面，如生活稳定、生活情绪、家庭的和谐、生活质量、孩子的教育和学习、人们的生活方式、消费方式、工作效率、身心健康等。因此，社会问题的产生往往是多因的交叉影响，表现方式上也是多果的交叉作用。

第五，结果的双重性。社会问题对社会的影响可能产生双重性结果。一方面是破坏了社会的正常秩序与发展，另一方面是有利于社会结构的调整和完善。社会问题的破坏性是指社会问题对社会运行和人们的社会生活具有威胁、损害的破坏性作用，从而对人们所期望的社会生活造成了较为严重的影响，降低了人们的生活质量，耗费了大量的社会资源。如社会诚信问题大大影响了人们的正常生活，造成社会各层面的不信任。例如人们去商店买东西要讨价还价，不但要担心自己多花了钱，还要担心自己买了假货。不诚信的社会耗费大量的社会资源和成本，社会问题的严重化还可能瓦解现实的社会结构。如贫富差距过大，引起社会摩擦与冲突。但是如果社会问题被及时发现、认真对待和有效控制，我们就可将社会问题的危害控制在社会结构可以允许的范围之内，以社会问题的解决为契机调整和优化社会结构，促进社会变迁。

3. 社会问题的基本类型

按照以上特征分析，我们按照社会问题的产生根源，可以将社会问题大致归结为以下三种类型：

第一，过失性问题。超越了政策、法律、道德的界限的问题叫做过失性问题。饥饿、贫困、"黑社会"、吸毒、卖淫、嫖娼、重大安全事故、种族歧视、性别歧视、家庭暴力、就业问题，都是社会问题中的过失性问题。这些问题通过合理的公共政策规范实行和约束，可以被弱化和降低，但是却难以被完全消除，而不合理的政策或规范却可以导致这些问题产生和加剧。所以，从某种程度上可以认为是过失造成的。

所以上述这些问题使得社会的整合度和凝聚力下降，民众的归属感和安全感降低，社会伦理和道德异化或扭曲，很大程度制约了国家、地区的良性发展。这类问题的增加是对社会整合和控制能力的巨大挑战。

第二，结构性问题。由社会结构的变迁异常导致的问题叫做结构性问题。社会结构的变迁异常：结构失调，在某个特定历史时期社会发展的结构调整，引起的社会生活中原有体制、秩序、制度、模式、组织架构的改变，而涉及社会成员的资源占有、在社会生活中的地位和作用、利益分配等的调整。例如我国改革开放以来所进行的经济体制改革和政治体制改革等，都是一些重大的结构调整，尤其是建立社会主义市场经济体制，是我国社会主义生产关系的重大结构调整。由这一系列改革带来的社会问题，如国有企业改革中的下岗、失业问题，地区发展不均衡问题、贫富差距问题、入世后对我国工业、农业、金融业的挑战问题等都是比较重大的问题，而这些问题在特定历史阶段的社会发展中又是不可避免的问题。

第三，发展性问题。由发展的不平衡、不足和不协调所造成的问题叫做发展性问题。随着社会的发展，尤其是随着科学技术的日新月异，社会积累了大量的物质文明和精神文明成果，但许多发展性问题如人口问题、资源问题、环境问题、生态问题都日益成为全球性的问题，由科技道德、社会伦理、宗教的异化带来的核战争威胁、霸权主义、恐怖主义、邪教等都直接威胁到人类的生存。所以发展性问题大多是带有普遍性和巨大影响性的全球性问题，需要世界各国政府以和平和发展为根本，维护和平、共求发展、反对霸权、打击恐怖主义和邪教组织，给人类一个安宁幸福的生存环境。

关于社会问题的分类，比较有代表性的划分方法还有如下几种：我国台湾学者杨国枢、叶启政在《台湾的社会问题》一书中将社会问题分为社会性的社会问题（如人口问题、环境问题）、制度性社会问题（如婚姻家庭问题、劳工就业问题）和个人性社会问题（如犯罪问题、心理疾病问题）；西方学者史密斯在《社会问题》、我国学者孙本文在《现代中国社会问题》一书中按社会问题的具体表现形式将社会问题细分为：人口问题、劳工问题、环境问题、都市问题、少数民族与种族问题、贫困问题、教育问题、犯罪问题、家庭问题、交通问题、农村问题等。

二、社会工程问题是引起社会问题的问题

社会工程问题不是指一般的社会问题，而是指引起社会问题的问题。

我们可以用城市马路的占道经营问题来说明什么是社会工程问题。在很多城市都可发现，小商小贩占道经营的问题解决不了。遇到上级领导检查，临时清理，检查一过又恢复到原样。群众意见很大，长期解决不了。根源是这些占道经营者是街道管理者财政经费的收入来源。如果彻底取缔，就断了他们的发财之道。所以问题表现在街道的马路上，但根源在管理政策上。如果在管理政策上出了问题，就会表现出社会问题。这就是政策问题，是管理政策系统出现了问题。

所谓管理政策系统出现了问题，是政策系统结构出现了问题，也就是不同的政策规定之间的关系出现了问题，具体表现为他们之间的关系不协调，或者相互冲突，或者政策环节缺位。

城市马路的占道经营问题的根源是城市经济管理系统出现了问题。市政府对于街道办事处的经费实行了财政包干政策，办事处的工作人员的活动经费以及工资奖金要街道办事处自己筹集。这些占道经营的小商小贩是街道办财政收入的重要来源。

让经济利益的享受者去管理所享受利益的提供者，这使得管理者所面

临的是双重约束，一是上级政府社会秩序管理目标的约束，二是自身利益增值的约束。这个双重约束在同一个管理对象上是相互冲突的，所以占道经营问题长期解决不了。

任何社会问题都是社会管理政策所造成的，所以从社会问题进入到政策问题是社会工程问题界定的关键环节。

什么样的问题才是社会工程问题呢？

首先，进入政府议程的公共问题才进入社会工程问题研究的范围。进入政府议程，就意味着要采用一定的政策工具进行解决，这样的公共问题才具备进入社会工程问题的视野。所以，社会工程问题首先是从众多的社会问题中挑出来的某一个具有特定代表性、社会性、普遍性、重要性、紧迫性的公共问题。

其次，社会工程问题是现行政策体系中的问题，尤其是政策法规分析与政策法规设计的问题。这是社会工程研究中的核心问题，因为人类社会活动结构是在一系列活动规则的基础上构成的，这些社会活动规则就是政策规定和制度安排，所以社会工程研究的意义就在于通过政策法规分析与政策法规设计来推动社会进步。

再次，政策执行过程中出现的问题以及涉及社会系统运行的基本规则问题，也是政策问题。这是因为社会改革与进步恰恰是在新政策的推行与实施条件下实现的，要改善社会状态、重建社会秩序、促进社会改革、推动社会进步，必须要将政策推行到现实社会中检验其结果是否与预期效应一致。

通过以上的分析，可以认为，有社会问题存在，尤其是公共问题存在的地方，与政策框架、模式和政策的执行有很大的关系，或者是由于政策框架、模式不合理，或者是由于某个政策规定不合适，或者是某些政策规定执行有偏差，或者是由于某种政策规定缺位。因此，公共政策问题是复杂的、多因的、普遍的、重要的，具有时间上、空间上的局限性和公共政策问题界定上的主观性、客观性。

社会工程问题的实质是社会关系宏观模式与社会运行秩序的关系问题，集中表现为基本政策问题。

政策问题的本质在于：政府通过对自身利益和公共利益的考虑，在减少主观差距和减少客观差距之间作出选择，进而及时有效地解决公共问题。公共政策既可能直接调整社会利益关系，减少客观差距，包括对公共利益的生产、分配、交换和消费，也可能置公共利益于不顾，仅仅减少公众的主观差距，降低或转移公众的期望值，缓和公众的不满情绪。

在当今世界上，人类开发自然和改造社会的能力得到了空前提高，但随之又面临着各种各样的公共问题，如环境退化、气候变暖、人口爆炸、网络诈骗、垃圾处理、治安恶化、贫困与饥饿等。在中国，经过20多年改革开放，市场经济的宏观建制已经有了相当规模的发展，人民生活也得到了持续快速的改善。但是，在此过程中也出现了许多公共问题，比如环境污染日益严重、黄河断流、地下水位下降、渔业资源退化、草原退化、森林面积缩小、水土流失、治安形势不容乐观、基础设施缺乏长期的保养机制等。面对这些公共问题，更需要政府采取灵活高效的公共政策，着眼于长远的可持续发展，建立解决公共问题的适当制度机制，激励公民个人、社群、企业组织和社会组织，与政府一起共同努力，协作生产，共同解决公共问题。

三、社会工程问题界定的思想方法

公共政策问题的本质只有在其存在根由和逻辑起点中才能找到。几千年来的人类文明史表明：人类的每一次进步，都是建立在社会问题的解决上的。作为政治系统的一种输出，公共政策的所有含义和功用就在于及时有效地解决社会公共问题，"问题"构成了公共政策的存在根由和逻辑起点。美国学者 J.S.利文斯顿指出："问题的挖掘和确认比问题的解决更为重要，对一个决策者来说，用一个完整而优雅的方案去解决一个错误的问题对其机构产生的不良影响比用较不完整的方案去解决一个正确的问题大得多。"

1. 政策问题的构成要素

（1）政策问题情境（政策的制定背景及相关因素，政策的风险性）；

（2）与政策问题相关的社会成员或社会群体（涉及哪些人的利益和权益）；

（3）政策价值（政府和公众的认可程度与评价）；

（4）政策效果及其概率（政策执行后对社会发展所起的作用）。

2. 政策问题的确认

把社会问题转化为政策问题的过程就是政策问题的确认和界定过程，包含四个阶段：考察与收集—选择与确定—结构辨析—问题界定（深层问题的界定）。

（1）考察与收集社会问题

社会问题在本质上表现为社会结构的扭曲和社会正常运行的失调，它既表现在宏观结构与运行的层次，也反映在微观结构和运行的层次。考察与收集社会问题实际上表现为对社会结构状态和社会运行状况的一种评价和认知。

问题的逻辑结构如图 11-1 所示，所谓问题，就是指"应有现象与实际现象的偏差，或者是系统的现有状态与期望状态的差距。"

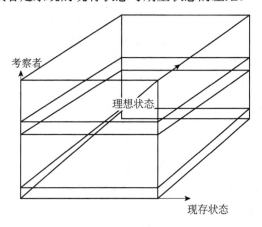

图 11-1　问题的逻辑结构图

也就是说，问题是考察者在一定的理想状态规定下对现存状态与理想状态之间差距的一种认知。首先，每一个社会成员都是社会问题的考察者。有没有社会问题，是不是一个社会问题，每一个社会成员都有权利作出评判。当某一个社会现象成为一个社会问题时，至少不是一个社会成员的认知状态。每一个社会成员的社会地位和社会状况是不同的，也就是现存状态是不同的，他们的社会理想是不同的，所以往往对社会问题的认知是不同的。其次，也是主要的，当大多数人都公认同一类社会问题时，也说明社会有较高的整合度。这类问题才有可能成为公共政策问题，因为公众的认同是政府认同的前提。

所以社会问题不是个人问题，即某一个社会成员的问题。因为尽管社会总体上很富裕，但仍有个别潦倒在街头的人。社会问题的严重程度，是与认同这个问题的人数成正比的。所以，统计方法是了解社会问题的一种重要的方法。

（2）选择与确定

不同的社会问题其重要和紧急的程度，在决策者的眼中是不一样的。

决定问题重要和紧急程度的参数如图 11-2 所示。

紧急性 重要性	紧急	不紧急
重要		
不重要		

图 11-2 问题重要和紧急程度参数图

如果按照政策问题重要性和紧急性程度进行排列组合分析，可以分为重要又紧急，重要不紧急，紧急不重要，不重要不紧急四种情况。第四种情况可以不讨论。重点讨论以下三类政策性的问题。

第一，重要不紧急的问题：重要不紧急的问题一般都是战略性问题。体现长远的、战略性的发展问题都是重要的问题，但是并不是十分紧急，能够作为紧急问题的，是当下就要解决的，不解决系统就会失稳，进一步的操作就不能进行。说它不紧急，就是并不影响当下的操作，或者与当下的操作没有直接的意义。但是战略问题的正确解决，会引导当下问题的科学解决，它使当下问题的解决有一个正确的方向。但是它涉及原来的战略性政策与将要确定的新战略的关系问题，是一个需要讨论才能够解决的问题，也就是说不是在短时间内能够解决的问题。

第二，重要又紧急的问题：反映全局性的问题，是一个关键性问题，又是当下必须解决的问题，不系统解决就不能继续运行下去。这类问题一般来说都是摆在第一位的问题，既是公众注意的问题，也是政府所注意的问题。一般引起政府关注的是紧急又重要的问题。

第三，紧急不重要的问题：有一些问题从某种角度看是紧急的，但是从另一种角度看又不是那么重要，这类问题能否进入公众视野和政府程序成为公共政策问题，一般来说概率是很低的。

哪些因素决定了问题的分类呢？

这里涉及公众、政府、社会理想与现存状态的关系构成问题。

首先，政府理想与公众理想的关系并不总是一致的，全体公民的利益与公众利益不是一个概念。公众的数量界限并不是确定的。在大多数场合，公众只是公民集合的一个子集。

设公民集合为 A，公众集合是公民集合的子集，定义为 a，则

$$A = \sum_{i=1}^{n} a(i)$$

政府将自己的理想目标定义在全体公民的集合上，某一个公众的集合

理想目标可能与政府的理想目标是不一致的，甚至是冲突的，也可能公众集合之间的理想目标也是冲突的。所以，关于什么是重要而又紧急的问题，政府与公众集合的认识可能并不一致，公众集合之间的认识可能也不一致。

一般地说，公众集合体认为重要的问题是与这个特定集合体的利益相关，紧急程度是与集合体利益发展的障碍程度成正比例。而政府关注的是全局的利益。

重要不紧急的问题，是政府价值评价的评判结果。某一个问题，公众和政府都认为是重要的，但是在紧急程度上，公众认为是紧急的，政府认为不是紧急的。紧急程度一般表现为解决次序的排序问题。公众要求排在第一位的问题，政府不一定排在第一位。

紧急不重要的问题，某一个问题，公众和政府都认为是紧急的，但是在重要程度上，公众认为是重要的。政府的认同程度和权重系数不一定认为其重要。

紧急又重要的问题，对某一社会问题，公众和政府都认为是重要的，在紧急程度上，公众和政府也都认为非常紧急。公众的关心程度与政府的决策权重相一致，这是要求政府立即在第一时间采取措施有效地解决，妥善处理。同时，对这些紧急又重要的问题还要提前做好预案，周密安排，尽可能做好防范，如地震、抗洪抢险、火灾救援、重大安全事故等，若延误就会给人民的生命财产带来巨大的损失。2005 年 11 月在陕西省铜川市陈家山煤矿发生的"11.28"大型瓦斯爆炸事故，造成 166 名矿工死亡。这引起了公众和政府的高度重视，并迅速采取行动进行解决。

四、社会工程问题的结构辨析

1. 政策问题的结构特征

政策结构是一种复合结构，组成要素如下：

（1）主体结构：谁在制定政策，为谁制定政策，谁在执行政策；

（2）政策基元结构：政策目标、政策手段、政策环境、系统关联；

（3）客体结构：政策系统作用对象的组成结构与发展的过程结构。

三者的关联形式结构如图 11-3 所示。

假设，子结构 A 为主体结构，a_1, a_2, a_3, $\cdots$, a_n 为 n 个主体，则主体结构为

$$A=G_1（a_n），n=1，2，3，\cdots$$

设子结构 B 为政策基元结构，B_1, B_2, B_3, B_4 为政策基元，则政策基

元结构为

$$B=G_2（b_n），n=1，2，3，4$$

设子结构 C 为客体结构，$c_1，c_2，c_3，\cdots，c_n$ 为构成客体的元素

$$C=G_3（c_n），n=1，2，3，\cdots$$

设政策结构为

$$Y=F（A，B，C）$$

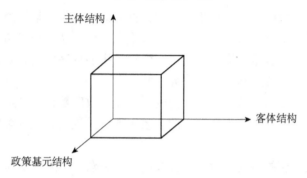

图 11-3　政策结构的组成要素关联形式结构图

其中，$F（）$ 为 $A，B，C$ 之间的关联形式。结构辨析的主要内容是研究三个子结构之间的辩证关联关系和子结构内部要素间的辩证关联关系。如图 11-4 所示。

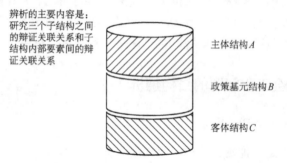

图 11-4　政策结构子结构辩证关联关系图

2. 深层问题

所谓深层问题，就是由社会问题（客体结构中的问题）进入到政策基元结构中的问题，再由政策基元结构问题深入到政策主体的价值理念和理想结构问题。深层问题应是政府着力解决的事关大局的发展问题，考虑到可持续发展、地区发展均衡和公众利益的战略性问题，例如我国的西部大开发政策就是关系到我国社会主义现代化建设的大局，以及实现我国社会

主义的核心价值——公平和效率相统一的要求，以达到"解放生产力、发展生产力、消灭剥削、消除两极分化"的目标。这一政策就体现了我国政府的核心价值理念。

所以，政策基元结构中的问题才是社会工程问题。

第十二章
社会模式设计方法

社会工程活动中，社会模式设计是一个核心环节。如果离开了社会模式设计，社会科学的理论就无法应用于社会实践。社会模式设计也是区别社会科学与社会工程的主要标志，也是工程思维与社会科学思维相结合的思维形式。

一、社会设计是社会工程活动的基本特点

1. 工程概念和社会工程的涵义

工程师的活动不同于科学家的活动，一个是揭示和发现客观现象发生却未知的原因和事物的客观规律；另一个设计并创造出自然世界中原本并不存在的事物。工程设计过程的突出特征是人根据自己的目的和意图形成操作意见施加于客观事物，并借助于对事物自身规律的利用，使事物发生有利于人的目的或意图实现的变化，从而形成一个新的事物，最终实现人的目的或意图。

工程研究过程不同于科学研究，工程研究过程中所突出的环节是"设计"，它包括对象设计和过程设计。例如，要建造一座水坝，比如说长江三峡大坝，大坝的模型就是对象设计的产物。大坝的模型设计方案确定之后，如何实施或实现呢？这就是过程设计的内容。科学研究中所突出的环

节是"发现"，它要探索未知事物及其规律。"发现"的过程也要设计，但发现物却不是设计出来的，因此，科学研究过程中存在着过程设计，却不存在对象设计。

工程活动的基本特征是如何使外界的事物满足人与社会的需要，它的实现过程通过创造一个新生事物来完成。从社会演进的方式看，工程活动的这个基本特征也存在于社会管理过程中，并通过社会管理的环节作用于社会发展的进程之中。马克思主义认为，社会是以生产力发展为基础的各种生产关系的总和及建立在此基础上的上层建筑体系。从实际的角度看，它表现为一系列制度、体制、法律、政策和各种规范。这些事物是社会的人建立的，又是社会的人打破并由新的形式所替换的。每建立一个新的形式，都是一种创新。设计新的社会蓝图，也就是制定新的社会制度模式、法律、政策和各种规范，建立一个新的社会结构和社会秩序，也是一种社会工程。社会工程研究也就是社会蓝图设计和社会过程设计。18 世纪的法国唯物主义所设计的理想社会就是对象设计的产物，问题在于他们不了解历史发展规律和社会基本矛盾，在过程设计上是不符合实际的，因而是空想社会主义。今天，我国提出的社会主义市场经济体制的改革目标，也是对象设计的产物。问题是如何设计一个过程，使社会运行结构由计划经济体制到市场经济体制的转换过程达到稳定、快速发展的要求。

社会的发展与变迁在本质具有"工程"特征，用"科学"的概念并不能完全解释它。每当我们提出一个改造社会的方案，拟定一项新的社会政策，我们就在进行社会工程的研究和实践活动。

2. 社会工程思维与一般工程思维活动的同构性特点

工程思维和科学思维的基本区别是，前者是创造一个原本不曾存在的新事物，后者是发现一个原本不曾发现的新规律。要创造一个新事物，首先要有一个事物的观念模式，即事物的理念建构先行，具体操作随后。工程思维弘扬主体精神，强化问题意识，着力于科学规律和价值规定的综合，着眼于实践模型的建构，落脚于工程创新的效应，本质上是一种模式创新思维。社会工程研究也是如此，社会工程活动的核心环节是建构一个新的社会结构模式，就模式的建构与创新来说，也是一般工程活动的基本思维特征。要改变一个社会系统状况，首先要建构一个新的社会结构模式，然后再实施它。如果不能建构一个新的社会理想结构，就无法推动社会进步。就其思维过程而言，社会工程与一般工程活动是同构的。

社会工程思维的核心是社会模式的设计与实施，它的突出特征是模式创造问题，在模式创造过程中，真理与模式并不是必然等值的。我们把握了真理，未必就能把握一个合理的模式，因为从真理中并不必然地能够推出有效的模式，同样，模式失效也并不必然地能够证伪真理。在社会实践中人们设计、创造的各种社会结构模式仅仅映现社会发展规律的要求，它本身并不等于社会发展规律。一个规律可以通过各种模式表现出来，同样，社会发展规律的某种规定也可以通过不同的社会结构模式表现出来。另外，社会发展过程不同方面的不同规律的集合决定了模式创造的基本空间。马克思主义历来强调普遍真理同具体实践相结合，其实质是要求探索普遍真理在不同条件下的不同实现模式。模式也是一种作业假说，它在原则上是可错的。社会工程思维提示人们，任何现行的政策模式决不必然是真理的化身。

人类的社会实践本质是一种工程活动，它既有真理问题，也有模式问题。模式问题是认识由理论到实践过程的基本问题，既是工程活动的核心问题，更是社会工程活动的核心问题。社会工程研究以社会发展规律的研究为基础，集中探索社会规律的具体实现形式。社会主义建设是一项伟大的社会工程。邓小平是这项伟大事业的总设计师。邓小平理论既解决了什么是社会主义的问题，也解决了如何建设社会主义的问题，即模式设计和过程设计问题。

二、模式设计是社会工程活动的核心环节

1. 模式是规律与价值的矛盾统一体

价值与规律这两类因素在对策中并不是孤立存在的，而是互相规定、互相映射、共同作用形成对策这一有机统一体的。这种有机统一体规定了决策思维的灵活多样的可能性空间，也奠定了对策选择模式和优化的基础。

（1）在对策模式中，价值与规律互相规定、互相映射

一方面，对策是根据价值的导向选择规律的类型及运用规律的方式。制定对策，必定是在某种价值追求的驱动下进行的。实现主体的价值目标，满足主体的需要，是制定对策的出发点和落脚点。所以，运用何种规律，采取何种运用规律的方式，必然以实现主体的价值目标为转移。所以，不同的对策所运用的规律不同，对规律的运用方式也不同。其根本原因是价值追求不同，对规律的运用是手段，对价值的追求才是目的。手段为目的服务并受目的规定。反过来说，只有那些反映了某种价值追求的规律，才能成为对策制定的基础。正如客观世界中哪些事物能成为人们认识世界和

改造世界的对象取决于人的需要一样，哪些规律为特定对策所利用，同样取决于人的需要。对于制定某项特定的对策来说，不能用来满足人们追求价值目标需要的规律，只是一种潜在的手段而不是现实的手段。所以，特定对策中所运用的规律的类型及其方式，体现和反映着人们的价值追求。

另一方面，对规律的认识和把握，又规定着模式中价值目标的选择和确定。价值不是一种实体，而是客体对主体的一种意义或作用关系，某种客体之所以能对主体产生某种意义，起到某种作用，带来某方面利益，即形成某种价值，是因为它具有某种属性和运动规律。客体的属性和运动规律，是形成一定价值的原因和基础。因此，对规律的认识，必然包含着对规律与主体关系，对主体的意义的认识。也就是说，规律性认识不仅揭示了事物本质的、内在的、必然的联系，而且也包括揭示满足人的需要的多种可能性，即事物的规律与人的需要之间的联系。人们总是通过对事物各方面属性及相互之间内在联系运动规律的认识，发现对象满足人的需要的可能性，在这个基础上，确定实践活动的目的。因此，当人们制定对策时，必须是先有了对客体的各方面属性和规律的认识。因为如果没有这种认识，就不能断定某些事物的属性和规律是否能成为价值，是否能满足人的需要，也就无法选择和确定对策的价值目标。这似乎是矛盾的。因为我们强调价值追求规定着对规律的选择和运用方式，同时又强调价值目标的确立，必须在对客观事物及其规律的认识的基础上才能完成。但事实上，这并不矛盾。因为在制定某项对策模式之前，人们不可能对某些客观事物一无所知，哪怕这种认识是粗浅的、感性的，但这种认识总是存在的。人们正是凭借这种认识，去确认目标、选择规律、制定对策模式。而对策的制定与实施，又会加深和扩大人们对某些客观事物的认识和把握，又会使人们产生新的价值追求，成为制定新对策的动力。尽管人们可以超越规律性规定去设定价值目标，但具有现实性的价值目标总是以客观规律作为根据的。

（2）价值与规律的具体统一依赖于情境条件

模式中，价值因素体现了对策制定的必要性，客观规律的运用则体现了对策实现的可能性。但可能并不等于可行。对策的可行性及其程度，取决于与实施对策相关的各种条件。任何对策都是具体的，都与特定的条件相联系，离开了特定的条件，对策中的规律就不可能发挥作用，再美好的价值目标，也只能是海市蜃楼，规律与价值的统一也就失去了现实的基础。实际上，条件性本身就是一种规律性。严格遵循条件性，就是遵循客观规律性。如果无视规律起作用的条件，在条件不具备时，就盲目实施某项对策，即使对策中反映了客观事物的规律，其行为也同样是违背客观规律的。

所以，从广义上说，对策是价值、规律和条件的统一体。具体的价值、具体的规律、具体的条件规定了具体的对策。在对策中，价值、规律与条件之间存在着严格的相互规定、相互制约关系。价值追求的实现，依赖于规律的合理运用，规律的选择与运用，则受价值目标的引导。二者又依据一定的条件形成有机统一体。因而，对策的统一是多样性的、具体的统一。不同的模式体现出不同的统一关系。而这正是对策实现优化的前提。同一个价值目标，可以根据不同的规律，依据不同的条件作出不同的对策；不同的价值目标，可以根据同一个规律而依据不同的条件作出不同的对策；若干个价值目标相互作用的结果与若干个规律综合作用，如有不同的形式、不同的条件，也会有不同的对策。所以，对策作为价值与规律的统一，是价值目标多向性、规律种类与形式的多样性、条件的具体性的统一，只有这样的统一，才能为对策的优化提供灵活的可能性空间。所谓对策的优化，正是价值目标在特定条件约束下与客观规律及其形式的最佳组合。或者说，是追求在特定客观规律与客观条件约束下实现目标函数的最大值与最小值。

2. 区别规律与模式的意义

以上关于对策基本结构的讨论，说明规律与对策是不同的。规律就本质而言，是指客观事物自身所具有的内在的、本质的、必然的联系。客观性是规律的最基本的性质。就客观性而言，规律是外在于人的主观目的而存在的。所谓人只能认识和利用规律而不能创造规律就是这个意思。

与规律不同，模式既不是客观必然性，也不完全是离开客观必然性的自由创造物。它是把规律作为自身的一个因素，把价值作为另一个因素，所以，对策是人按照自己的目的对客观规律的灵活运用，是关于人的活动方式的规定。由此，我们认为对策与规律还有如下几点区别：

（1）模式与规律二者的思维方式不同

探索客观规律属于科学发现问题，其思维的基本特征是以抽象、分析、推理为主，以因果关系为基础的归纳—演绎方式。从事物所呈现的客观现象出发，通过分类、归纳、概括、抽象、推论去寻找某一客观现象的原因或建立可以解释的理由。这些理由和原因一般表现为客观事物的某一属性。因果推论就是从一种属性推出另一种属性，从表层属性寻找深层属性，用深层属性解释表层属性。所谓规律就是不同属性之间的稳定的、可重复出现的关系。

社会模式设计类似于工程师的活动。工程师的活动目的不是探索和发现存在于事物中的尚未了解的客观规律，而是根据已知的事物规律去创造一个新事物,满足人类本身的需要。社会模式设计者的活动目的也是如此。它要依据对客观规律的掌握去设计一种解决问题的对策,其思维活动的特征是非推论式的。它所依据的不仅仅是事物属性之间的因果规律性,还有功能依赖关系和功能组合关系,而功能依赖与功能组合关系完全不同于事物现象间的因果关系。

（2）评价二者的标准不同

规律性知识所表达的是事物的本性和发生、变化的动因。它正确与否,标准只能是客观事物本身。作为规律性的认识,如果它确实是客观事物自身规律的表述,那么,规律性认识的内容就会在实践中重复出现。所以,评价规律性认识正确与否的标准是外在于认识自身的客观的实践活动。规律性知识只有将其应用于实践,并在实践中出现依据客观规律性知识所预见的结果时,才能最终确实地证实其真实性。在对规律性认识评价时,其实真实性与正确性的含义是相同的。

模式方案的评价标准不仅仅是客观性、真实性,也不是正确性或真理性。它的评价过程带有功利的性质、实用的特点。在评价范畴的应用上,也不能使用诸如"正确"、"错误"、"真理"、"谬误"等一类概念。而应使用诸如"有利"、"无利"、"好"、"不好"、"满意"、"最优"等概念。这是因为,对策是解决能否满足人的需要的问题,它与人的目的或价值追求密切联系。评价规律性认识与评价对策的区别在于对策评价中是以价值观念为依托,通过价值准则作出评价。所以,单就规律性认识而言,可以分为真理与谬误,可以论其正确与错误,然而对策只可以谈其成功与失败。成功的对策,一定是有利于实现人的价值追求,或实现了人的价值追求。反之亦然。主体的价值追求不同,所设计的对策不同,对策的评价也不同。正因如此,对策与规律才有了明显的区别。

（3）二者在实践结构中的地位不同,与实践结果的关系不同

规律要对实践起作用,必须经过对策这一中介环节。它与实践结果的关系是间接的,而模式则是直接规定实践结果的东西。

马克思主义强调实践与认识的辩证关系,强调在实践的基础上认识世界和改造世界,在改造世界的过程中认识世界,根据对规律的认识改造世界。如果将这一思想简单理解为"按客观规律办事",就会丧失这一重要思想中所包含的丰富内容。因为它忽视了办事先要有对策,而任何对策中都包含有价值因素。这里抽掉了模式,也就等于抽掉了主、客体关系中的价值因素,等于抽掉了实践的目的。这就等于把认识问题的讨论局限在主观认识与所谓的客观规律的关系上,实际上等于离开了实践的观点,离开

了具体的、历史的观点，离开了辩证法的观点。当年，马克思在《关于费尔巴哈的提纲》中所批判的旧哲学离开了实践去讨论认识的真理性问题，实际上是一个经院哲学问题。那么，今天，如果离开了对策的观点去理解和阐释实践和认识理论，就不能把实践的观点真正坚持下去。

"按客观规律办事"这一哲学命题，是强调要尊重客观规律，根据客观规律行事，"尊重"、"根据"并不等于"按照"、"照搬"。规律对于实践来说并不是某种现成的，拿过来就可以直接应用的东西。规律要应用于实践必须经过主体根据自身的需要与客观条件的允许，合目的性地运用于对策之中，正如我们已经分析过的，规律不等于对策。如果忽视了这一点，就难以理解和分析决策实践中的一些现象。人们常常发现，对于某一客观现象的规律性认识并非错误，然而，依此作出的对策却可能是失败的。于是，常常会产生这种惊疑：为什么依据正确的客观规律作出的对策是失败的？为什么怀着对客观规律的虔诚信念却没有达到预期目的？这种惊疑的逐渐累加，便导致对原初发现、认识并接受的客观规律的怀疑。例如，有些人看到社会主义改革事业所出现的暂时困难，甚至走一些弯路时，便动摇了社会主义的信念和对社会历史规律的怀疑，除了其他原因之外，对于那些善良的人来说，这不能不被认为是将规律与对策混为一谈的一种反应，是把对策的暂时失败直接等同于真理性认识的一种谬误。

当模式在实践中失败时，不能简单地断定是模式中所依据的规律不正确，还有一个重要的理由，即模式的实现方式是对规律的灵活运用。依据同一个规律，实现同样一个价值目标，由于利用规律的方式不同，所设计的对策实施的结果就不一样。电磁感应、磁力线切割产生旋转力的规律是不变的，有人可以据此提出以中心轴为转子的电动机设计方案，有人却提出以外壳作为转子的电动机设计方案。设计同样的电机，依据同一个规律，但实现的方式就大不一样。关于已知电的运动定律总是有限的（就目前发现而言），但对电的利用方式大大超过了电运动定律的数量。当对策在实践中失败时，其原因可能既不是规律性认识的错误，也不是价值目标设定不合适，而是规律在特定条件下实现的方式不恰当。

如果人们不注意对策与实践结果的这种复杂关系，并且把认识的过程和认识结构作简化理解，从认识与实践的依赖关系出发，根据只有变革事物，才能发现事物运动的规律，只有变革成功，才能证明认识正确，变革失败则证明认识之错误这一简单概括，就会把变革时所设计的对策与设计对策时所依据的假定性认识相混淆，进一步就会将对策与规律相混淆，把对策之失败当作规律性认识之错误的唯一判据，从而引出许多不应当有的理论思维层次上的混乱。

引入模式概念，可以指导人们正确地总结经验与教训，避免简单化、经验主义与教条主义。由于经过对策这一中介环节的折射，事物发展的因果链条中加进了人的主观目的或价值的因素，使规律与实践结果之间的关系出现了复杂的情况。当对策在实践中失败、人们反思对策时，必须分别考察几种可能的原因：所依据的规律正确吗？所设定的目标或价值取向合适吗？运用规律的方式合理吗？从等概率意义上分析，每一种原因导致失败的可能性都是相等的。所以，人们遇到失败后的疑问应首先指向对策，而向对策发问时，则应朝着以上几种原因的方向进行探索。如果在思维框架中，在理论思维的模式与哲学理论体系中没有对策这一概念，把规律与对策直接等同起来，那么，人们在实践中一旦遇到失败，人们就会以 100% 的概率去怀疑规律性认识。这种思维结构上的误区，容易导致对真理性集训的轻易怀疑，对信仰的随意抛弃，也容易导致对权威的盲目迷信。因为当把模式等同于规律时，某个模式的暂时的或局部的成功，会诱使人们把对策中所包含的特殊性理论当成普遍真理，把经验当成教条。

三、模式设计的思维特征

社会工程活动是社会性的建构活动，例如设计和实施一个社会改革。社会工程是"制造"一个制度体系或者规则系统。社会模式思维的逻辑特征具有综合集成性特点，这种综合集成就是一种创造或者创新，也是社会工程研究所要解决的基本问题。社会工程思维的综合集成结构可以用图 12-1 表示。

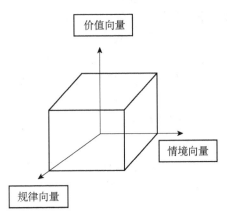

图 12-1 社会工程综合集成的知识空间和基本要素

图 12-1 说明了社会工程思维中要形成一个社会理念所需要的三个知识向量，即规律向量、价值向量和情境向量。所谓规律向量是指各种科学规律、技术规律、社会规律、经济规律甚至文化规律等客观知识。说它们是客观知识，是指它们都是通过人类的科学活动与认知活动所发现的并经过验证或者确证的各种知识。所谓价值向量是指人们在评价社会活动时所使用的评价准则体系。所谓情境向量是指人们对所要建构的社会对象的总体性观念以及社会理念是所实际遇到的各种社会历史条件和自然资源条件的总和。

假定参与某一种社会工程设计的是一个社会主体，那么会遇到五类设计思维的基本问题。

第一，多向度规律的约束、互动与综合优化。

这里的所谓向度是指学科的区别，一个向度的规律就是指某一学科的规律，多向度的规律就是指多学科的规律。一个学科的规律一般反映客观事物的一个方面的规律性，它具有一定程度的抽象性和片面性。学科知识所表达的规律与事物本身存在的规律是有一定区别的。这个区别是它存在的前提性。学科意义上的规律都是具有假定性前提的，它将事物本身和作为研究对象的因果关系的环境条件以及其他方面的联系忽略不计，或作为不变因素加以处理。可是在建构一个具体的事物时既不能将它们的环境与条件忽略不计，也不能将事物本身存在的其他方面的因果关系撇开不管，而是都要加以充分考虑。作为某一个学科规律的其他假定性的条件和因素可能是另一个学科研究的对象与内容。所以，作为工程设计的主体必须考虑多向度规律的约束、互动与综合优化。

第二，多重价值的分歧与整合。

从设计主体看，不同的设计主体，因为其文化背景和利益结构不同，其价值标准与价值判断是不同的。从接受主体来看，不同的接受者对同一个工程的价值标准与价值判断也是不同的。所以，工程设计与建造过程存在着多种价值标准与价值判断，它们同时存在于工程活动过程中。多种价值观念叠加在一起，构成社会工程活动的价值环境。社会设计、社会决策最重要的工作就是对不同的价值进行整合。整合的不同结果，反映着社会工程思维过程不同的创造性方式。

第三，对各种具体的情境因素相互约束状态的分析与判断。

任何社会设计，都与特定的社会资源和自然资源的利用和调动紧密相关。因此准确地判断具体的情境要素的自然状态和历史状态的性质和特点是十分重要的一环。具体的情境条件既是社会变革的对象因素，又是社会变革的条件供给因素，更是社会设计和社会变革的约束因素。情境因素综合的结构不同，也就规定了相应的规律相互作用的空间，设定了社会价值的整合空间。

上述三类问题既是相对独立的，又是相互作用的。规律因素、价值因素、情境因素的任何一种组合都会形成一个社会模式的基本理念，简称社会理念。由于规律、价值、情境是三个基本向量，可以有任意一种组合，因此就可以形成任意一个社会理念，从而构成了一个社会工程设计活动和研究中的关于社会理念的选择空间。这也就引出了社会工程思维的第四类问题。

第四，规律、价值、情境因素的综合集成。

要建构一个关于社会发展模式的基本理念，需要把规律向量、价值向量、情境向量中所设计的相关因素，按照一定的要求综合集成起来。这种综合集成的过程是价值导向下的综合集成，也是规律和情境约束下的价值分析和价值定位过程。这种综合集成过程显示了社会工程思维不同于社会科学思维的基本特点。社会科学思维是建立在因果发现基础上的分析推理过程；社会工程思维则是模式建构为基点价值权衡、要素选择、功能匹配的结构化思维过程。

第五，多种社会理念的选择与定位。

社会发展理念就是关于社会发展未来状态的基本特征与结构的目标定位。这也就是关于社会发展的未来状态、目标的理解。确定一个社会发展理念，所要处理的是社会经济需求和社会经济能力、科学技术能力之间的关系，也涉及特定的社会规则设计所引起的环境变化影响的估计，更涉及由于社会工程项目的建构引起的社会利益结构的分布变化及其影响的判断与处理等问题。对这些复杂关系的分析与判断往往仁者见仁，智者见智，会形成不同的社会发展理念，所以需要进行分析选择和达成共识。

这五类问题在社会工程思维的过程中相互作用地交织在一起。在处理这五类问题的关系时，任何一个方面的问题所涉及因素的变化，都会影响社会工程结构模式的集成方式，即社会工程结构模式的构成方式发生变化，从而产生不同的工程结果。

另外，对于社会工程研究者和设计者来说，它的知识边界不是固定的，而是不断变动的。所以，要不断地进行知识搜索和知识转换。在综合集成的过程中，它需要不断地处理知识搜索、知识转换与综合集成的辩证关系问题。首先，知识搜索与综合集成是一种辩证的关系。一方面，知识搜索是综合集成的前提条件。工程设计的知识系统是无固定边界的。设计者知识领域扩张得越大，可能的设计形式就越多，方案选择的空间就越大。另一方面，综合集成的目标和方式，指导着知识搜索的方向和范围。如果一个工程设计者想要他所设计的工程体具有特定的文化特征，那么就会根据文化要求去搜寻相关的文化信息和文化知识。所以，不断地学习，不断地更新知识库、扩大知识面是社会工程师的基本素质和基本能力。其次，知识转换与综合集成之间也构成一种辩证的关系：在可能性模式的设计与选择过程中，发生着知识类型的转换过程，即从科学知识经过技术知识到工程知识的转换过程。科学知识转换为技术知识可以有多种方式，技术知识转换为工程知识也有多种方式，这两个系列多种方式的相互作用的结果就更加多样化。知识转换是综合集成的基础，知识转换的形式越多，综合集成的可能性模式就越多；反过来，综合集成的模式目标，影响和制约知识转换的条件、途径和结果。因为在设计思维过程中，知识的转换是为综合集成服务的。如果参与设计和讨论的社会主体不止一个，那么情况就会更加复杂，这样，综合集成的结果就会更加的复杂多样。

根据以上的分析，可以认为社会工程思维中问题是相当复杂的，其思维路径的变化是多样的。其主要特点表现在根据对未来目标的理解所构想的实现模式是复杂多样的。这个特点充分地说明，面向未来的道路不只一条，这是因为"未来"就不只是一种状态，而是具有多种可能的状态。这说明社会工程活动的突出特点是从多种可能的预设方案中选择一种可行方案实施和建构的过程。所以，方案选择的质量如何就决定了社会运行的质量如何。社会工程活动的起点是社会工程问题，对社会工程问题的理解决定社会方案的设计和选择。社会工程问题的理解有多种可能，社会方案的设计和选择也有多种可能。这个过程存在着多种变化的可能性。综合集成性思维是这个环节的思维特征。所以，综合集成的方式就成了这个不确定空间的边界调控器。由于综合集成的要素是动态的，综合集成的能力是变化的，综合集成的结果就是不确定的。所以，社会工程设计的产物和新事物的形成，不能仅由过去的经验来说明，它不是根据过去的状态所推出的现在和将来。在社会工程思维中，既有路径依赖和制度记忆的因素，也有理想导引和目标规定的作用，它构成了社会工程思维的基本矛盾，这也是社会工程学的学理基础和方法论的核心问题。

四、社会模式设计的基本要求

1. 社会模式设计要从社会关系的总体上把握社会结构的特征

（1）整体性研究是社会工程研究的基本视角。现代社会结构的复杂性特征是科学、技术、政治、经济、文化等相互交叉、渗透的一体化。虽然就其各自作为独立的部分而言，都有自己特殊的规定性，即都有自己相对明确的对象，相对独立的内容，相对特殊的方法，这是不言而喻的。但是这种相互交叉、渗透、融合的趋势，使人们愈来愈深刻地体会到科学问题中有非科学因素，技术问题中有非技术问题，社会问题中有科学、技术、经济因素，甚至某一个具体的科技问题本身就构成了社会问题的主要内容。因此，人们需要研究科学、技术、社会之间的关系，以及这种相互交错构成的关系整体的性质、特点和功能。人们不仅需要从"部分"的角度把握科学、技术、社会及其他领域的问题，而且更需要从相互关联的整体角度把握它们的结构，这正是社会工程研究的基本视角。从研究的基本内容看，它着重于不同社会规律之间的整合、配套、协调方式的研究，而不单纯是某种社会规律的趋势走向分析。

（2）社会工程的研究方法首先要对复杂性的社会结构进行关联分析。在一对或多对的关系的集合中，社会工程的研究方法的重点指向是在结构关系集合中的交叉领域，研究其结构要素和结构诸方面的相互作用、相互影响的协调规律与约束状况，这种研究主要在于揭示：当一个方面的性质、特点发生变化时，它受到它自身以外的某些方面的约束情况和对自身以外的另外一些方面的促进或推动的情况；当其中一个领域的结构和过程发生变化以后，它对其他领域的结构和过程变迁的需求和影响。它揭示不同规律在综合作用中的互动趋势和特点，它所揭示的规律是诸相关领域、相关现象的互动规律，而且不是一般的互动规律，是以科学技术的主导作用、主导影响为基础的互动规律。

（3）社会工程所揭示的"互动规律"具有"网络"的性质和结构。它首先以"两两互动"为基础，在此基础上要揭示不同的两两互动在一个网络结构中的互动特点。在网络结构中，每一个结构中的存在单元，都会与其他的存在单元发生"一与多"的对应关系。再具体一点说，每一个方面的互动规律在发生作用或影响时，都会遇到其他多种规律的制约和影响。这种网络互动的产物就形成一种整体规律，社会工程研究的最终目的就是揭示这种整体性规律。

概而言之，社会工程研究科学、技术、经济、文化等诸领域二元相互作用的相互交错而形成的网络关系，揭示这种网络交错关系中的互动规律和整体规律。

2. 社会工程的基本任务是通过建构新的社会结构模式去促进社会发展

（1）考察社会运行进程，设计新的社会结构并通过实施去推动社会结构由旧结构向新结构转变。社会工程研究处理的基本问题是在社会发展中，社会结构稳定与社会结构变动的辩证关系，当旧的社会结构模式不适应社会发展需要的时候，就需要设计新的社会结构模式去替换旧的模式。这种替换过程必须符合协调发展的要求，因此，新的结构模式的设计必须满足以下条件：第一，新的结构模式能够有效地适应外部环境的变化，也能够有效地激发原有结构模式中既有结构要素的潜在能量；第二，新的结构模式能够把环境中的先进因素转变为自身的结构要素，并能够发挥原有结构中的优势因素，使两者结合，产生优势效应；第三，新的结构模式比旧的结构模式具有更大的创造性力量。

（2）社会结构模式的具体表现是体制、政策、法规体系。特定社会的各种体制、政策、法规构成了它的结构模式。这种特定的社会结构模式、以其具体的体制、政策、法规为内容，形成了生活于其中的人们的社会环境。社会工程研究社会结构模式，可以从总体上进行，也可以从部分上进行。一般情况下、大多数场合都是从部分的角度进行研究，所以，对具体的体制、具体的政策、具体的法规进行分析、设计、实施是社会工程研究中大量遇到的问题。社会工程的研究是为了制定合理的社会发展政策，合理的公共管理政策，公正的、合理的法律法规。所有的工程研究都是为了确定解决问题的方案、探索解决问题的方法，都是一种实践模式、实施方案、设计蓝图等操作性研究。如果是研究解决社会问题的方法，也就是探索社会管理的计划、方案、措施，也就是社会管理中的公共政策和法律法规制度的研究，这就是社会工程研究。

新中国成立以来，尤其是改革开放以来，我国社会主义现代化建设取得了举世瞩目的成就，也形成了伟大的思想理论成果邓小平理论。这种物质成就和理论成果在改革开放的伟大实践中，是以辩证运动的方式形成的。在改革之前、新中国成立之初，我们把马克思主义基本原理教条主义地运用于中国实践，建立了计划经济的模式而没有成功，不成功的经历促使我们探索新的模式；在改革之初，我们也没有有效的社会主义现代化建设模式，但是，社会主义建设不能等于这个模式论证好了以后再开始进行，我们必须在理论探索中进行建设实践，在建设实践中进行理论探索。关于一种社会发展新模式的设计、探索和实践，就是一项社会工程。邓小平理论就是中国当代社会如何发展的总体性社会工程理论。

第十三章
社会过程调控方法

社会工程活动不仅是社会模式的设计过程，更是社会模式的实施过程。通过社会模式的实施，就会使社会现实发生变化。在社会模式的实施过程中需要管理和控制这个过程。在社会模式的实施过程中也会发现新的问题和情况不断地被修改、充实和完善。社会模式也有它自己的寿命周期，调控社会过程就是要适时地判断社会模式转换的时间点，设计新的社会模式替换原有的社会模式，进一步推动社会进步和发展。

一、社会过程的基本特点

承认不承认社会发展的规律性，是社会科学研究的基本前提，是社会研究的科学性的哲学基础。在马克思主义诞生之前，资产阶级思想家否认人类社会发展存在客观规律性，只承认自然界的客观规律，认为社会发展是随机的，是充满主观意志的场域。承认不承认社会的发展有其自身的客观规律性，是社会工程研究的哲学前提，也是社会工程方法论的哲学前提。

1. 社会过程存在着不以人的意志为转移的客观规律

社会过程与自然界的事物发展过程不同。自然界的事物发展过程是由盲目的力量支配的，而社会是由人组成的，社会过程是由无数个有自由意志的人的活动组成的，所以社会过程不同于自然事物过程，人的主观能动性参与了过程的形成。正是由于这个特点，不少人，尤其是唯心主义者否认社会过程的客观规律性。马克思主义认为，历史是人们通过自己的活动而实现自身发展的过程，是追求自己目的的人的活动过程，社会规律是通过人的活动实现的，渗透着人的主观意志和主体精神，尽管如此，社会过程的客观规律仍然不以人的意志为转移，是支配社会发展的客观规律。

社会过程的因果律与自然过程的因果律之间最大的区别就在于社会因果律更多地体现了人的主体性因素与主观意识的力量，但是这并不能否定社会规律的客观性。人们创造历史的活动是客观的。这种客观性表现在以下几个方面。

（1）人的主观能动性的发挥是建立在前人创造的物质条件的基础上，个人不能超历史的自由选择。"人不能自由选择自己的生产力"。人出生在某一国家、民族、社区、家庭，不由个人选择，对于一个民族而言不能自由选择自己的生产状态、经济状态，必须接受前一代创造的生产力，并在此基础上，从事自己的活动。前人创造的物质条件与精神条件是后代创造性活动的基础，这是客观存在的发展前提。

（2）人也不能自由地选择自己出生时的社会关系。人总是社会的存在，人总是存在于某种具体的社会关系的总和中。人一出生随着他的家庭的社会关系性质，就决定了他将来从事社会活动的社会条件。

（3）社会历史规律是通过无数人历史活动的合力表现出来的，历史的合力不同于每个人自由意志的分力。每个人的社会活动表现的都是一个分力，但合起来的总体力量，对每一个人来说，都在他的意志之外。这个历史的合力即是历史规律的体现，它是客观的。恩格斯说："历史是这样创造的：最终的结果总是从许多单个意志的相互冲突中产生出来，而其中每一个意志，又是由于许多特殊的生活条件，才成为它所成为的那样。这样就有无数相互交错的力量，有无数个力的平行四边形，由此就产生出一个合力，即历史结果，而这个结果又可以看作一个作为整体的、不自觉地和不自主地起着作用的力量的产物。因为任何一个人的愿望都会受到任何另一个人的妨碍，而最后出现的结果就是谁都没有所希望的事物。所以到目前为止的历史总是像一种自然过程一样地进行。而且实质上也是服从于同一运动规律。"①

---

① 《马克思恩格斯选集》第 4 卷，北京：人民出版社，1995 年，第 697 页。

2. 建构社会模式是社会过程展开的重要形式

社会过程的展开体现着历史规律，即社会基本矛盾运动规律及其不同社会层次和各种领域的具体规律。同样，社会过程也是社会主体活动的过程。社会历史规律的客观制约与社会主体的主观选择的结合形式，就是社会模式的设计与选择。

在社会过程的进展中，社会历史规律的实现是通过社会的人们所构想的社会模式及其更替的形式展现出来的。所谓社会模式，是指社会的制度框架、社会关系的基本结构、基本体制。用矛盾论基本观点来看，社会模式分为基本模式、非基本模式。基本模式是指社会基本制度，非基本模式是指社会体制。社会模式的更替，实质是新的社会模式替代旧的社会模式。社会主义制度替代资本主义制度是社会基本模式的更替。建立社会主义市场经济体制替代计划经济模式，是非基本模式的转换。

社会模式的演进有两种形式：一种是社会系统内部的体制机制改革，这是社会工程，它具有建构性特征。如构想一个社会体制框架，设计一个政策模式等都是社会工程的具体实现形式，具体内容包括组织架构设计、运行机制设计、全社会如何运行的机制设计等内容。另一种是社会系统彻底变革，例如社会革命就是社会基本模式的变革，人类历史上经历了多次社会革命，如美国独立战争、中国解放战争就是社会革命的具体实例。不管是社会革命还是社会工程都是社会过程展开的具体形式。社会革命与社会工程的区别在于围绕着社会模式，在破与立的关系上表现出不同的特点。社会革命是由于社会矛盾的激化，先破后立，破字当头，立在其中。社会工程活动是先立后破，立字当头，破在其中。社会改革就是最典型的社会工程活动，它需要先进行顶层设计，有了具体实施方案以后再替换旧的社会模式。

社会工程是社会过程演进的重要形式。英国哲学家波普论述了"渐进的社会工程"[①]的思想，说明了社会工程的演进特点。在社会工程过程中，新的社会模式替代旧的社会模式，是一个不断探索和改进的过程，是建构和变革统一的过程。我们现在所处的时代，主要是社会工程时代，而不是社会革命时代，社会工程是现时代社会过程演进的主要形式。

3. 社会模式的设计、选择、替换取决于社会发展的需求

用社会工程的视角审视社会模式的演变过程就会发现，社会发展新需求导致其与既有社会模式发生矛盾，解决这个矛盾的方式就是用新的发展

[①] [英]卡尔·波普尔著，杜汝楫、邱仁宗译：《历史决定论的贫困》，北京：华夏出版社，1987年，第50页。

模式替换旧的模式，这就需要寻求和探索设计新的社会模式。对于新设计的社会模式，根据社会发展现状进行系列论证和试验，如果新模式能够满足社会的新需要，调和新旧需要之间的关系，新的社会模式就能实施和替代旧有模式。

作为社会过程演进主要形式的社会工程活动，既是推动社会演进的客观活动，也是社会科学研究的重要对象，它也决定和影响着社会科学的研究方法。在社会科学的研究传统中，人们比较注意社会现象的本质以及相互作用的因果规律，这无疑是十分重要的。马克思主义的诞生提出新的社会模式的设计问题，模式设计的思维逻辑与发现因果规律的思维逻辑具有明显的不同特点，它以综合集成为基本特点，不同于因果发现的归纳辨析与抽象演绎概括。

4. 社会过程具有不可逆性与曲折性

一个过程是可逆的或不可逆的，就是说一个物质系统从某状态出发，经过某一过程到达另一状态，如果存在另一过程，它能够使该物质系统和外界环境完全复原，即物质系统回到原来状态，同时消除了还原过程对外界环境引起的影响，则原来的过程称为可逆过程，或简称可逆。如果用任何方法都不可能使物质系统和外界环境完全复原，则原来过程称为不可逆过程，或简称不可逆。不可逆过程是以物质系统的要素方面或结构、功能方面的新旧交替为标志的。这种新旧交替有不可完全逆转的性质。

人类社会历史是一个由低级到高级的发展过程，因此历史过程不能重演，任何试图重演的行为不是妄想就是无知。当今的人们无法回到唐宗宋祖的时代，无法重新回到吕克昂学园亲耳聆听亚里士多德的讲授。历史虽然往往存在惊人的相似，但历史不可能重复，这就体现了社会历史发展的不可逆性。人们只能对社会过程的结果进行评价和反思。由于社会过程的不可逆，所以历史就无法假设。有人说，假如袁世凯不做皇帝，他的一生就会重新评价，中国现代史会重新改写。这种说法毫无意义，毕竟袁世凯在中国历史上做了 83 天皇帝，这是历史事实。一个历史事件的发生是各种历史因素综合作用的产物，它是客观的历史真实，人们不可能通过假设历史事件的发生与不发生去评价历史。

由于社会过程的不可逆，前一社会过程的问题需要后一社会过程来解决，社会演进就表现出曲折性。正是社会过程的不可逆性，即使是错误的社会决策导致不满意的社会过程与社会后果，也是社会过程继续进展的基础。后一社会过程的运行要以前一社会过程的结果作为出发地，因此前一社会过程的失误，就作为社会成本需要后一社会过程来消化。如果就社会过程中的模式建构环节来说，当我们发现了新的社会需求与旧的社会模式之间的矛盾，需要通过设计新的社会模式解决这个矛盾。当然，人们可以设计和构想出不同的社会模式。但是不是人们设计的可供选择的社会模式的集合就一定穷尽了所有可能的模式？不一定。假如你在未包含最佳模式的集合中选择了一个社会模式，经过实施以后，这个非最佳选择就决定了社会过程的进程。如果人们受到某种社会偏见的影响，构建了一个不好的模式，那么社会进程也就会由这个不好的社会模式所决定。在这种情况下，社会要消除这个不好的模式的消极影响，仍然要经过一个必要的社会过程来实现。所以当社会过程出现人们不满意的社会结果时，已经不能恢复到社会过程的起点，它必须通过一个新的社会过程来纠正这种偏离。

二、社会阶段划分方法是社会过程分析的基本方法

社会阶段是进行社会过程分析的基本范畴。区分、认清社会阶段是认识社会发展总过程的重要内容。以社会发展过程中质变、质变中的量变为依据的阶段划分是进行社会阶段、过程研究的前提。

1. 社会阶段是分析社会过程的基本范畴

阶段是事物发展过程中的区间段落。社会过程由多个社会阶段构成，社会阶段存在于社会过程之中。社会阶段体现了社会从量变到部分质变再到根本质变的过程，它是分析社会过程的基本范畴。

生产力与生产关系、经济基础与上层建筑的量变与质变及其互相转化是社会阶段形成的根源。质是事物成为其自身并区别于其他事物的固有的规定性。量是可以用数量表示的，是事物的规模、程度、速度、组合的规定性。社会发展是质和量的统一体，这种统一集中体现在"度"这一概念上。度是事物保持自己质的稳定性的量的幅度，是与事物的质相统一的界限。在生产力与生产关系、经济基础与上层建筑的矛盾运动中，只要生产关系还能适应生产力发展、上层建筑还能适应经济基础发展，那么他们之间的矛盾运动就属于量变，社会就处于稳定的发展阶段中。而一旦生产关系或者上层建筑再也不能适应生产力、经济基础的发展，甚至阻碍其发展，社会就会发生根本性质和社会形态的变化，就是质变。其中，质变必须以一定的量变为基础，质变是新的更高层次的量变的必要条件，量变与质变相互渗透，在总的量变中有部分质变，在质变中又有新的量变。

毛泽东同志在《矛盾论》中指出："事物发展过程的根本矛盾及为此

根本矛盾所规定的过程的本质，不到过程完结之日，是不会消灭的；但是事物发展的长过程中的各个发展的阶段，情形又往往互相区别。这是因为事物发展过程的根本矛盾的性质和过程的本质虽然没有变化，但是根本矛盾在长过程中的各个发展阶段上采取了逐渐激化的形式。并且，被根本矛盾所规定或影响的许多大小矛盾中，有些是激化了，有些是暂时地或局部地解决了，或者缓和了，又有些是发生了，因此，过程就显出阶段性来。"①这揭示了社会过程与社会阶段的三层内涵：一是社会阶段的产生及其性质是由社会过程中主要矛盾及矛盾主要方面的变化决定的。二是只要社会发展过程的根本矛盾及为此根本矛盾所规定的过程的本质不变，即便社会发展有不同的阶段，总体也依然处在量变之中。三是社会阶段的发展为整个社会发展创造了条件。例如，在封建社会到资本主义社会的总的量变过程中，正是劳役地租到实物地租、再到货币地租这些不同社会阶段的部分质变，最终促进了社会形态的整体质变。而资本主义社会中的自由资本主义、垄断资本主义等不同阶段的部分质变积累，也是推动资本主义社会向社会主义社会质变的重要条件。

矛盾的特殊性决定了社会过程的阶段性，社会阶段过程的转化就是矛盾的转化。因此，对任何社会历史的探索不仅要认识它在总过程中的质的规定性，还要认清特殊的阶段性，而对于社会阶段的划分，是认清社会阶段，进而认识整个社会过程的前提条件。

2. 以质变临界点为依据的划分方法

社会形态是马克思主义经典作家进行社会阶段划分的核心概念，质变临界点的确认是进行社会阶段划分的主要依据。人类社会发展的基本规律决定了对于生产方式质变的把握是区分不同发展阶段上社会形态的关键所在。

生产方式是生产力与生产关系的结合。其中，生产关系作为社会形态的"骨骼"，是社会形态划分的最主要依据。"生产关系综合起来就构成所谓的社会关系，构成所谓社会，并且构成为一个处于一定历史发展阶段上的社会，具有独特的特征的社会。"②所有制形式是生产关系的基础，马克思在《资本主义生产以前的各种形式》中对"亚细亚的所有制形式"、"古代的所有制形式"与"日耳曼的所有制形式"和恩格斯在《家庭、私有制和国家的起源》中对"古代的劳动奴隶制"、"东方的家庭奴隶制"的

① 《毛泽东选集》第 1 卷，北京：人民出版社，1991 年，第 314 页。
② 《马克思恩格斯选集》第 1 卷，北京：人民出版社，1972 年，第 363 页。

研究成为区别社会形态的基本尺度。

与生产关系相比较，生产力虽然不直接成为划分社会形态的依据，但由于对生产关系的决定作用，它对社会形态的划分发挥着根本决定作用。"各种经济时代的区别，不在于生产什么，而在于怎样生产，用什么劳动资料生产。劳动资料不仅是人类劳动力发展的测量器，而且是劳动借以进行的社会关系的指示器。"①因此，"手推磨产生的是封建主为首的社会，蒸汽机产生的是工业资本家为首的社会。"②

在对生产方式进行区别分析的基础上，马克思指出："大体来说，亚细亚、古代的、封建的和现代资产阶级的生产方式可以看做社会经济形态演进的几个时代。"③他进而将人类总体社会过程划分为五种社会形态：原始社会、奴隶社会、封建社会、资本主义社会和社会主义社会（共产主义社会的低级阶段）。需要说明的是，这五种形态的更替是对人类社会发展规律的总体性把握，它并不排斥少数民族通过跨越一种甚至几种社会形态实现跳跃式前进。如美国跨越封建社会进入资本主义社会，中国跨越资本主义社会进入社会主义社会，西欧的日耳曼民族跨越奴隶制，直接进入封建社会。虽然不同民族在发展秩序上存在独特性，某一民族可以跨越一定的社会形态，但其方向和人类总体历史进程是一致的，这就是社会形态更替的统一性与多样性。

3. 量变过程中部分质变的划分方法

社会阶段与社会过程的关系是复杂的、辩证的，在社会历史发展过程中，它们不仅可以表现为以社会形态为代表的单个质变与连续质变的关系，也可能表现为部分质变与根本质变的关系。

由于事物内部矛盾发展的不平衡，在自然界、人类社会的总的量变过程中出现部分质变，十分普遍。蚕从蛹到蛾，人从童年到少年、青年、中年和老年都是部分质变的表现。部分质变是总的质变过程中较小范围或规模的飞跃。它不仅可以表现为根本性质未变而次要性质的改变，也可以表现为全局性质未变而个别部分的改变。如我国高级农业生产合作社过渡到人民公社，虽然集体所有制的根本性质没有改变，但是从合作社的所有制到以生产队为基本核算单位的人民公社三级所有制，发生了次要性质的质变。又如我国民主革命时期，半殖民地半封建的旧中国还没有发生全局性的质变，但是革命根据地却通过建立人民民主政权、推行土地改革，建立

---

① 《马克思恩格斯全集》第44卷，北京：人民出版社，2001年，第210页。
② 《马克思恩格斯选集》第1卷，北京：人民出版社，1972年，第108页。
③ 《马克思恩格斯选集》第2卷，北京：人民出版社，1972年，第83页。

了新民主主义社会，实现了个别部分质变。正是这种部分质变的积累，为整个事物的根本质变创造了条件。

马克思、恩格斯以社会发展量变中的部分质变为依据，将无产阶级夺取政权后的社会划分为从资本主义社会到社会主义社会的过渡阶段，共产主义社会第一阶段或初级阶段（社会主义社会），共产主义社会高级阶段，为世界社会主义运动指明了方向。然而，前苏联和新中国的社会主义建设实践证明，马克思、恩格斯低估了资本主义社会向社会主义社会过渡的困难，社会主义发展的三阶段论不足以反映、指导社会主义建设的复杂实践。为此，邓小平同志开创性地提出了社会主义初级阶段理论，将马克思、恩格斯的三阶段论调整为从资本主义社会到社会主义社会的过渡阶段，社会主义初级阶段（不发达的社会主义社会），发达的社会主义社会和共产主义社会高级阶段四阶段论，补充和发展了马克思、恩格斯的科学社会主义理论，对我国改革开放和社会主义现代化建设产生了十分重大的作用。

社会过程是社会阶段的集合体，是社会阶段连续性与跃迁性发展的统一，这要求我们不仅要关注各个社会阶段的基本特点及与社会总过程的关系，还要注意研究各社会阶段之间的互相联系和制约关系，把握社会过程的前进趋势。

4. 社会模式生命周期分析方法是社会过程分析的核心方法

生命周期理论描述了事物从出生、成长、衰老、生病到死亡的整个过程，反映了自然界和人类社会客观事物的阶段性变化及规律。用生命周期理论看待社会就会发现：任何社会模式都处于过程之中，社会发展就是社会模式更替上升、生命周期循环作用的历史过程，任何社会模式都有自己的生命周期。

社会模式是生产关系的实现形式，是社会发展所需求的系统结构和运行程序的表现形式，是由社会体制、社会公共政策、法律法规制度构成的，关于社会运行制度、行为方案的规则体系。"认识社会的结果是形成关于社会的知识体系，改造社会的前提是设计社会改革的方案，制定社会发展的规则体系。这种关于社会改革的方案、关于社会运行的规则体系，可以统称为社会模式。"[①]中国模式、美国模式都是关于不同社会改革、改造的社会模式。

唯物辩证法认为，自然界、人类社会处在普遍联系和永恒发展之中。这首先因为，人类社会是普遍联系的，一切事物、现象、过程及其内部要

---

① 王宏波：《论社会工程学的意义、内容与学科特征》，《西安交通大学学报》（社会科学版）2011年第1期，第65-73页。

素间都是互相影响、制约的。"这些物体处于某种联系之中，这就包含了这样的意思：它们是相互作用着的，而这种相互作用就是运动。"[①]正因为社会相互联系、作用，所以必然导致事物的运动、变化和发展，必然导致新事物的产生和旧事物灭亡，而这种运动和发展是永恒的，除永恒变化着，永恒运动着的物质及这一物质运动变化所依据的规律外，再没有什么永恒的东西。永恒发展根源于普遍联系，它是人类社会固有的特色。"在对现存事物的肯定的理解中同时包含对现存事物的否定的理解，即对现存事物的必然灭亡的理解；辩证法对每一种既成的形式都是从不断的运动中，因而也是从它的暂时性方面去理解；辩证法不崇拜任何东西，按其本质来说，它是批判的和革命的。"[②]因此，社会是不断向前进步的，事物的存在和发展都是一个过程，凡是在历史上产生的都要在历史中灭亡。

在人类社会永恒发展的趋势下，社会模式呈现出鲜明的周期性特征。这主要包含三方面内容：一是社会模式和任何生物有机体一样，随着时间向前推移，表现出从导入—成长—成熟—衰退的过程（如图 13-1 所示）。任何产生了的社会模式都会衰退，没有永恒的社会制度和社会模式，因此，要顺应人类社会发展的基本规律，适时推动社会模式的变革发展，二是社会模式的每个阶段都会有不同的特点，根据社会基本矛盾、主要矛盾的变化，社会模式也要随之调整。三是社会模式的生命周期是可能延长的，由于客观环境变化和自主调节，单个社会模式的生命周期可能比预期的要长得多，但最终还是会走向衰亡。

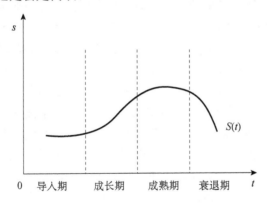

图 13-1　社会模式的生命周期

① 《马克思恩格斯选集》第 4 卷，北京：人民出版社，1995 年，第 347 页。
② 《马克思恩格斯选集》第 2 卷，北京：人民出版社，1995 年，第 112 页。

任何社会模式都有生命周期。这就意味着，随着社会发展需求的增长变化，旧的社会模式会不断替代新的社会模式，这种社会模式的更替上升是社会过程演进的基本特点。

社会模式具有稳定性，一旦形成就不会轻易改变；但社会模式作为生产关系的实现形式，也会随着生产力与生产关系的作用表现出一定的变动性。当既有社会模式到达衰退期，无法满足新的社会发展需求时，人们就会通过重新设计，寻求一种新的社会模式。新的社会模式产生后，如果在论证和实验的过程中，成功满足了新的社会发展需求，它就会替代旧的社会模式得到实施，并不断成长、成熟；反之，如果新的社会模式无法满足新的社会发展需求，那么就要继续进行模式的调整设计，直到达到既定目标（如图 13-2 所示）。需要说明的是，由于社会发展需求是永无止境的，所以社会模式的更替也没有终点。

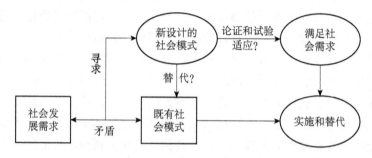

图 13-2　社会模式的设计流程图

社会模式连续性的更替上升构成了社会过程演进的基本特点。随着社会需求不断增加，旧的社会模式不断衰退，新的社会模式不断产生，随着新旧模式的替换（如图 13-3 所示），社会不断向前发展。以我国农村土地经营模式为例：1921 年到 1953 年，我国农村主要实行以封建地主土地所有制为核心的土地经营模式。随着地主与农民矛盾的不断激化，广大农民产生了"耕者有其田"的社会需求。为满足这一需求，国家通过土地改革，用农民所有、个体经营的土地私有制替代封建地主土地所有制，形成了新的农村土地经营模式。1953 年到 1978 年，为满足社会主义改造，实现"鼓足干劲、力争上游、多快好省地建设社会主义"，我国农村建立了人民公社制度，将土地使用权和经营权收归集体所有，又一次实现了农村私有制到公有制的经营模式转变。1978 年后，人民公社制度"大锅饭"的弊端暴露出来，农民经营土地的愿望日益迫切。于是，我国农村创造性地形成了"集体所有，承包经营"的家庭联产责任承包制，再一次实现了农村土地经营模式的更新。从封建地主土地所有制、人民公社制度到家庭联产责任承包制，每一次农村经济发展需求都带来一次农村土地经营模式的更替，而这种连续的模式更替推动了农民生活水平的提高和农村社会的发展、上升。

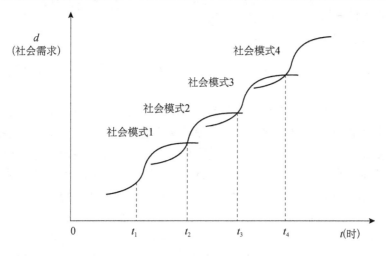

图 13-3　社会模式的更替模型

用生命周期研究社会模式，为我们进行社会过程研究提出了几点要求：一是注意确定社会模式导入—成长—成熟—衰退的期间转换节点，把握社会管理的核心。二是重视比较不同社会模式生命周期的异同，总结社会模式的一般性和特殊性。三是关注社会模式更替的潜在需求，锚定更替节点。这是生命周期分析方法的方法论启示。

三、社会过程研究的具体方法

把人类社会视为一个不断发展进步的历史过程，目的在于确立研究社会历史的科学方法，探讨社会发展的客观规律。社会过程研究的具体方法主要包括结构分析的方法、协调分析的方法和社会预测的方法。

（一）结构分析的方法

任何事物都有一定的结构方式，结构范畴就是表征事物内部各要素的组合方式、结合方式的范畴。结构分析的方法是探求系统的性质和行为、预测系统的发展方向、对系统宏观结构进行设计的基础方法。社会过程研究中的结构分析法便是对社会系统中各组成部分及其对比关系变动规律的分析。对社会结构的分析有助于全面地了解社会事物的性质与行为，更完整地把握事物的特征与规律。具体而言，在社会过程研究中，结构分析的方法主要有社会结构形式分析方法、社会结构功能分析方法和社会结构变迁分析方法三种。

1. 社会结构形式分析方法

结构形式分析方法包括对形式结构的分析、对空间结构的分析等几个方面。

社会系统的结构是要素之间的相互联系和相互作用的形式，而要素的相互联系和相互作用必须通过交换信息来实现。因此，在形式上，要素之间就要发生正反馈和负反馈，以及因果等联系和作用，这种联系和作用可称之为形式结构。对于一个系统来说，如果通过反馈活动，使系统的状态越来越偏离目标，这种反馈就是正反馈；如果通过反馈活动，使系统的状态越来越接近目标，这个反馈就是负反馈。要使系统处于稳定状态，必须保持系统的稳定结构，负反馈是保持系统稳定结构的重要机制。系统内部的各种正、负反馈关系综合在一起就构成一个系统的内部力量相互作用的形式结构。分析这种形式结构特点和它的演变特点是过程研究的重要方法。

社会系统的过程性演进，是通过结构的不平衡性特点表现出来的。分析结构的不平衡性特点是研究过程性特点的重要方法。结构的不平衡性是通过对空间结构的分析来实现的，主要是研究系统要素在空间上相互结合时的排列方式和排列次序。社会系统的空间结构可以有三种类型：等级结构、并列结构、等级与并列结构。等级结构是指系统从纵向上由若干等级组成的结构。各等级层次之间，存在着高级和低级的区分。它们以特定的关系，构成一个整体。如"基本粒子—原子核（电子）—原子—分子—化合物"就是一种空间等级层次结构。并列结构是指社会系统在横向上由若干平行的子系统所组成的横向结构。如在当前中国社会大系统中，教育系统、就业系统、社会保障系统、医疗系统和公共卫生系统等就属于并列结构。等级—并列结构是表示在一个复杂的社会系统中，既存在着等级结构，又存在着并列结构，是等级结构和并列结构的统一。如我国的行政组织结构就是一种等级—并列结构，它既包括中央各部委所形成的并列结构，又包括各级地方政府所形成的等级结构。对空间结构的分析重点是要研究社会系统发展过程中要素在空间中所展示的不平衡性，并进而寻找增长点，通过增长点的发展带动社会全局的发展。

2. 社会结构功能分析方法

结构是构成社会系统各个要素之间所固有的相对稳定的组织方式或联结方式，功能是指构成社会系统的各个要素之间所发生的相互作用和影响。结构功能分析方法在强调系统中各部分所承担的社会功能的同时也注重系统作为整体内部的各个子系统间的动态均衡协调。

一方面，任何社会事物都是由一定组成部分或要素构成的，这些部分或要素组成了一个社会系统，它们之间的相对稳定的联系就是这一系统的结构。每一个系统要存在和发展下去，就必须满足一些基本的条件或需求，这些条件或需求是由系统的某一特定部分来满足的，换句话说，系统组成部分担负着特定的社会功能。例如，在国家这个社会大系统中，生产组织的主要功能是提供物质产品；军事组织的功能是对外保卫国家、对内维持社会的稳定；政治组织的功能是确定国家的基本目标并组织各种力量以实现这些目标，等等。每一个国家的生存和发展，离不开各组成部分所发挥的社会功能。总之，要通过考察社会系统的结构和功能来认识和分析社会大系统。

另一方面，系统内的各构成部分在对系统整体发挥作用时，要通过不断地分化与整合来维持系统整体的动态的均衡秩序。我们研究社会系统，首先应当把它看做一个有机整体，这个有机整体有其内在的结构和组织模式。与此同时，社会系统的各个子系统亦相应有其得以延存和发展的社会环境和自然环境。而各子系统内部的相对均衡与协调，既是保持其本身良性运行的前提，也是保证它们之间相互协调进而共同支撑社会大系统良性运行的基础和条件。在社会发展过程中，经济系统、政治系统、社会共同体系统和文化模式托管系统这四个子系统之间既相互区别又相互联系，它们共同构成了作为整体的、均衡的、自我调解和相互支持的社会系统。任何一个社会，都是包括经济、政治、文化和社会生活的有机系统，是不断与自然界进行能量交换并调整其自身结构以适应环境变化的动态系统。正是经济、政治、文化和社会生活等各个从属于社会系统的子系统，共同支撑着社会大系统的正常运行和协调发展。

3. 社会结构变迁分析方法

社会的发展实质上就表现为由一种社会系统结构转变为另一种社会系统结构。这种转变过程可以通过社会革命，以突变的方式实现，也可以通过社会改革，以逐步变迁的方式实现。当一种社会结构正在转变为另一种社会结构的时候，或者说当社会主体采取某种社会行为促使某一特定的社会结构发生变化的时候，社会结构实际上就处在一种结构变化的状态中。社会系统结构的变化、变迁过程是一种社会存在的客观状态。我国的经济、社会、政治体制的改革，从本质上讲是社会系统结构的转变与创新，是制度化的社会关系变革。

对社会结构变迁的分析是把社会系统中心结构按时间上延续的顺序，划分为若干独立的部分，以揭示系统的进化进程和各相继延续的稳态结构之间的相互联系和相互作用。在历史上，社会存在形式总是从社会结构要素的量变过程开始，或者经过社会结构的逐渐变迁，或者经过社会结构的迅速变革，实现社会结构的变化。社会系统发展过程中，当其处于稳定状态时，只经历着量的变化；当量变达到一个临界点时，系统就处于失衡状态，这时，量变转化为质变，系统将进入一个新的稳定状态。有先后顺序的各种稳态结构，反映了系统进化的周期性或节律性，反映了系统发展的规律。比如浙江义乌，本来是一个县，但是随着经济发展，人口增加，公共基础设施不断完善，城建面积扩大，达到了《关于调整设市标准和市领导县条件的报告》中规定的条件，就变成了现在为人熟知的义乌市。我们最终是要实现共产主义社会，而现在的社会主义社会阶段、社会主义初级阶段或者全面建成小康社会的阶段都是在为这个最终的目标做量的积累。

按照社会系统的内部矛盾形式和外部环境因素之间所存在的辩证关系的特点，社会系统结构的演进具有自然历史的形式和超越式演进的形式。社会历史形态从原始社会、奴隶社会、封建社会、资本主义社会再到共产主义社会就是一种自然历史的形式，而美国资产阶级革命的社会前身是农奴社会，中国社会主义革命的前身是半殖民地半封建社会，俄国无产阶级革命的社会基础是发展比较落后的资本主义社会。而反观所有的社会结构变迁，不论演进形式如何，其成功的关键都在于，通过从旧到新的转变，形成比原有社会系统结构更有发展空间和生命力的、与生产力和环境等相协调的社会新结构。

（二）协调分析的方法

协调分析就是通过研究社会系统内的要素间、结构间的协调关系进而对社会系统运行的协调状况或者协调程度进行分析。协调分析的另一重要特征是研究社会运行状态和社会政策之间的关系，揭示社会政策作用于社会系统后，社会运行方式与运行过程变化中的协调问题。从毛泽东的"弹钢琴"思想到邓小平的"两手"论，再到习近平的"全面"观，都是对协调分析方法科学运用的结果。

协调分析不同于一般意义上的平衡分析。平衡的概念，从词源上分析，它从"衡器两端承受的重量相等"引申而来。进一步被扩展到其他领域和方面时，就被理解为两个相对的事物或属性在其量的关系上具有对等或相等的性质。机械学中的质量平衡建立在力矩相等的基础上；物理学中的动态平衡是生物在系统中的微观粒子不断运动和变化的情况下的一种宏观平衡。在社会现象的范围内使用平衡的概念，仍然如此。如国民经济系统分析中的物质平衡、信贷平衡、财政平衡、供需平衡等，都是以数量关系相等的形式表示的。综上所述，可以概而言之：平衡概念所反映的是相对的事物，或一个事物若干方面的相对性质在数量上的相等。因此，与平衡现象相伴而存在的就是事物的稳定与静止，或物质分布等方面的均匀状态。从对平衡概念的分析，可以看出平衡分析方法的基本特点。它是以反映相对的事物或事物的相对性质在数量上的对等或相等关系为依据，研究平衡与失衡现象的。从经济学的观点看，用平衡分析法研究事物，无论是就一个总体内部各构成部分（因素）之间的平衡关系，或者就不同总体之间的平衡关系，都必须在收支两个方面保持总量上的对等关系。平衡分析中使用的平衡表所反映的矛盾的两个方面在数量上必须是相等的。例如，社会生产与社会需要之间必须相等；居民货币收入量与货币支出量之间必须相等。而协调分析和方法不全是以相等关系为依据。协调是协力、协同、调配适当等词意的概括。协有共同之意，协力乃共同努力；协同乃各方互相配合以达到或完成某一共同目标；调配适当是指各种要素在量上的比例关系合理，其中各量有多有少，作用力度有强有弱。所以，协调概念所表达的是这样一种客观关系：相对于系统的某一特定目标，系统的各要素之间相互合理配合，以实现系统目标。其中"合理配合"是协调的基本内容。协调分析就是分析系统各要素对于系统目标来说配合得是否合理。在系统结构要素的量的各种配合关系中，有相等的关系，也有不相等的关系。那些以相等为特征的数量关系是平衡关系，而以不相等为特征的数量关系是非平衡关系，它主要以结构要素间量的匹配为特征。所谓系统结构要素相对于系统目标配合合理，就是指其中的平衡关系与非平衡关系间的配合得当。所谓协调分析是指把对于平衡关系的分析与对非平衡关系的分析联系起来的一种综合分析。①

协调分析的方法在使用时必须注意以下几个问题：

---

① 王宏波：《工程哲学与社会工程》，北京：中国社会科学出版社，2006年，第221页。

1. 在社会系统基本结构基础上明确协调关系

由于社会系统是以社会现象作为元素的系统，包括经济、科技、文化、政治等各方面的因素，因而要明确包含于其中的基本协调关系，必须以马克思主义哲学为指导，以系统科学的理论和方法为基础，从经济学、社会学、政治文化学、科学技术学、管理决策学等各方面进行交叉研究。在这种研究中，必须始终将社会子系统、社会要素间的相互隶属关系置于考察与分析的前沿。在研究任何一个局部系统、任一具体要素的性质和作用时，应该注意将其他局部系统及其社会要素作为研究系统的内生变量加以考虑，从而建立一个关于反映协调制约关系的社会系统基本结构。

应该认识到，社会系统本质上是一个复杂巨大的系统，对其抽象出一个形式结构进行全面、具体的刻画分析是一项极其困难的工作，在某种程度上说几乎是不可能实现的。然而，协调分析的任务并不期望解决这个几乎是无法解决的困难。它只是从社会宏观管理角度出发，抽象出那些相对于社会系统运行过程中的"持续稳定、协调发展"目标来说，具有重要意义的、不可缺少的因素或变量形成基本结构。所以，探索协调关系及其规律，建立反映协调关系的社会系统基本结构是一项十分重要的基础性工作。只有在社会系统基本结构界定基础上，根据所抽象出的基本协调关系，才能建立协调分析的指标体系和判断协调状况的数学模型。

2. 以社会系统中的矛盾性为前提把握系统的协调关系

社会系统的存在以其矛盾性为基础。任何系统都充满了矛盾，马克思就曾指出："联系在一起的一个整体的内在必然性，和这个整体作为各种互不相关的独立要素而存在，这已经是种种矛盾的基础。"[①]可以说，没有矛盾也就无所谓社会系统，社会系统实质上就是各种矛盾所构成的网络。

系统的协调总以系统的矛盾关系为基本内容，以矛盾的对立统一过程为特点，没有矛盾的对立统一，就没有协调的必要；没有以矛盾为内容的有序化，协调就失去了前提。协调分析的对象是社会系统中互为条件，彼此制约，并且是具有相对独立性的各方面。如果不强调这个系统的矛盾性，离开了相互区别与相互约束，就失去了相互适应、相互促进的对象，也就失去了协调分析的意义。

因此，协调分析要注重寻找若干矛盾所构成系统的共同交错点、结合

---

① 《马克思恩格斯全集》第46卷，北京：人民出版社，1995年，第398页。

点，或者说是中心轴，促使各方共同发展，要着力于探索满足各方发展的共同纽带，把解决问题的着眼点从偏执一方导向各方相互联系的具体方式上。从中国当前实际来看，改革、发展、稳定三者相互对立又互为条件，构成我国现代化建设的三大支点，无论哪个点受力不均，都会打破"三角平衡"。习近平同志正是看到了这一点，适时提出了"四个准确把握"（准确把握改革发展稳定的平衡点，准确把握近期目标和长期发展的平衡点，准确把握改革发展的着力点，准确把握经济社会发展和改善人民生活的结合点），强调了要准确把握平衡的支点。

3. 分析社会过程中整体内各部分之间的相互满足的协调关系

只有社会系统内的各部分共同发展，社会系统整体才能高速、稳定、协调发展，所以必须分析社会过程中内各部分之间相互满足的协调关系。具体含义有两点：一是任何一方相对于原有参照系而言都发生了前进性变化；二是任何一方的发展速度、发展规模、发展形式必须与其他方面的发展要求相适应。共同发展不等于等速度运动。各部分在速度上有所差别。其速度的规定以整体的需要为限度，这样才能体现相互的适应性。这种共同发展本身仍包含着差别和一致，体现着协调的原则。如果我们不注意协调好整体内各部分之间的关系，就会顾此失彼，导致发展失衡。因此，"十三五"期间，我们只有不断促进经济与社会、城市与农村、人与自然、国内国外、政治经济文化、新"四化"、政府与市场、经济建设与国防建设等重大关系的协调发展，才能确保如期全面建成小康社会。

（三）社会预测的方法

社会预测是社会过程研究的最终完成阶段，是"认识世界"向"改变世界"转化的中介或临界点。追寻马克思主义经典作家对社会现象科学认识过程的轨迹我们可以十分清楚地看出：他们都是以提出某种社会预测来最后完成他们的科学研究的，如马克思的《资本论》和毛泽东的《论持久战》就是典型的例子。

社会预测作为社会认识的一种高级形式，指的是主体依据对社会发展规律的把握而对未来可能发生的社会现象、事件和过程的预见，其目的在于帮助人们设置社会发展目标，选择、创造和控制达到未来理想社会的途径与手段，从政治、经济、科学、文化、教育、法律、行政管理等方面提供改进措施，为决策者作出科学决策、制定社会未来的远景规划提供切实可靠的依据。社会预测内容十分广泛，主要集中在社会结构、社会关系、社会问题和社会生活诸方面。一般说来，社会预测通过以下几个方面来实现：

1. 根据社会矛盾运动和转化进行社会预测

唯物辩证法认为事物的内部存在着矛盾，而且事物的内部矛盾是推动事物发展的源泉和根本动力。关于影响事物发展变化的内因与外因关系毛泽东也有这样的论述："外因是变化的条件，内因是变化的根据，外因通过内因而起作用。"①因此，要根据社会矛盾运动和转化展开社会预测。

一方面，要依据社会矛盾运动把握社会发展过程的主要趋势。对社会矛盾运动中大量的社会现象和事件的相互冲突、相互抵消的过程进行分析，通过其中产生的总结果或"合力"来把握社会发展的主要趋势，根据这一趋势去预测下一阶段历史过程的方向和大体状态，这就是未来社会的预测报告。马克思、恩格斯就从生产力和生产关系、经济基础和上层建筑的矛盾运动这一社会基本矛盾运动中，揭示了人类社会发展的一般规律和资本主义社会发展的特殊规律，从而科学预见了未来共产主义社会的到来，对其发展方向和基本原则进行了展望。

另一方面，要依据社会基本矛盾的转化来确立社会发展过程的阶段性特征。人们对社会发展过程或运行状态的预测，不仅仅像历史理论那样，站在整个人类历史发展的角度，揭示不同社会历史阶段，不同国家或民族，不同社会制度内部共有的基本矛盾，甚至进一步需要在社会历史发展理论的指导下，对特定历史发展阶段、特定国家或民族的特殊社会系统的发展过程和运行状态进行预测。例如，社会预测时候所依据的矛盾可以不是生产力和生产关系的矛盾，而是以这种矛盾关系为指导的生产关系的系统结构中的矛盾。1978 年，面对国民经济整体贫困的状况，邓小平提出了推行效率优先于平等的改革开放政策；到 2001 年，我国国内生产总值达到 95933 亿元，经济总量已居世界第六位，人民生活总体上实现了由温饱到小康的历史性跨越，江泽民以 2020 年以前建设"全面的小康社会"为目标，科学地提出到 2020 年国内生产总值比 2000 年翻两番。2011 年 12 月 19 日，国家统计局发布《中国全面建设小康社会进程统计监测报告》显示，2010 年中国全面建设小康社会的实现程度达到 80.1%，比 2000 年提高 20.5 个百分点，平均每年提高 2.05 个百分点。习近平适时指出小康社会建设已经进入

---

① 《毛泽东选集》第 1 卷，北京：人民出版社，1991 年，第 302 页。

收官和冲刺阶段，接下来要切实树立和贯彻落实"创新、协调、绿色、开放、共享的发展理念"。

2. 借助统计分析方法进行社会预测

借助统计分析方法进行社会预测，首先要占有充分的资料和数据。社会发展过程具有趋向性，社会预测要对趋向性进行预测，而这种趋向性，需要从全部被研究现象的总和之中去把握，而不是从这一序列的每一个个别现象之中去把握。为了发现这种趋向，必须仔细研究社会现象和事件的全部总和，进行尽可能多的观察，个别偏离规律的情况会在大量的现象中互相抵消，而总的趋向在过程的结果中十分明确地表现出来。马克思在总结资本主义经济规律的作用时指出，总的说来，在整个资本主义生产中，一般规律作为一种占统治地位的趋势，始终只是以一种极其错综复杂和近似的方式，作为从不断波动中得出的、但永远不能确定的平均情况来发生作用。[①]这也正说明了社会预测中占有充分的信息和数据的必要性。而 20 世纪以来计算机科学和计算机技术的发展，尤其是大数据时代的到来更是增强了其可能性。如国家统计局就尝试了直接利用网络搜索数据预测房价走势、利用银行卡刷卡数据检验消费数据走势、利用重工设备的开工率数据检验投资数据走势等。

对所获得的数据和信息进行分析处理的预测过程中，一般有定性分析和定量分析两种方法。定量分析是统计学研究的重要特征之一，但社会与经济系统中存在着一些无法用具体数字度量的因素，如风俗、习惯、观念、心理等，这些难以量化的变量，却在事实上对研究对象产生影响，成为政策研究中不容忽视的因素，因而，很重要的一个方面就是把这些因素进行一定的量化，实现定量基础上的复杂的定性预测。定性的方法以逻辑判断为主，主要是通过预测者所掌握的信息和情报，并结合各种因素对事物的发展前景作出判断，并把这种判断定量化。定性分析方法比较适宜于缺乏历史资料或不易精确量化的问题，具体方法主要有主观概率法、专家会议法（即组织专家对面交流，通过讨论形成评价结果）、Delphi 法（即征询专家进行背靠背评价、收集、汇总、分析归纳形成一定结论）等，既可用于赋值也可用于赋权，其优点是操作简单，可以利用专家的知识，结论易于使用；缺点是主观性比较强，多人评价时结论较难统一。其适用对象一般为战略层次的预测分析，如美国的兰德公司曾使用这种方法对国际战略

---

① 《马克思恩格斯全集》第 25 卷，北京：人民出版社，1995 年，第 181 页。

政策进行预测。

3. 通过社会建模和仿真实现社会预测

在对大量的社会现象和事件的考察中获得大量数据资料，并进行初步处理的基础上，就可以转入设计预测模型的阶段。首先要设计预测模型。运用归纳、演绎的逻辑方法和其他数学方法，建立关于预测对象各种变量、参数间相互关系的结构模型。其次要进行预测计算。把所获得的某些关键性变量的资料、数据输入预测模型，进行综合运算。最后发布预测结果。对预测计算的初步结果进行反复的论证和评价，并征询专家意见，以便进行多角度的审视，使预测结果尽可能完善。在实际应用中，有研究者以经济学理论为基础，建立宏观经济计量模型，设置相应的模块，对政府经济政策效应进行模拟分析研究。研究者在计算机上构建人工经济，并应用人工适应主体技术描述现实经济中微观个体的属性，模拟现实经济中微观个体的行为，宏观经济动态是微观个体之间相互作用的自然累积。通过改变政府主体的属性和行为，就可以观察相应的模型运行结果，进而可以间接地分析宏观经济的运行动态和经济政策的政策效应。

对一些难以建立物理模型和数学模型的社会对象系统，可通过仿真模型来顺利地解决预测问题。社会现象和事件牵涉到大量的因素，这些因素相互之间的影响错综复杂，因此，社会预测中最困难的是建立社会预测的模型问题。根据社会预测的目的，在分析社会过程各要素性质及其相互关系的基础上，建立能描述社会系统结构或发展过程的，且具有一定逻辑关系或数量关系的仿真模型，据此进行试验或定量分析，以获得正确预测所需的各种信息，这就是社会仿真。社会仿真可以比较真实地对社会系统中诸如非线性关系、随机问题、长周期的社会演化等问题进行描述和预测。通过仿真模型，可以观测与模拟社会运行的微观机制，探索产生不同现象的参数界限，并且可以从时间变化的角度看待整个事物变化的一系列过程并最终实现社会预测。

无论是社会生活的各领域、各层面，还是社会总体，都具有复杂性、偶然性和不可重复性的特点。同时，由于建立社会建模和社会仿真所需费用较多，而且还需要大量而连续的基础工作和多学科专业人才的通力协作，该方法的应用受到了一定的限制。

社会过程呈现了人类社会中的人和人参与的实践活动。因此，较之于自然过程，社会过程的对象不仅具有"物性"，还具有"人性"。研究的客体对象既有不因为主体意志而改变的客观性，也有认知、情感和自由意志，既关注人的外部生存条件，也关注人的内心世界。在多种二重性的影响下，社会科学研究者很难具有纯粹的实验条件。

　　因此，研究社会规律，需要把规律转换成社会模式，将具体个人转为抽象的、理论化的人性研究。一方面，我们将社会科学的主体客体化，将其视为自然客体。另一方面，我们在研究方法上，体现了人文社会科学研究的范式沿袭，如将价值观与理性科学精神相结合。在客观理性精神和主观价值的结合上，体现动态均衡。在成果的展示上，不管是实物模型、思想模型，还是计算机模型，我们都要考虑人这一主观因素的影响，不能简单地照搬自然科学研究方法。

第十四章
社会工程决策研究的协调思路

　　社会工程的决策关键在于设计和选择一个合理的社会模式。在设计和选择的过程中，协调分析的思路是一个重要问题。社会运行的失调提出新的社会模式设计的需要。社会模式设计是否合理是要看社会模式的功能是否适应环境需求和社会问题解决的需求。一个成功的社会模式的设计和实施，还要看新旧模式的衔接是否协调。所以协调研究的思路是社会工程决策的重要问题。

一、协调分析是社会工程决策的基本要求

　　在社会工程的决策研究中有一种重要研究特征，就是对社会运行状况进行协调分析。所谓协调分析就是对社会系统运行的协调状况或者协调程度进行分析，这是协调分析的最基本的含义。但是，我们应该注意到，社会系统的运行是社会主体所制定的社会政策所支配的社会过程。所以，社会主体的决策因素是社会系统运行的重要因素。从这种意义上说，协调分析的另一重要特征是研究社会运行状态和社会政策之间的关系，揭示社会政策作用于社会系统后，社会运行方式与运行过程变化中的协调问题。所谓协调发展是属于整体和部分关系范围内的问题。整体与部分之间既对立又统一，相互依存；部分与部分之间相互包含，又互相区别。这种关系既

有矛盾性又有系统性。这种矛盾系统关系反映了一种客观要求：只有部分之间各有一定程度的发展，整体也才能发展。一般系统论中所谓整体功能是所有构成因素的函数，整体内任一特定因素的状态是整体内所有因素的函数的观点，所表达的也正是这种客观要求。从这种一般的理解出发，协调分析应注意以下几点。

第一，协调分析以系统的矛盾性为前提。协调分析的对象是互为条件，彼此制约，并且是具有相对独立性的各方。如果不强调这个矛盾性，离开了相互区别与相互约束，就失去了相互适应、相互促进的对象，也就失去了协调分析的意义。

第二，协调分析的方法论思想是寻找若干矛盾所构成系统的共同交错点、结合点，或者说是中心轴，促使各方共同发展。它着力探索满足各方发展的共同纽带，把解决问题的着眼点从偏执一方导向各方相互联系的具体方式上。

第三，强调整体内各部分之间的共同发展，只有各部分共同发展，整体才能高速、稳定、协调发展，所以必须分析发展中的相互满足的协调关系。具体含义有两点：一是任何一方相对于原有参照系而言都发生了前进性变化，二是任何一方的发展速度、发展规模、发展形式必须与其他方面的发展要求相适应。共同发展不等于等速度运动。各部分在速度上有所差别。其速度的规定以整体的需要为限度。这样才能体现相互的适应性。这种共同发展本身仍包含着差别和一致，体现着协调的原则。

第四，从决策的意义上说，协调分析要注意现实状况的约束条件和目标设定及其与对策措施之间的关系分析。既要冲破约束、实现目标，又要研究约束条件之间的系统联系和逐步转换规律，使决策目标和对策措施更符合实际系统的发展规律。

上述几点是我们确定协调分析思路，研究协调分析方法的指导思想。

二、战略决策与战术决策的协调

决策研究的基本特征是以现实为基础去预测未来，根据对未来的理解决定现在的行为方式。社会工程决策研究中的协调，实质上是由现实到理想状态转化过程中的协调，社会工程研究的过程是理解现实、界定问题、确立目标、探索政策的思维过程，因此协调思路必须从总体上进行分析。为此目的，首先要讨论社会工程决策思维的基点，政策设计的实质，进而才论及协调思路的基本特点。

为了表述社会工程决策研究中的协调思路，先探讨一下社会工程决策中所涉及的基本因素。在社会工程决策结构中，通常存在着不同决策层次的决策。经常发生的情况是上有决策，下有对策，并且存在着对策对抗决策执行或者扭曲决策执行。一般来说，上层决策是战略决策，下层决策是战术决策。首先，对于战略决策来说，是在处理系统与环境的矛盾中，相对于环境的变化确定系统目标的选择。它实质上是一种目标决策。其次，对于战术决策来说，是在系统目标给定的条件下，从系统结构的状况出发，确定实现目标的对策。在社会工程决策中，这两种类型所涉及的决策因素构成了一个相互制约的决策系统，如图 14-1 所示。

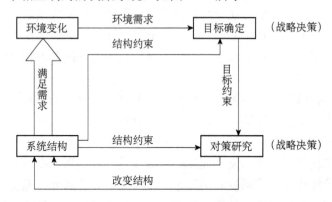

图 14-1　社会工程的决策系统图

图 14-1 表明，社会系统结构状态既是战略决策的基本因素，也是战术决策的基本因素。在战略决策层次上，决策者主要考虑环境变化与系统结构水平所决定的功能之间的差距。根据环境变化提出对系统功能的要求，同时又根据系统结构状况的承载能力和环境对系统功的要求，进行综合分析，确定系统目标。如果用 E 表示环境需求，用 S 表示系统结构的约束状况，用 G 表示所确定的系统目标，那么，战略决策的方程可表示如下：

$$G=f(E, S)$$

在战术决策层次上，决策者主要考虑在目标规定下，采取什么对策去改变系统结构，从而实现系统目标。要研究并选择一个能够通过改变系统结构的对策，其前提条件是所选择的对策必须适应并反映系统结构的具体特点。根据这种分析，对策与系统结构的关系具有一种矛盾关系。一方面，对策具有改变系统结构的功能；另一方面，结构特点又限制了对策选择的可能性空间，只有反映结构特点的对策才能有现实可行性。

所以，对策中既含有目标的因素，又含有系统结构的因素，它是两类因素的综合作用的结果。如果把对策用 D 表示，那么，战术决策的方程可表示如下：

$D=F（G，S）$

由于 $G=f（E，S）$

所以 $D=F［f（E，S），S］$

这个方程所揭示的关系表明，战术决策中包含有战略决策的因素，其中系统结构状况既是战略决策的基本因素，又是战术决策的基本因素。正是通过它，战略决策才与战术决策有机地联系在一起。也就是说，要使战略决策所选择的系统目标适当，战术决策所确定的对策可行，都依赖于对系统结构状况的深入研究和正确理解，这种研究是决策思维的基点。

三、社会政策设计的直接目的是解除社会约束

从对决策系统的结构分析中可以看出，系统结构的结构约束和环境因素的约束，不管是对于战略决策，还是对于战术决策，都是基本的决策变量。一方面它们制约着目标设计和政策设计的基本空间，另一方面对策设计的直接目的也就是解除这些约束，实现系统目标。所以，决策研究中的系统结构状况的分析实质上就是系统结构内部的约束关系分析和环境的约束因素的分析。这种约束分析只有在目标确定的过程中和对策设计的过程中才有实际意义。离开了目标实现和对策设计便无所谓什么约束和相应的约束分析。为了深入探讨约束分析在决策研究中的意义，我们可以从决策思维的过程作进一步的讨论。

从决策思维的角度分析，我们必须首先将系统结构区分为现实系统结构和理想系统结构。所谓理想系统结构是相对于所设定的战略目标而成立的。在决策过程中，决策者首先要根据对现实系统与客观环境的综合分析，确定一个系统目标，然后根据这个设定的系统目标规定出满足这个系统目标实现的理想系统结构。显然它是一个满足目标规定的系统结构模型。在决策研究中，当建构了理想系统结构以后，决策思维的进程便进入下一阶段，即分析研究现实系统结构转换到理想系统结构的条件。实际上就是分析现实系统结构变动过程中的约束关系，以及客观环境的约束因素对这种变动的影响。在这种具体分析的基础上，针对具体的约束关系和约束因素设计具体的对策，这种决策思维过程可借用图 14-2 来表示。

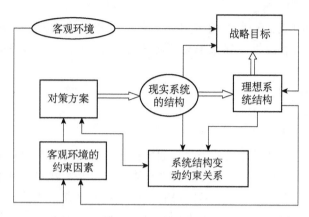

图 14-2　决策思维模式

图式中的实心箭头表示影响因素和影响关系，空心箭头表示实际作用过程。例如，从对策方案到现实系统结构再到理想系统结构，最后实现战略目标这是实际作用过程。这个决策思维图式明确地揭示出，对策设计的基本根据是系统结构变动过程中的约束关系以及客观环境的约束因素；对策方案的基本功能是解除这些相应的约束，通过系统结构的转换去实现系统的目标。但是，在决策实践中我们却常常看到另一种现象，它不是根据约束状况去设计对策，而是根据所设定的目标去设计对策。它们的决策思维常常是另外一种图式，即根据目标和现实系统的功能水平去界定一个问题，根据这种对问题的理解去设计对策。由于其将问题理解为目标与现状的差距，因此所谓问题也就是目标上的差距。所以，对策设计的基本依据是目标差距，这种决策思维是将现实系统的约束关系以及环境因素的约束都理解为决策系统的外生变量。在对策设计完成以后，再来考虑这些因素的影响。把政策设计的基本制约因素当作外在因素加以处理，其结果必然是理想的目标导致理想的对策，看起来漂亮实际上缺乏可操作性。大量的决策研究成果常常被实际工作部门束之高阁，这就是一个令人遗憾的、脱离实际的决策研究的证明。把系统结构变动的约束关系和客观环境的约束因素状况作为政策设计的根据，把政策方案理解为解除约束的手段和方法，就需要研究假定采取了某一项政策方案，研究系统的现实结构向理想结构转变过程的特点和规律，研究约束解除的条件，进一步论证所假定的政策方案，探索新的政策方案。

四、社会工程决策研究中的协调思路

决策研究过程的核心问题，是当设定的对策方案作用于现实系统结构，它能否通过由现实系统向理想系统转化去实现决策者的目标。其前提是，当决策者在设计对策时，已预先通过战略目标的确定，设定了理想系统结构。这里有以下相互衔接的三条思路：

（1）在战略目标确定的前提下，规范以实现战略目标为目的的理想系统结构的相关特征，使目标规定的要求与其承担者的理想系统结构的特征相一致。

设反映现实系统特征的方程的一般形式如下：

$$f_0(X_i) = A \quad (i=n)$$

当战略目标确定后，比如以 A 表示战略目标，那么，可以令系统目标为 A，则 $f_0(X_i) = A \quad (i=n)$

显然 $f_0(X_i)$ 与 $f_1(X_i)$ 是两个不同的系统关系式。$f_0(X_i)$ 表示现实系统结构，$f_1(X_i)$ 表示理想系统结构。此时，协调分析的主要任务是以理想系统方程为思维模型，按照系统目标 A 的规定，根据"结构决定功能"的规律并逆向加以利用，以功能需求（这里表现为系统目标 A）去确定相应的理想结构。换句话说，是在系统目标 A 的规定下，现实系统应该具有的元素的状态和应该具有的关系。如果确定了 Xi 的应处状态和应该具备的关系，那么也就规定了系统的理想结构。在这条思路上，其突出特点是按照系统目标去规范和设定现实系统的理想结构。

（2）研究现实系统结构状态，分析现实结构与理想结构的关系，寻找由现实结构向理想结构转化的协调环节。

我们已经知道，现实系统结构与理想系统结构之间的关系就是 $f_0(X_i)$ 与 $f_1(X_i)$ 之间的关系。这一关系可以表示如下：

$$f_0(X_i) \rightarrow f_1(X_i)$$

其中，箭头表示由 $f_0(X_i)$ 到 $f_1(X_i)$ 转变过程。显然，这个转变过程不是 $f_0(X_i)$ 的自然发生过程，而是在对策方案作用下的社会历史过程。严格地说，是对策方案作用于 $f_0(X_i)$ 以后，产生了一种新的系统结构，是这种新的系统结构向理想结构 $f_1(X_i)$ 的转变过程。现在，如果把对策方案尚未作用的原系统结构状态仍用 $f_0(X_i)$ 表示，把对策方案作用于原系统结构状态 $f_0(X_i)$ 以后所形成的新的系统结构用 $f_{01}(X_i)$ 表示，那么上述现实系统结构向理想系统结构转变的形式关系，可以更仔细地表示如下：

$$f_0(X_i) \rightarrow f_{01}(X_i) \, f_1(X_i)$$

在这个关系式中，由于对策方案的参与，使原系统结构转换为新的系统结构状态；新系统结构的社会发生的模拟过程即实际模拟。由于对策方案的任意性，会产生不同的新的结构状态，有不同的社会发生模拟过程，可以表示如下：

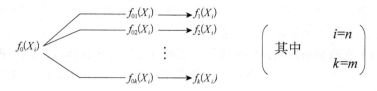

在进行了这样的分析之后，我们就可以运用决策树模型进行决策分析来实现对策方案的选择。在这里要提醒注意，决策分析的目的是选择对策方案，它的逻辑前提是对策方案的设计，如果不能合理地设计出科学而实用的对策，不管决策分析过程如何严格和仔细，都不能够解决实际问题。正如我们已经讨论过的，对策设计的根据是系统结构变动过程的约束因素和约束关系，对策的作用是解除相关约束，促使系统结构变动以实现系统目标，所以，当我们分析现实系统向理想系统变动时，要分析变动过程的特点、趋势和条件。

首先，要研究$f_0(X_i)$和$f_k(X_i)$之间的差距，即理想系统结构与现实系统结构在结构上的差距，结构上的差距不同于现状与目标的差距，现状与目标是功能水平的差距，是最终状态上的差距，而结构上的差距是动因上的差距。结构上的差距表现为系统要素的类型、性质、水平的不同，也表现为要素之间的联系方式的不同，结构上的差距导致功能水平的差异；结构差距是功能差距的原因。所以，对策设计的出发点是从原因层次上解决功能水平差异的问题。

其次，消除结构差距，由$f_0(X_i)$向$f_1(X_i)$的转换是一个过程，所以要研究对策作用于$f_0(X_i)$以后所发生的具体过程的特点，也就是说，当设计的对策作用于$f_0(X_i)$以后所生成的新结构$f_{0k}(X_i)$到理想系统结构$f_k(X_i)$的转化过程的特点、趋势与条件。当我们将设计的对策施加于原系统结构状态以后所生成的新结构，$f_{0k}(X_i)$位于$f_0(X_i)$与$f_k(X_i)$之间，是系统的一种过渡形态。对于过渡形态的$f_{0k}(X_i)$，有一个特殊的要求：它相对于原系统结构$f_0(X_i)$具有可生成性，就是说所设计的对策施加于$f_0(X_i)$时，能够引起合理性变化，即新结构$f_{0k}(X_i)$能够生成和发展。这实际上是要求所设计的对策相对于$f_0(X_i)$具有可操作性。另外，这个新生成的新结构$f_{0k}(X_i)$具有理想系统结构$f_k(X_i)$的发育形式或者说是其完善形态的胚芽。这个要求是规定了新结构的演化方向。根据这种分析可以推知，由对策施加于原系统结构以后所生成的新结构$f_{0k}(X_i)$受到两个方面的制约，既受到原结构$f_0(X_i)$的制约，要求具有可生成性，又受到

理想结构状态 $f_k(X_i)$ 的制约，具有理想规定性。新结构的生成既要反映原结构的特点，又要具备目标结构的性质。两个不同的要求同时规定着一种对象，因此对策设计就必须兼顾两种要求，协调两者的关系。

在这条思路上，要求对策设计及其将对策作用于原系统结构状态所生成的新结构要求满足协调性要求。

（3）研究不同的协调关系与协调过程，寻找最佳的或者较为满意的协调方式，从而作出对策选择。

由于对策设计的任意性，对于同样的结构差距，可以采用不同的对策去解除约束，生成新的结构。故此，面对同一个原系统结构 $f_0(X_i)$，可以生成若干个不同的新结构 $f_0(X_i)$。因此就会有若干个不同的过渡过程。在这不同的过渡过程中存在有不同的协调方式；不同的协调方式中体现着不同对策方案的作用。所以决策者要通过比较这些不同协调方式和协调过程的结果，最终作出对策选择。

综上所述，社会工程决策研究的协调思路可概括如下：

①根据环境变化、现实系统状况与价值倾向作出目标规定；

②根据目标规定设定一个实现目标的理想系统结构，用目标原则规范系统结构特征，并在观念与模型上实现两者的协调；

③分析、比较现实系统结构特征与理想系统结构特征上存在的差距，确定不协调的环节，这是协调分析的基点；

④根据系统结构上的差距设计若干政策体系，确立不同的协调关系与协调方式；

⑤利用模型化方法，将设计的政策作用于现实系统结构，生成若干个与对策相应的新系统模拟结构。这个模拟系统是现实系统向理想系统转化的过渡形式模型；

⑥根据对过渡过程的模型的分析去选择政策；

⑦如果达不到满意的结果，可以再次从①开始，重新规定目标，开始新一轮的循环过程。

社会工程决策中的协调分析强调过渡过程中的各种矛盾关系的协调，所涉及或选择的政策是协调的基本手段。

政策研究包括政策设计和政策分析及其实施调控，是社会工程活动的重要形式。公共政策的制定与实施是一种典型的政策研究。我们需要首先从工程的视角重新认识公共政策的本质和特点，进而理解一般政策分析与设计的方法论特点。工程活动的核心是设计一个蓝图并组织实施。其实，一个政策框架的形成也是一个设计过程。这是政策研究和工程研究相通之处。社会工程所强调的规律维度、价值维度、情境维度的综合分析都体现在公共政策的设计和分析过程之中。特别需要强调，公共政策的分析和设计是价值导向的，是价值导向下的规律运用过程，更是价值导向下的价值整合过程。这正是社会工程研究的鲜明特征。在公共政策制定过程中，通过价值整合解决所遇到的利益冲突与利益整合问题。这些都是社会工程研究的特点。

一、公共政策设计的工程特征

1. 公共政策的各种界定及其缺陷

在政策科学从 20 世纪 50 年代至今的发展过程中，国内外学者关于政策或公共政策的各种界定有十几种之多。这些定义纷繁复杂，从不同的视角对政策的本质进行了解释或假设。我们可以大致把这些定义分三类：

　　一是认为政策是某种行为、准则、计划、文件、法规、谋略、方案或措施等，即某种由人们来执行或遵守的"文本"，如国外的伍得罗·威尔逊、哈罗得·拉斯维尔，国内的王福生、林德金、张金马、陈振明以及《辞海》等都是这样来解释政策，这类定义实际上是把政策理解为一个"静态"的"点"，即"文本"。①

　　二是认为政策是有目的地进行价值分配、处理问题或实现既定目标的复杂过程，如国外的戴维·伊斯顿、詹姆斯·安德森、卡尔弗里·德里奇、哈曼（G.Harman）以及国内的孙光等都是这样来解释政策，这类定义中的大部分是把政策理解为一个"动态"的线性过程，即一条由计划到结果的直线。②

　　三是政策既不仅仅是某个特殊的文本，又不是一个简单的线性过程，而是一个既有过程又有结果的众多因素相互作用的前后相继的复杂的"圆圈"，它包括文本、文本的形成、文本的修正、实际的实施过程和结果等要素，是一个不断发展的有机的非线性的过程。③

　　在我国，人们对公共政策的理解更侧重于前两种阐述，其主要由我国的社会主义计划经济体制所致。在计划体制下，公民与社会组织的所有社会活动都受到各种各样的计划与政策的指导与控制，政策执行者与社会公众不可能对政策决策施加影响，因为已经假设政策决策者是"全心全意为人民服务的"，而且"是非常正确的"，政府运用公共政策对社会价值的权威性分配的合理性是不容置疑的，公众需要的是拥护、贯彻与执行；在计划体制下，所有生产资料都归国家和集体所有，重视集体利益，淡化社会群体利益与个体利益，几乎不存在不同主体利益之间的剧烈冲突，利益分配主要表现在国家与个人、社会群体之间；在计划体制下，公共问题基本上表现为同质性问题，要么是经济问题，要么是政治问题或文化问题，即使是复杂性问题，也往往是政治目标主导其他目标，凭借政府的绝对权威性使其他社会目标服从于政治目标。因此，长期以来在我国对政策的"文本"式的与"线性"式的理解是很合理的。

　　利益主体多元化是市场经济的基本特征，市场经济条件下的公共政策所面临的政策问题是复杂的，政策问题往往是自然、经济与文化等异质性

①　Jay M.Shafritz & Albert C.Hyde. *Classics of public Administration*. Chicago：The Dorsey Press，1987，pp.10-25.
②　转引自张金马：《政策科学导论》，北京：中国人民大学出版社，1992 年，第 17-18 页。
③　Sandra Taylor，Fazal Rizvi，Bob Lingard and Miriam Henr. *Education policy and the Policy of Change*. Routledge：London and York，1997，pp.17-28.

因素的综合与渗透，政府没有权力或很难将其分离处理。公共政策的性质与运行方式也发生了微妙的变化，政策很少通过"硬性规定"进行公共利益分配，主要是通过"间接调控"进行公共利益的分配，"直接指导"逐步转变为"间接调控"；"主动引导"逐步转变为"被动协调"；由"运动员"逐步转变成"裁判员"。因此，要用新的视角看待市场经济条件下的公共政策。

以上三种界定均分别说明了公共政策的某一方面的特征，将政策视为"文本"，揭示了公共政策的现象学特征；将公共政策视为"有目的的价值分配"，说明了公共政策的本质或是本质特征；将公共政策定义成"复杂的圆圈"，概括了公共政策的过程特点。实际上，任何政策既有政策目的、政策文本，又有政策过程，是三位一体的，是公共政策的不同侧面。笔者以为，从更为深刻的角度来看，公共政策应是一种工程活动，任何工程都是工程目标、工程设计文本与工程实施的三位一体，一般的工程主要是面向自然世界的，而公共政策是面向社会关系、社会价值与公共利益的工程活动，完全可以说，公共政策是"改造社会的工程活动"。

2. 公共政策的工程内涵

要谈公共政策的工程内涵，需首先从工程的内涵与特点说起。从工程学的视角看待公共政策可能是比较理想的选择之一。从工程范畴的演变史来看，这一词语在我国出现在 1060 年北宋欧阳修的《新唐书·魏知古传》中，中国传统工程的主要内容是土木建筑，强调施工过程，后来才指其结果。西方 engineering 词义的发展与工程师（engineer）及科学技术的发展有紧密的联系，美国职业开发工程师协会就将其定义为"科学原理的创造性运用"。近年来，人们通常从动词和名词两个角度来理解工程，作动词理解是指造物的实践活动，作名词理解是指实践活动的结果——有形或无形的产品。所谓工程是指从主体的需要出发，综合运用科学理论和技术手段去改造世界的具体的实践活动，通过目标确定方案设计选择和组织实施的活动过程及其创造的"新的存在物"。从更深层次上来看，工程活动是人类重要的存在方式之一，昭示着"我造物故我在"的哲学缄言。[①]

既然工程活动是造物活动及其结果，那么能否说所有的造物活动都是工程呢？答案是否定的，因为如果是这样的话，"工程"和"造物"便有相同的内涵与外延，"工程"一词便是多余的了，如果将工程活动等同于

---

① 徐长福：《工程问题的哲学意义》，《自然辩证法研究》2003 年第 5 期，第 34-38 页。

造物活动，是将工程范畴过度泛化与庸俗化。笔者认为，工程不是一般的、简单的造物活动，而是有规模的、复杂的造物活动。换言之，有规模的、复杂的造物活动才可称得上工程。

工程活动与科学活动、技术活动相比，应具有如下特征：一是实现性，即"工程活动的典型特征就是创造一个世界上原本不曾存在的存在物"，工程讲究实际效果，仅仅存在于设计者头脑中而不能变为现实的"工程模型"，与科学活动与技术活动相比较，工程活动更多地依赖社会现实条件。二是强目标性，既然工程是一种造物活动，这个"物"便是工程活动之目标，"物"即目标，这个"物"必定是明确的，而且是具体的，我们将工程的这一特性称为强目标性。原子弹是"曼哈顿"工程的目标，三峡大坝是"三峡工程"的目标。科学活动是"发现"与"求真"的活动，无所谓目标可言；技术活动有目标，如"自动控制技术"，其目标就是寻求控制某物的方法，其目标是模糊的、抽象的，只能说是弱目标性。从目标性的强弱来看，工程活动既不同于科学活动，也有别于技术活动。三是规模性，正如前面所述，工程是大规模的造物活动，但不是所有的造物活动都可称为工程，例如搭建"狗窝"，充其量只是一种简单的造物活动。"希望工程"不但涉及为数众多的穷苦孩子，还牵扯到社会的方方面面，确实是一项浩大的社会工程。"三峡工程"不但要安置百万移民，还要筹措大量的建设资金，更要论证工程建设的必要性与可行性，可见，规模性是工程的重要特征之一。四是时间性，从时空特征来看，工程总是表现为特定时空的物质、能量与信息的流动，而这种流动的时间是事前预定的，任何工程都有事前预定的时间界限。如果工程提前或准时完成，可能会受到建设单位奖励，否则，就会受到惩罚。从运作过程来看，工程活动过程一般包括工程问题、工程设计、工程实施、工程验收与评估等四个环节。科学活动与技术活动一般不可能预定一个时间界限。五是整合性，工程目标是思维中的具体，而工程结果是工程目标的实现，政策目标是思维中不同质的东西的妥协与整合，工程结果是各种实际因素的有机整合。任何工程既包含自然因素，又包含社会因素与人文因素，社会因素里又有政治、经济、文化等诸多方面。"三峡工程"有百万移民的社会因素，也有建设三峡大坝的自然因素，"三峡工程"是这些异质性因素的有机整合。六是社会性，工程的社会性可分为内部社会性与外部社会性。从工程的内部来看，既然工程是有规模的，必然涉及众多的建设者，要组织与协调这些建设者，需要制度与文化，不同的工程有其特有的制度文化，制度文化是工程社会性的凝结与体现。从工程的外部环境来看，大规模的工程必然会对其自然环境与社会环境产生不可忽视的影响,造成正面和负面的影响。七是复杂性,从整个过程来看,工程从设计到实施是复杂的非线性过程。任何工程都是各种要素组成的,存在于特定时空的人类的造物活动。在任一时间横截面上,存在着各种要素之间横向的线性与非线性作用;在时间序列上,存在着要素之间纵向的线性与非线性作用。要素之间存在着大量的同质性与异质性的相互作用,同质性因素之间可能既存在着线性关系,又存在着非线性关系;异质性作用之间不可能是线性的叠加,只能是非线性的整合。八是非逻辑性,思维模式分为理论思维与工程思维,理论思维是从复杂而多样的现实原型中抽象出同质性因素,进一步探求这些同质性因素之间的必然联系,如从物理现象中寻找物理规律,从化学现象中寻找化学规律,从经济现象中寻找经济规律,从政治现象中寻找政治规律等。工程思维的目的是构建现实原型,现实原型是由多种因素构成的,有物理的与化学的自然因素,也有经济的与政治的社会因素,每种因素都有自己内在的规律,工程是由这些遵从自身规律的因素组合成的,工程设计的任务就是将这些因素组合成思维中的工程原型,将不同质的因素组合的工程思维是非逻辑的,不同质的现象必然用不同的范畴来表达,不同的范畴之间,不存在相通的逻辑通道,我们不可能由建筑力学推出"三峡大坝",不可能由教育理论得出"希望工程"。工程设计是将异质性因素非逻辑地捆绑在一起。

从前述对公共政策的分析可以看出,公共政策具备工程的以下基本特征:

(1)公共政策活动的实际效果是政策活动成败的标志。公共政策因政策问题而产生,以政策问题得到解决为终点,对政策问题的解决程度是政策评估的主要标准,不仅如此,政策活动产生的经济效益、社会效益与生态效益也是政策评估的重要的外部指标。从这个意义上来说,政策制定与政策执行都是服务于政策实际效果的,政策实现效果既是政策的出发点,也是一切公共政策的归宿。

(2)任何一项公共政策都是针对政策问题的。公共政策以政策问题为目标导向,界定政策问题是公共政策过程的起点,公共问题与社会问题通过正式与非正式渠道进入政府议程,通过政府系统的界定与辨认,成为政策问题,解决政策问题就是公共政策活动的目标。与工程活动一样,政策活动的各个方面与各个环节都是为这一目标服务的,目标的实现情况也是检验政策活动的最终标准。

(3)公共政策是规模宏大的人类活动。从公共政策涉及的主体来看,有政府系统与非政府的权威机构,还有政策所针对的目标群体;从政策动用的资源种类来看，既有物质性资源，还有精神性的资源；从政策涉及的范围来看，会直接或间接地影响到实施政策的整个行政区域；从影响政策效果的诸多因素上来看，有自然的也有社会的。因此，公共政策是具有规模的人类活动。

（4）公共政策有时间界限。政策过程一般包括问题界定、政策制定、政策执行与政策评估，政策问题是起点，政策评估是终点。许多政策还有明确的时间规定，如各级政府的"八五"规划与"九五"规划。

（5）公共政策目标与方案是各种因素的有机整合。政策目标是政策方案的归宿，政策方案是政策目标的实现途径，制定政策时由目标寻求解决问题的方案，政策执行时从方案追寻目标。公共政策是解决实际问题的，政策目标一般都是明确而具体的。明确而具体的东西是诸多异质性的合成的完形，也是最复杂的东西，具体的政策目标必然是各种异质性的因素整合而成的，有时政策目标表面看起来很单一，却会受到多种异质性因素的影响。如东南亚金融危机中中央银行人民币的汇率政策问题，从经济因素看，贬值以改善外贸，从政治因素上看，稳健汇率以树立政府信誉，最终的汇率政策必然是二者的有机整合。

（6）公共政策一般都具有重大的社会影响。实际上公共政策的最终目的就是解决社会问题，公共政策的执行与实施过程，以及政策活动结果，无论从物质上还是精神上，均会产生深远的影响。如高等教育的收费政策，牵扯到千家万户的切身利益；计划生育政策关系中华民族的兴衰；"生产责任制"富裕了亿万中国农民。

（7）公共政策的制定与执行是线性过程与非线性过程的组合，显示出公共政策过程的复杂性。有些因素之间因果关系明确，变量之间呈现某种比例关系，表现出线性关系特征。例如，公民对于公共政策的影响力与公民的政治参与程度之间具有线性关系。同时，公共政策过程还存在着大量的非线性特征，即"政策设计"与"时间变量"之间或"政策执行"与"时间变量"之间呈现不确定比例关系，威廉·N. 邓恩注意到在政策执行体系中存在包括摆动现象、周期现象、增长曲线、衰减曲线和剧变现象等非线性特征。[①]

（8）公共政策的制定是政治、经济、文化与自然诸多异质东西的非逻辑组合。看似单纯的政策问题，实际上牵扯到社会的许多层面与多种因素，是一个由社会因素与自然因素交织而成的复杂网络，而且这些因素对政策

① 傅广宛：《非线性视角中的公共政策执行过程》，《中国行政管理》2003 年第 5 期，第 33-36 页。

问题的影响既可能是异质的，也可能在不同的方向上，从每一种同质性因素形成的因果链条都无法得出政策问题的解决方案，政策方案是不同的因果链条之间协调与折中的结果。协调与折中往往并非是理性思维的作用，而是各个方面权力或实力较量的结果。如由教育学、心理学与经济学理论都无法单独得出高等教育收费的具体政策方案，这一方案是各种社会力量较量与平衡的结果。

3. 社会工程视野中的公共政策创新

（1）公共政策是社会工程活动而不是社会科学活动，是为了创造社会实践而不是为了发现社会规律，要正确处理自然科学、社会科学与公共政策之间的关系。笔者以为公共政策学是一门综合性的应用学科，是综合性运用自然科学与社会科学以解决社会问题的学问，可称其为社会领域中的工程学。认识到这一点既具有理论意义又具有现实意义，理论意义有：一是可以深刻理解公共政策学的社会工程本质；二是公共政策学的研究完全可以借鉴自然工程学的理论与方法，提高公共政策学的研究水平。在实际的政策活动中可以提醒政策的决策者切勿将片面的科学理论作为政策方案，避免犯下严重的错误。在理论的应用研究中谨慎提供政策建议。与此同时，也要看到公共政策学与科学理论的内在联系，科学理论对公共政策具有指导作用，因为科学理论揭示了某类同质性因素的必然联系，是不以任何意志为转移的东西。完全可以这样认为，认识公共政策的工程本质，是实现公共政策创新的认识前提。

（2）充分发扬民主，实现公共政策创新。如前文所述，政策目标要么是异质性因素的有机整合，要么就要受到多种异质性因素的影响，政策执行过程更是如此。传统的政策决策与政策执行主要是政府系统的基本职能。政策问题的正确决策主要取决于知识与信息的多寡与质量，不同质的信息与知识的分布又极为分散，无限制地获取信息是不可能的，因为要付出巨额的信息成本，发扬民主，在有限的时间与政策涉及的方方面面进行充分地交流与对话，就可能较为充分地获取不同质的知识。

（3）规范元政策。工程的成败往往受到工程运作模式的影响，工程的运作模式即工程活动之前的制度安排，是关于工程问题如何提出、工程如何设计、工程如何实施、工程如何评价的基本规则，没有这些基本规则，任何工程活动都难以进行。作为社会工程的公共政策活动也不例外，政策活动的基本规则是所谓的元政策，元政策就是关于政策制定与政策执行的政策，元政策通过确定政策主体与政策参与者的活动范围，内在地规定了政策活动的基本过程，决定了政策活动运行机制。元政策创新是公共政策创新的基本前提。

（4）构建完善的广义上的公共政策运行系统

工程活动的成败与效果不仅取决于工程系统本身，而且还要受到外在因素的制约，如工程的外在监督系统与评价系统，从狭义上说，这些系统不属于工程活动系统本身，它通过调整或信息反馈矫正工程活动的路径，而且工程活动具有强大的导向作用；从广义上来说，它又属于工程活动的一部分。传统的政策监督与评价系统都在政策系统内部，往往是"只见树木，不见森林"，或"不识庐山真面目，只缘身在此山中"，"执政为民"就可能变成一句空话。我国公共政策的最终目的是"为人民服务"，人民的评价与监督就是公共政策创新的关键，在政策活动过程中，政府部门要积极建立各种对话渠道，主动接受人民群众监督与批评，切实提高公共政策的服务质量。

（5）借鉴工程设计方法，提高公共政策制定水平

工程设计中的许多方法对公共政策的制定都具有现实意义，如工程设计中对冲突目标的协调方法，当有两种设计目标相互冲突时，就要进一步分析是不是在任何时间与空间的条件下都存在，或者二者冲突的时空特征是什么，在不影响工程目标的前提下，能否进行时空上的分离或部分进行分离，若能进行分离或部分分离，就会使原来的冲突减弱或消失，对不能分离的部分平衡或是折中，从而设计更合理的工程方案。政策制定也是如此，出现冲突的政策目标时，分析冲突的时空特征，任何具体的冲突都出现在一定的时空条件下，在分离的基础上协调，得出科学合理的政策方案。

二、公共政策研究的社会工程本质

公共政策的研究活动本质上是一项社会工程活动，是从社会层面通过推行某些公共政策调节不同社会群体利益关系的活动。公共政策是社会工程实现的一种重要的形式。社会工程反映了公共政策研究的本质特点。

1. 社会工程活动是公共政策设计、实施与公共政策分析过程的统一

如果说，把公共政策活动理解为一种社会工程活动，它包括政策分析、政策设计、政策实施和改善的全过程。这些环节之间是相互影响和相互构成的。但是在公共政策领域中，公共政策设计、公共政策分析、公共政策实施与管理过程却是分别加以研究的。这虽然是必要的，但对于公共政策

研究来说显然是不充分的。

按照国内外的一般看法，公共政策分析有三种基本的模式：一是麦考尔-韦伯模式，美国学者麦考尔与韦伯政策分析就是对政策内容与政策过程的研究。政策内容包括：政策将要影响的特定目标或集合，期望的特定事件过程，选择的特定行动路线，提出的说明意图的特定的陈述，以及采取的特定行动。政策过程包括：一些行动和相互影响，这些行动和相互影响对一个最好的特定政策内容作出权威的最终选择，以及还包括政策的事实结果及对政策的评价。政策分析的基本形式是规范性分析与描述性分析，于是产生了四种不同的分析类型：政策内容的规范性和描述性分析、政策过程的规范性和描述性分析。二是沃尔夫的分析模式，沃尔夫所提出的政策分析框架，基本上是把系统分析运用于公共政策的研究中，侧重于政策实施前政策方案的确定过程。尽管也提到了执行分析，但其重点是在政策设计与最终实施之间所存在的巨大空白研究上。沃尔夫的分析模式实际上就是关于政策方案设计的方法论。三是邓恩的分析模式，美国学者邓恩认为，政策分析基本上要解决三类问题：事实、价值、规范。由此产生了与之相关的三种方法即经验方法、评价方法、规范方法。经验方法主要是描述某一公共政策的因果关系，评价方法主要是决定某项措施的价值，规范方法是对解决之问题提供引导性方向，即告诉人们应该做什么。①

可以看出，公共政策分析与公共政策设计是有区别的，公共政策分析是"方法"取向的，公共政策设计是"内容与过程"取向的；公共政策分析是方法论的建构，公共政策设计是政策内容、政策过程与设计方法的统一体；公共政策分析的"方法"是"外生"于公共政策的，公共政策仅仅是公共政策分析的对象。以上三种模式都渗透着这样的看法，只不过沃尔夫分析模式在内容与方法上狭窄了一点。在这一认识的基础上，就会在公共政策与公共政策分析的关系上产生模糊甚至错误的认识。

公共政策分析虽然是以"方法"取向为特征的，但是这种"方法"本身也内生于公共政策本身；也就是说，公共政策分析的基本方法是公共政策及其设计特点的内在规定。人们对政策本质的理解和认识往往决定政策分析和政策解释活动的模式，影响政策分析的形式与结果。或者说，对政策本质的理解与政策分析和政策解释活动存在着某种内在的、必然的联系。美国学者依根·古巴在《政策的定义对政策分析的性质和结果的影响》一

① 陈庆云：《公共政策分析》，北京：中国经济出版社，1996年，第46-53页。

文中说明了不同政策的定义会形成不同的政策形式，政策的定义对政策分析的性质和结果具有重要的影响，认为政策分析的结果在很大程度上取决于政策分析者所遵循的是哪一种政策定义。关于政策本质的理解和认识对政策分析框架和政策理解模式往往具有决定性的影响。

2. 公共政策的形态、特点与社会工程

如何理解公共政策的本质和内涵，如何理解公共政策的设计和实施与社会工程活动的关系？笔者以为，认识和理解公共政策的本质，既要明确公共政策的表面形态，又要探讨公共政策的实质性内容即"本质形态"，还要分析公共政策过程的根本属性以及公共政策设计相对于一般社会科学的思维特征。这样我们才能全面认识和理解公共政策。因此，应从现象形态、本质形态、过程特点、思维模式四个维度理解公共政策与社会工程的内在关系。

（1）社会工程活动的结果形成了公共政策的现象形态：公共领域政治措施组成的文本及其总合

社会工程活动主要通过制定各种社会规则系统去改善和推进社会发展与社会进步。公共政策是一类很重要的社会规则体系。作为社会工程活动的产物之一，就形成了公共政策的现象形态。公共政策的现象形态主要指公共政策的静态的表面的形式。在这个意义上，公共政策表现为静态的文本——政府关于公共领域政治措施组成的文本的总合，也就是一定的政治实体——政府——关于公共领域政治决策的结果，如措施、方针、法律、规定、规划、准则、计划、方案、纲要、条例、细则等用文本的形式表达出来而形成的。如国外的伍得罗·威尔逊、哈罗得·拉斯维尔，国内的王福生、林德金、张金马、陈振明以及《辞海》等都是这样来解释政策，这类定义实际上是把政策理解为一个"静态"的"点"，即"文本"。①公共政策的现象形态一般有四个层次，一是指单项政策文本，如高校扩招政策、农民"减负"政策等；二是指国家某一领域的政策文本的集合，教育政策、科技政策、经济政策等；三是指一个国家总体的政策文本的总合，即一个国家的基本政策，是以前两个层次为具体政策的主导性政策，它确定具体政策所采取的态度、所应依据的假设以及所应遵循的原则，如国家的《宪法》所确定的基本原则；四是指公共政策文本，也就是表达关于公共政策

---

① Jay M. Shafritz&Albert C. Hyde. *Classics of public adminstration*. Chicago：The Dorsey Press，1987，pp.10-25.

制定和实施的方法论的有关文本形式。

在形成公共政策文本的过程中，公共政策主体往往把公共政策所表达的实质性的内容隐含在不同格式的合法化的文本中，通过人们对文本的理解和遵守而达到自己的目的。所以，仅仅强调公共政策的现象形态还远远不能揭示公共政策的本质。政策分析需要对不同的政策文本进行解释乃至解构，以挖掘出文本背后所隐含的实质性的内容——政策目标及其内含的价值原则。

（2）公共利益分配作为公共政策的本质形态反映了其社会工程的本质

公共政策的本质形态主要是指各种形式的公共政策所共同具有的、内在的"目的性"特征。当我们对公共政策进行"目的性"考察时，所形成的认识就反映了公共政策的本质形态。在现实的公共政策实践中，形形色色不同的具体公共政策涉及各自不同的领域，有各自不同的目标，解决不同的政策问题。如果我们把各种具体的政策目标加以归纳和概括，就会发现这些公共政策具有一个共同点，即它们都有一个一致性的"目的性"的特征——在不同的主体之间分配公共利益或社会价值。如国外的戴维·伊斯顿、詹姆斯·安德森、卡尔弗里·德里奇、哈曼（G.Harman）以及国内的孙光等都是从这一视角来解释公共政策的。这个抛开具体的公共政策而概括和抽象出来的"目的性"特征就是公共政策的本质形态。

强调现代公共政策的价值分配或利益分配是现代政策科学理论的一个重要特征。政治系统分析理论的创始人戴维·伊斯顿认为："公共政策是对全社会的价值作权威的分配。"[①]也就是说，公共政策的功能和目的就是进行全社会范围内的价值分配。这种对政策的理解"暗含这样一个政治学假设，即利益及利益关系是人类社会生活的基础，而政府的基本职能就是对利益进行社会性分配。公共政策是政府进行社会性利益分配的主要形式。"[②]我国有的学者曾对戴维·伊斯顿的"价值分配"这一概念进行了分析，认为"价值"的核心内容表现为"利益"，进一步指出"公共政策的本质是社会利益的集中反映。政策的形成过程，实际上是各种利益群体把自己的利益要求投入到政策制定系统中，由政策主体依据自身的利益的需求，对复杂的利益关系进行调整的过程"。[③]集团决策模型则更为明确和直接地把集团利益作为政策活动的基础与核心。这些理论和认识都反映了公

---

① 转引自张金马：《政策科学导论》，北京：中国人民大学出版社，1992年，第17-18页。
② 陈庆云：《公共政策分析》，北京：中国经济出版社，1996年，第41页。
③ 王浦劬：《政治学基础》，北京：北京大学出版社，1995年，第68-72页。

共政策进行价值或利益分配这一本体形态。

公共政策是公共领域与社会领域社会政治活动的形式与结果，公共政策活动是社会政治行为在公共领域中的集中体现。利益关系是政治关系与政治行为的基础，它对政治关系与政治行为具有根本性和决定性的意义，政治权力和政治权利关系都是建立在利益关系的基础上。"利益是人们结成政治关系的原始动机，而政治关系只不过是人们用来满足自己利益要求的特殊途径。""一切政治组织及其制度都是围绕着特定的利益而建立起来的，同时也是为由其以建立的社会成员的利益所服务的。在这其中，国家是以特定的阶级利益为基础和归宿，采取了公共权力形式的政治组织和制度；"①由此可以认为，公共利益与公共利益关系是公共领域政治活动与公共政策的基础与核心。国家制定和实施公共政策的根本目的是对不同主体的公共利益进行调整和分配。实际上，任何公共政策都是体现了作为政策权威主体的国家和政府的权力意志，按照国家意志来分配公共利益。所以，社会工程活动的基本形式之一就是公共政策的制定和设计，通过这种社会工程活动去协调各种利益关系，促进社会发展。历史和现实的社会工程活动，通过公共政策分配公共利益一般有三个层次。一是在统治阶级与被统治阶级之间分配公共利益。在阶级对抗比较激烈的社会中，国家赋予统治阶级许多特权，剥夺被统治阶级的利益；在阶级对抗相对缓和的现代社会中，则是通过公共政策保障统治阶级的利益和限制被统治阶级的利益。二是在统治阶级的各个阶层之间分配公共利益。三是在具体利益主体如组织、家庭与个人之间分配公共利益。在阶级对抗相对缓和或逐渐消失的现代社会中，第二、第三层次的利益分配是具有同构性特点的，都要体现公平正义的价值要求。总之，分配公共利益是社会工程活动基本目的，它通过公共政策的形式表现出来，或者说它以公共政策的设计、制定和实施的形式存在。所以社会利益分配是所有公共政策的共有特征，是公共政策的本质形态。正是这个本质形态反映了公共政策设计和实施的社会工程本质。

（3）公共政策的思维模式——区别于理论思维的社会工程思维模式

公共政策的现象形态说明了公共政策的社会表现形态，公共政策的本质形态揭示了公共政策共同的、本质的目的。笔者以为，从思维模式上来讲，公共政策不同于政治学、经济学、法学等社会科学，公共政策属于社

---

① 徐长福：《理论思维与工程思维——两种思维方式的僭越与划界》，上海：上海人民出版社，2002年，第82页。

会技术与工程，其目的不是去发现社会运行中的"规律"，而是通过协调社会矛盾与社会冲突，重构或变革社会关系与社会结构。

人类思维模式的分类标准是多种多样的，但从思维的目标上看，可将人类的思维模式分为理论思维与工程思维，理论思维的目的在于追求"本来怎样"，工程思维在于解答"应该怎样"；理论思维属于人类认识的第一个阶段或第一次飞跃，工程思维属于人类认识的第二个阶段或第二次飞跃；理论思维是"真理价值"取向，工程思维是"效用和价值"取向的；"对理论思维来说，价值目的只能在外部支配思维活动，而不能在内部支配思维的程序内容，亦即思维内容取决于主体的爱好、意愿和欲望等，但怎样把握对象的本来面目却与价值目的无关。对工程思维来说，价值目的不仅在外部支配思维活动，而且在内部支配思维的程序内容，亦即不仅思维内容取决于主体的需要，而且如何把握对象也要由价值目的决定"；①理论思维是分析与综合为主的，旨在得出因果性结论，工程思维则是以组合与设计为主，旨在目标价值导向下进行不同规律与规则之间的协调与整合而实现主体的目的。

从学理上来讲，人类所有知识均源于对自然与社会的研究。人类在认识与改造自然的过程中，总结出了反映自然规律的自然科学，以及改造自然的自然技术与自然工程。自然科学、自然技术与工程之间既有区别又有联系，它们组成一个有机的整体，彻底地改变了人与自然的关系。与此相对应，人类在认识与改造社会的过程中，出现了社会科学、社会技术与社会工程，社会科学是关于社会运行的规律，而社会技术与社会工程则是变革社会的方法与规则体系。科学，无论是自然科学还是社会科学都是理论思维模式的成果；技术与工程，无论是自然的还是社会的，都是以工程思维模式为主导的。

社会科学的地位已为人们所承认，而社会技术与工程长期作为社会科学的附庸而存在，社会科学家总是兼任社会技术家或社会工程家，这是极为有害的。我们经常会看到许多社会科学方面的理论文章，作者总会忍不住提出若干相关的政策建议。自然科学家一般不会在发现某个规律时，就提出某些"技术方法与原理"的建议。在自然领域中，人们已经认识到从理论到实践的通道是复杂而漫长的，便出现了自然科学与自然工程技术的分工。而在社会领域中，二者长期相互混淆在一起，某门社会科学往往"兼任"与之对应的社会工程学。

---

① 王宏波：《社会工程的概念与方法》，《西安交通大学学报》（社会科学版）2000 年第 1 期，第 45-52 页。

随着人们社会实践活动的不断深入，在社会领域中，人们的主体意识在社会工程活动中逐步凸现，人们不但在自然界面前体现出了自己的能动性，也会在社会面前显现自身的能动性，产生于 20 世纪中叶的公共政策学正是社会工程能动性这一趋势的具体体现。

公共政策的社会工程特点之一是面向社会问题的，在于解答社会"应该怎样"的问题，是以蕴涵价值的政策目标为导向的。公共政策是社会工程思维的成果，是对社会科学知识的综合运用。社会工程活动的过程是社会规则体系变革的过程。通过规则体系的变革，重构人们之间的公共利益关系和私人利益关系。公共政策作为社会工程的活动形式之一，其实施目的是通过改善社会结构与社会的运行方式，改变公共利益的分布格局。一个社会的政策框架，以及在政策框架基础上产生的制度安排、法规体系、社会规范就构成了社会工程活动的内容，政策的变化会引起社会活动结构的变化；也可以反过来说，社会结构的演变，首先是社会政策的变化，两者是同一回事。公共政策过程是以社会工程思维模式为导向的，价值目的不但在外部支配着思维活动，而且在内部也支配着思维程序。公共政策学是社会领域中的社会工程学，是社会领域中人类认识的"第二次飞跃"。

（4）社会工程活动的多主体互动性表现为公共政策过程中的动态、连续、主动的博弈特点

社会工程活动的显著特点是多主体参与和互动的过程。参与政策制定的不同社会主体，政策效果承受者的不同社会主体，都会围绕政策目标及其政策手段的选择发生社会互动，这种互动是围绕政策设计所展开的博弈过程。若从宏观的角度看待公共政策，其政策活动就是一种社会博弈过程。公共政策必须解决特定的政策问题，实现它既定的目标，才能体现政策存在的意义。而解决政策问题，实现政策目标是通过动态的、多政策方案的主动的选择过程完成的。这种不同政策相关者围绕各自的政策目标而设计政策方案并试图实现的选择性竞争过程是社会工程活动展开的重要特点。

首先，公共政策是一个动态的过程，它是以主体的认识与实践活动为主要内容的一个具体的过程。在政策科学理论中，人们对政策过程的阶段做了许多不同的划分。根据有关代表性的文献，一般是把政策过程（或一个政策周期）划分为：政策制定、政策执行、政策评估、政策监控、政策终结五个部分。也有文献将政策过程分为：政策制定、政策执行、政策评估三个部分。笔者在上述划分的基础上，把公共政策过程划分为四个部分，即问题界定、政策制定、政策执行、政策结果。其中，政策问题界定包括问题感知、问题辩论、问题表达。政策制定包括目标设计、方案与对策的

设计、政策方案的合法化等具体方面，最终产生一个体现政策目标与政策价值的具有合法性的政策文本。公共政策实施就是政策目标与政策价值的实现过程，在这个过程中，实现公共政策目标，使政策目标转化为公共政策活动的客观结果。政策评价包括政策评估和政策监控。政策评估是对政策结果或政策效果的评价；政策监控则是对政策全过程的评价，是对公共政策问题界定、政策制定和政策实施过程进行某种价值判断，并在此基础上进行政策修正。或者说，公共政策评价并不是独立的政策过程，它是有机地贯穿和融合于整个政策问题界定、政策制定和政策实施过程中的政策活动。正如泰勒等人认为的，"政策的含义远远超越了政策文本，它还包括先于文本的政策过程，包括政策文本产生之后而开始的政策过程，以及对作为一种价值陈述及行动期望的政策文本的修改和实际的行动。"①

其次，公共政策是一个连续的过程。一方面，从政策问题经政策制定、政策实施到政策结束是一个前后顺序相接的连续过程，但这个过程不是简单的线性的而是复杂的和多层次的，是一个复杂的"政策圆圈"，存在着多重反馈圆环（如图 15-1 所示）；另一方面，一个政策圆圈结束以后，并不代表政策过程完全的终结，而是政策过程与政策环境相互作用下开始对政策结果的新评价和政策文本的修正，在此基础上开始新的政策过程，从一个政策周期到另一个政策周期，社会结构或社会利益格局发生着相应的变化，这种过程正是社会的变迁过程。

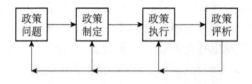

图 15-1　公共政策的"政策圆圈"

再次，公共政策是政策实践主体主动的集体选择的过程。不论是政策问题界定、政策制定、政策实施还是政策评价都是决策主体主动选择、利益主体主动参与的过程。"在哲学意义上，公共政策所主张的，实际上是一个主观与客观相统一，主体与客体相适应的过程。基于这一过程中公共政策问题所涉及的动态因素之多，所以公共政策特别强调'选择性'的意义。"②

从现代博弈论的角度，从政策问题界定、政策制定、政策实施到政策

① Sandra Taylor，Fazal Rizvi，Bob Lingard and Miriam Henry. *Education policy and the Policy of Change*. Routledge：London and York，1997，pp. 25-28.
② 张国庆：《现代公共政策导论》，北京：北京大学出版社，1997年，第41页。

评价都是决策主体与利益主体的相互博弈的过程，政策目标是决策主体博弈的妥协，政策结果是决策主体与利益主体相互博弈的均衡状态，政策文本是其静态的表现形式。从理论上说，在给定的条件下，社会通常自发地趋向于某个均衡状态。社会一旦达到某个均衡状态，理性的参与者将没有积极性改变已经达到的状态，因为这个状态对于他们每一个人来说，都是"局部最优"的，所以，均衡状态是社会活动的趋势和方向。对于均衡点的求解，也是对未来的一种预测。①

当政策主体向社会提供公共政策时，这一行为的博弈论含义是，它通过改变参与人的效用函数或参与人的行动空间来"调整"社会活动的均衡点，使社会的运行向着有利于实现某个政策目标的方向发展。因为，如果效用函数发生变化，对于参与者来说，原来的选择可能不再是最优选择，他将理性地调整自己的策略，优化自己的效用。

3. 公共政策的分析模式体现了社会工程思维的特点

社会工程思维的重要特点是将价值分析与事实分析统一起来。这一点体现在公共政策的分析模式中。公共政策分析即分析公共政策。公共政策的内涵内在地决定着公共政策分析的基本模式。公共政策分析涉及两方面的基本问题，即"分析什么"与"如何分析"的问题。如果说，公共政策是其现象形态、本质形态、过程特点与思维模式的统一，那么，基于上述公共政策的多角度透视，在公共政策分析的两个基本问题中都集中地体现着事实分析和价值分析的高度统一。

（1）公共政策的本质形态与思维模式决定了政策分析的基本方法，即"如何分析"的问题

公共政策分析不同于公共政策本身。公共政策分析是提供方法论与方法的学问，是公共政策活动过程中的一个基本维度，影响着公共政策活动的进程与效果。从思维模式上看，政策思维属于社会工程思维，社会工程思维是以价值分析为取向的，价值目的内在地决定着政策思维的基本程序。但价值分析不能离开事实分析，价值分析保证公共政策的合理性，事实分析保证公共政策的可能性。价值分析包含评价辨认与价值综合，事实分析包含现象描述分析与因果关系分析。价值分析与事实分析渗透在公共政策过程的各个环节。公共政策分析就是提供公共政策的价值分析方法与事实分析方法的学问。

---

① 田大山、邱菀华：《基于博弈论的公共政策分析》，《中国科技论坛》2001 年第 3 期，第 60-62 页。

（2）公共政策的现象形态与过程特点指出了政策分析的内容，即"分析什么"的问题或关于"什么"的方法

公共政策分析的内容应该有：

①政策问题界定分析，包括政策问题的事实分析法与价值分析法；

②公共政策的制定分析，包括政策制定的事实分析法与价值分析法；

③公共政策执行分析，包括政策执行的事实分析法与价值分析法；

④公共政策评价分析，包括政策评价的事实分析法与价值分析法。

因此，我们便有这样的政策分析模式：事实分析法与价值分析法是公共政策分析的基本方法与视角，政策问题界定、政策制定、政策执行与政策评价是分析对象，公共政策分析的目的是探讨政策过程各阶段的各种具体的事实分析法与价值分析法，提高公共政策质量。这一模式是由公共政策本身所内在决定的。公共政策是由某些价值目的主导的社会政治过程，公共政策分析是其"方法论"维度。

（3）重视基于社会博弈的政策分析与预测方法

公共政策过程中存在着社会博弈过程，而且是动态连续的主动的博弈过程。在公共政策活动过程中，公共政策的决策主体与利益主体均以自身利益最大化为目标选择行为策略，由于二者之间目标的差异性，在各自期望收益大于期望损失的情况下，选择违法、违规、违章和违纪的行为，可能也是一种"理性的选择"，是市场经济条件下利益主体多元化的自然结果。为了尽可能准确地预测一项公共政策的后果，我们必须将各个利益主体的一切可能的选择，包括"上有政策，下有对策"的"变通"和直接的违法行为都纳入公共政策分析的内容，以此为前提进行政策分析，对政策后果的估计才会比较真实；以此为前提确定有关的决策变量才可能是比较合理的，博弈论是政策分析中用事实分析法进行政策预测的有力工具。

三、公共政策设计的综合集成方法

1. 公共政策设计的思维模式

人类思维模式的分类标准是多种多样的，但从思维的目标上看，可将人类的思维模式分为理论思维与技术思维，理论思维的目的在于追求"本来怎样"，技术思维在于解答"应该怎样"；理论思维属于人类认识的第一个阶段或第一次飞跃，技术思维属于人类认识的第二个阶段或第二次飞跃；理论思维是"真理价值"取向，技术思维是"效用价值"取向；"对理论思维来说，价值目的只能在外部支配思维活动，而不能在内部支配思

维的程序内容，亦即思维内容取决于主体的爱好、意愿和欲望等，但怎样把握对象的本来面目却与价值目的无关，对工程思维来说，价值目的不仅在外部支配思维活动，而且在内部支配思维的程序内容，亦即不仅思维内容取决于主体的需要，而且如何把握对象也要由价值目的决定"[①]；理论思维是分析与综合为主的，旨在得出因果性结论，技术思维是以组合为主的，旨在目标价值导向下进行不同规律与规则之间的协调而实现主体的目的。

从学理上来讲，人类所有知识均源于对自然与社会的研究，人类在认识与改造自然的过程中，总结出了反映自然规律的自然科学，以及改造自然的自然技术与自然工程，自然科学、自然技术与工程之间既有区别又有联系，它们组成一个有机的整体，彻底地改变了人与自然的关系。与此相对应，人类在认识与改造社会的过程中，出现了社会科学、社会技术与工程，社会科学是关于社会运行的规律，而社会技术与工程则是变革社会的方法与规则体系。科学，无论是自然科学还是社会科学都是理论思维模式的成果；技术与工程，无论是自然的还是社会的，都是以技术思维模式为主导的。思维模式和思维的成果具有内在的对应性。因此，按照技术思维所面临的对象，技术思维可以进一步划分为关于自然事物的技术思维与关于社会事物的技术思维。

社会科学的地位已为人们所承认，而社会技术与工程长期作为社会科学的附庸而存在，社会科学家总是兼任社会技术家或社会工程家，这是极为有害的。我们经常会看到许多社会科学方面的理论文章，作者总会忍不住提出若干相关的政策建议。自然科学家一般不会在发现某个规律时，就提出某些"技术方法与原理"的建议。在自然领域中，人们已经认识到从理论到实践的通道是复杂而漫长的，便出现了自然科学与自然工程技术的分工。而在社会领域中，二者长期相互混淆在一起，某门社会科学往往"兼任"与之对应的社会技术学。

随着人们社会实践活动的不断深入，在社会领域中，人们的主体意识与"技术"意识逐步凸显，人们不但在自然界面前体现出了自己的能动性，也会在社会面前显现自身的能动性，产生于20世纪中叶的公共政策学正是这一趋势的具体体现。

公共政策是面向社会问题的，在于解答社会"应该怎样"的问题，是

---

① 徐长福：《理论思维与工程思维——两种思维方式的僭越与划界》，上海：上海人民出版社，2002年，第82页。

以蕴涵价值的政策目标为导向的，价值观不仅从外部支配着政策思维的结果，而且也内在地支配着政策思维的程序与过程。公共政策是对社会科学知识的综合运用，每一项具体公共政策是技术思维的成果，公共政策的实施目的是通过改善社会结构与社会的运行方式，改变公共利益的分布格局。一个社会的政策框架，以及在政策框架基础上产生的制度安排、法规体系、社会规范就构成了社会活动结构的内容，政策的变化会引起社会活动结构的变化；也可以反过来说，社会结构的演变，首先社会政策的变化，两者是同一回事。公共政策学是社会领域中的工程技术学，是社会领域中人类认识的"第二次飞跃"。公共政策设计是以技术思维模式为导向的，价值目的不但在外部支配着思维活动，而且在内部也支配着思维程序。

政策设计思维与技术设计思维具有同构性特点。二者都是要创造出前所未有的新功能或新事物，政策设计与技术设计一样，既有政策的目标设计，也有政策的过程设计，目标设计与过程设计具有内在的统一性。目标设计是为了解决政策问题，而过程设计则是为了实现政策目标而进行的程序设计。由此可见，不论是政策设计还是技术设计，从思维方式上，二者都属于构造性或组合性的思维方式，从抽象的意义上来说，二者的思维模式与思维方式具有同构性特点。

在认识到政策设计与技术设计思维同构性特点的同时，切不可忽略二者之间的区别，最重要的区别在于设计的内容与面对的系统之间具有异质性，从这一层意义上来说，工程设计与政策设计还是有着重要的区别，好在设计的重点在于思维结构与思维模式，而不在思维的对象上。因此，政策设计与工程设计应该有着基本方法与基本原理。

从思维模式上来讲，公共政策不同于政治学、经济学、法学等社会科学，公共政策属于社会技术与工程，其目的不是去发现社会运行中的"规律"，而是通过协调社会矛盾与社会冲突，重构或变革社会关系与社会结构。

2. 社会系统的复杂性与综合集成方法

按照钱老的观点，学科类别的划分标准并不是不同学科的研究对象不同，而是研究问题与观察问题的视角不同，所有科学的研究对象只有一个，那就是客观世界。社会科学是从认识社会现象的角度来认识与理解客观世界的。那么我们有理由认为所有技术都是从不同的角度为人们提供改造世界的工具和方法，自然技术为人们提供改造自然事物的工具与方法，社会技术为人们提供改造社会事物的工具与方法。公共政策属于社会技术，是权威主体调控社会系统的工程技术。虽然自然技术与公共政策的改造终极对象都是客观世界，但二者所面对的具体对象毕竟不在一个层次上，社会现象所处的层次要高于自然现象所处的层次，从某种意义上来讲，社会现象是自然事物与社会事物的综合体。

社会现象是以人为子系统主体而构成的系统，这类系统的子系统还包括由人制造出来的具有智能行为的机器。对于这类系统，"开放"与"复杂"具有更深更广的含义。这里的开放性指系统与外界有能量、信息或物质的交换，更具体地说，系统与系统中的子系统分别与外界有各种信息交换，系统中的各子系统通过学习获取知识。由于人的意识的作用，子系统之间的关系不仅复杂而且随时间及情况有较大的易变性。一个人本身就是一个复杂的巨系统，现在又以这种大量的复杂巨系统为子系统而组成一个更大的巨系统——社会。这里不仅以系统中子系统种类的多少来表征系统的复杂性，而且知识起着极其重要的作用。"社会是一种特殊的复杂巨系统"[①]，所以，面对社会系统的社会科学与社会技术必然有着自己特有的方法论。

社会之所以是一种特殊的复杂巨系统，按照钱学森的观点，巨系统是和小系统相比而言的，巨系统是指由数量庞大的子系统平行构成的系统。复杂系统是与简单系统相比较而言的，系统的复杂性主要有 4 个特点：①子系统之间可以有各种方式的通信；②子系统的种类多，各有其定性模型；③各子系统中的知识表达不同，以各种方式获取知识；④子系统的结构随着系统的演变会有变化，所以系统的结构是不断变化的。

社会系统具有系统复杂性的所有特征，社会子系统之间具有各种各样的通信方式，有初级通信方式，也有高级通信方式；社会子系统就是各种社会组织，社会组织种类繁多，性质各异；社会子系统中的知识表达、知识储存与知识获取方式不同；社会组织的结构与性质随着社会系统的整体结构变化不断发生调整，社会系统的结构与性质不断发生演化。除此之外，社会系统中还有人的意识与人的行为，人的意识现象是其他复杂性巨系统所没有的，所以，社会系统是一种特殊的开放的复杂巨系统。

如何认识和改造社会系统这类复杂巨系统？钱学森凭借自己深厚的科学素养，提出了关于复杂巨系统研究方法论，即所谓的"从定性到定量的综合集成方法"与"大成智能工程"，从而为社会科学与社会技术研究指

---

① 钱学森：《创建系统学》，太原：山西科学技术出版社，2001 年，第 51 页。

明了方向。钱学森认为，"实践已经证明，现在能用的、唯一的能有效处理开放的复杂巨系统（包括社会系统）的方法，就是定性到定量相结合的综合集成方法。"[1]

那么，什么是"从定性到定量的综合集成方法"与"大成智能工程"呢？钱学森在对社会系统、人类系统、地理系统与军事系统这四个复杂系统研究实践的基础上，结合国内外研究进展情况，提炼、概括和抽象出从定性到定量综合集成方法。在这些研究和应用中，通常是科学理论、经验知识和专家判断力相结合，形成和提出经验性假设（判断和猜想）。而这些经验性的假设不能用严格的科学方法加以证明，往往是定性认识，但可以用经验性数据和资料以及上千个参数的模型对其确定性进行检测。借助于现代计算机和通信技术，可以基于统计数据和各种信息资料，建立起包括大量参数的模型，这些模型是建立在经验核对系统的实际理解之上。经过计算机仿真可计算得到定量结果，再由专家分析、综合和判断，形成包括了感性的、理性的、经验的、科学的、定性的和定量的知识的综合集成。通过人机交互，反复对比，逐次逼近，最后形成结论。实现从感性到理性、由定性到定量的转化。当一个方面的问题经过这种研究，有了大量的积累，又会再一次上升到整个方面的定性认识，达到更高层次的认识，形成一次又一次的飞跃。综上所述，定性与定量相结合，从定性到定量的综合集成方法，就其实质而言，是将专家全体、相关的统计数据和信息资料与计算机有机地结合起来，把各种学科的科学理论和人的经验知识结合起来，构成一个高度智能化的人机交互系统。

钱学森批评了那种企图用简单方法解决开放的复杂性巨系统的还原论思想。不同类型的系统，有着不同的研究方法论。对于子系统的数量比较少、相互关系比较单纯的简单系统，可以从子系统之间的相互作用出发，直接综合成整个系统的运动机能。对于简单巨系统，因为子系统的数量非常多，直接综合的方法就行不通了。人们采用统计的方法，略去细节进行概括，耗散结构理论和协同学等便属于此类。研究开放的复杂巨系统，采用还原论和统计的方法去处理行不通。因为从可测的整个系统到子系统层次很多，中间层次又不完全清楚，整个系统功能不等于各个子系统功能的简单叠加。

可见，所谓的综合集成方法是认识和改造复杂性巨系统思维方法与思

---

[1] 钱学森、于景元、戴汝为：《一个科学新领域——开放的复杂巨系统及其方法论》，《自然杂志》1990年第1期，第3-10页。

维技术。值得注意的是这种方法并没有完全传统的还原论方法与统计方法，而是针对不同的系统要有不同的方法。面对复杂的社会系统，无论是社会科学还是公共政策，从定性到定量的综合集成方法便成了唯一的选择。

3. 综合集成方法对公共政策的启示

（1）为政策设计提供了重要的方法论原则

综合集成方法不仅对我们的思维方式和社会科学方法论带来重大变革，而且作为社会技术还将对公共政策设计的实践活动产生巨大的推动作用。政策科学是解决政策问题的工程技术学，政策问题的复杂性使它的定量分析非常困难。传统的政策研究一是靠政策分析人员不辞辛劳地去做实地调整，搜集实际资料，获取社会经验；二是靠政策分析人员发挥个人聪明才智，凭所谓的抽象力去弥补研究手段的不足；三是通过会议讨论，综合各方面对政策问题的看法及其政策建议，最后达成共识，举手表决通过。因而传统的政策研究与政策设计长期沿袭的是一种"经验为主"的研究方式。

公共政策所面临的社会系统的开放性和复杂性，使得传统的政策设计方法一筹莫展，综合集成方法针对社会系统的本质特征，提出将定性与定量知识结合起来。把各方面有关专家的知识及才能、各种类型的信息及数据与计算机的软硬件有机合成起来，构成一个系统，发挥该系统的整体优势和综合优势去研究和解决各种复杂的社会问题。这一方法不仅克服了传统社会科学方法的不足，还成为社会科学通向社会技术的桥梁，是社会科学现代化的必由之路。现代化的信息技术和计算机技术带来了研究手段的现代化，人机交互、人机互补带来了工作方式的现代化，群体集成式取代个体手工式带来了研究方式的现代化，多学科的交叉综合带来了学科体系的现代化，理论与实践相结合不断反复上升带来了社会科学职能的现代化。总之，综合集成方法为政策设计的现代化提供了重要的方法论原则以及相应的技术基础。

（2）改造政策系统，提高公共政策的质量

从定性到定量的综合集成技术就是要把人的思维、经验、知识、智慧以及各种情报、资料、信息统统集成起来，是"大成智能工程"。综合集成方法不仅是研究和解决社会系统复杂问题的方法论，更重要的还在于它本身就是改造社会的实践，自始至终把定性研究与定量研究结合起来。从多方面的定性认识上升到定量认识，这是把形象思维和逻辑思维生动地结合起来，因而能更准确地把握事物的现象与本质、部分与整体、微观与宏观的状态。将现代科学技术体系、有关专家体系、以信息和计算机技术为核心的工具体系三者有机结合起来，构成一个高度智能化的人机交互系统，可以避免少数人说了算，或开个会议一议就定案的局限性和片面性，减少决策上的失误。"把科学理论与经验知识结合起来，不仅集中领导的判断、专家群体的智慧，也可以汇集千千万万零散的群众的意见，'集腋成裘'，把零金碎玉熔铸成社会主义建设的方针、政策和发展战略。"

根据综合集成方法的基本要求，完整的政策决策系统由三个方面组成：理论知识层面、经验知识层面、信息与计算机技术层面。理论知识层面与经验知识层面以政策研究人员为载体，信息资料以计算机的硬件为载体，政策决策系统是由硬件和软件组成的人机交互系统。政策研究人员为载体主要为政策方案提供定性知识，信息与计算机技术主要为政策方案提供定量知识，政策方案是定性知识与定量知识相结合的产物。这实际上是将民主集中制的原则运用于现代科学技术的方法论之中，并寻求科学与经验相结合的解答。将多年来我党提出的民主集中制原则，科学地、完善地实现，其意义远远超过了一项科学技术的发展和进步。

（3）综合集成方法可以再造政策设计流程

钱学森从开放的复杂巨系统及其思维方法提炼出"从定性到定量的综合集成研讨厅"体系，其构思是把人集成于系统之中，采取人机结合，以人为主的技术路线，充分发挥人的作用，使研讨厅的集体在讨论问题时成员间能够互相启发，互相激励。集体的创见远远胜过一个人的智慧，把今天世界上千百万人的聪明智慧和古人的智慧统统综合集成起来，以得出相对完备的思想和结论。

根据钱学森的"从定性到定量的综合集成研讨厅"体系，政策方案设计的基本流程可能包括如下几个步骤：

第一，问题识别阶段。这一阶段属于定性分析阶段，政策分析人员凭借有关理论知识与实践经验分析所面对的社会问题，判断问题的性质以及引发此问题的可能原因，确定此问题是否属于公共政策问题。

第二，问题分析阶段。这一阶段属于定性与定量分析初步相结合的阶段，政策分析人员运用有关理论知识构建各种不同的政策模型，结合计算机硬件中储藏的大量信息与历史数据，运用计算机模拟与仿真技术，预测政策问题的发展趋势，比较不同政策方案实施的定量结果。

第三，综合研讨阶段。这一阶段属于定性与定量深度结合阶段，政策决策者组织科技工作者、政策分析人员与政策问题的其他相关人员，结合计算机的综合计算与模拟结果，对政策问题与政策方案进行综合研讨，确定最终的政策方案。

第四，执行与调整阶段。对政策的执行过程进行监控，利用政策监控所获得的新信息修改政策模型的有关参数，再一次运用计算机进行综合计算与模拟，对政策问题与政策方案综合研讨，提出更好的政策方案。

总之，从系统和整体的角度，运用钱学森所倡导的综合集成方法来研究和解决政策问题，可以避免传统的经验式的政策决策方式所产生的简单化和片面性，促进我国社会主义建设全面协调地发展。

四、政策设计的冲突分析与协调方法

应用社会工程的思维研究政策设计与实施，要特别注意政策设计中所涉及的不同社会群体之间的利益冲突和相互协调，因此要重点关注政策设计的冲突分析与协调方法。

1. 公共政策设计中的冲突分析

（1）公共政策设计中的冲突概念

公共政策设计过程就是具有合法性的权威主体，通过规则的制定或修改改变社会群体之间的利益关系，从而达到维护公共利益的目的。然而，社会是一个非常复杂的有机系统，政策设计很难达到两全其美，使政策所涉及的社会群体的社会净利益都能得到提高，或者说，在使某一社会群体之净利益提高的同时，而使另一社会群体之社会净利益不致下降或下降的幅度能使他们继续容忍下去，政策分析与设计人员常常面临的问题是，政策法规在使某些社会群体之社会净利益提高的同时却使另一些社会群体的社会净利益减少，或者是，在使社会某些方面进步的同时却使另一些方面变得更加糟糕。还有，某一政策越想达到理想目标，就会引起政策执行难度增加或政策执行成本升高，也就是说政策目标与政策执行成本之间可能存在着此消彼长的关系。所谓设计冲突即在重构社会系统之新功能时，对政策有着相反的功能要求，或是其子系统之间的社会净利益有着此消彼长的关系，或者政策目标与政策执行存在着相互制约的关系。

政策问题中的社会冲突不同于政策设计的冲突，政策问题中的冲突是现实冲突，而政策设计中的冲突则为理论冲突或是政策设计所引发的潜在冲突。政策设计中往往存在着种种冲突，在对待政策设计的冲突问题上，传统的观点是简单折中法。笔者认为，在对社会系统的分析与规划中，应像工程设计专家一样，对政策设计中的冲突进行深入细致的研究，划分冲突类型，分析冲突的生成结构，从而在最大限度内缓解冲突，实现经济、社会的协调发展。

（2）政策设计中的冲突分类

公共政策设计中的冲突分为两种类型：一是目标冲突；二是执行冲突。所谓政策设计的目标冲突存在于政策目标设计中，是指对某一政策设计的功能提出相反或是相互矛盾的目标要求，如果政策指向趋于实现某一目标就会导致社会系统远离另一目标。目标冲突表现为两种情形：一是政策指向愈倾向于实现某一政策目标，则会导致社会系统愈是远离另一政策目标；二是政策指向趋向于远离某一政策目标时，也会导致社会系统靠近另一政策目标。政策设计中的目标冲突潜藏着利益冲突，利益冲突是指如果政策指向增加了社会系统中某一子系统或社会群体的社会净利益，就会导致另外几个子系统或社会群体的社会净利益的减少，或者说政策规定会产生有用和有害两种不同的影响，利益冲突实现就是社会系统中两个子系统之中的冲突，具体表现为如下 3 种情况：①在一个子系统中引入社会正利益，导致另一个子系统产生一种社会负利益或加强了已存在的社会负利益，导致社会利益下降。②消除系统的社会负利益导致另一子系统的社会正利益减少，导致社会总利益下降。③社会子系统的社会正利益的加强或社会负利益的减少使另一子系统或系统的社会利益变得更加不确定。如东南亚金融危机时的中国货币汇率政策，若从对外经济贸易的角度，则要求人民币汇率下跌或贬值，若从对外交往与维护中国经济地位与形象的角度，则要求人民币汇率的稳健，那么人民币到底是贬值还是不贬值，即政策设计中的目标冲突。

所谓政策设计的执行冲突体现在政策过程设计中，是指一项政策的目标越是明确或理想化，其执行成本或执行难度越高。比如关于打击贩毒的公共政策，打击力度越大，贩毒的人数肯定会下降，同时此政策的执行成本必然会急剧上升，政策执行难度加大，甚至难以执行。所以政策目标与政策执行之间存在着潜在的冲突。

（3）目标冲突与执行冲突的内在联系

一般而言，目标冲突与执行冲突之间是相互制约的，如果政策目标能够兼容多种价值取向，使合理的价值取向得到充分表达，政策执行冲突就可能降低；如果政策目标的取向单一，没有充分表达不同的价值取向，就会使政策执行阻力增加，从而使政策执行难度增加，加剧政策的执行冲突。

目标冲突是对同一系统的政策功能提出了相反的要求，或是对同一系统有相反的价值取向。目标冲突一般都可以转化为利益冲突，目标冲突中往往隐含着利益冲突，二者具有内在的一致性。利益冲突涉及两个子系统的两个参数 A 和 B，若 A 得到改善则 B 就变得更差。在制定冲突问题的解决方案时，将目标冲突转化为利益冲突，转化往往有利用政策方案的设计。

2. 协调公共政策设计冲突的一般思路与方法

（1）协调政策设计冲突的一般思路

根据工程设计中冲突问题解决的一般思路，考虑到社会系统的复杂有机性，公共政策设计冲突分析的思维模式如图 15-2 所示：

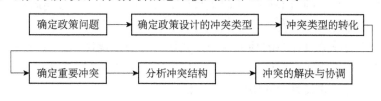

图 15-2 公共政策设计冲突分析的思维模式图

①确定政策问题及政策目标，政策问题一般属于社会问题，但并不是所有的社会问题都会成为政策问题，政策问题是引起政府或权威机构重视并被提上议事日程的社会问题。

②确定政策设计中的冲突类型，政策问题的本身就是社会子系统之间的冲突所造成的，政策设计的目的在于化解冲突，协调系统运行，使社会系统呈现新功能，新功能的设计过程必然又会碰到政策设计冲突，确定政策设计中的冲突类型包括三个步骤：首先，确定政策问题与政策执行所涉及的所有的社会子系统；其次，确定社会子系统及其与政策执行系统之间的冲突所涉及的社会变量，将社会子系统之间的政策冲突表述为社会变量之间的此消彼长；再次，确定政策冲突类型，将社会子系统之间政策设计冲突表述为利益冲突。

③冲突类型的转化，对政策设计中的冲突问题进一步剖析，具体分析政策设计中社会子系统发生冲突的基本形式，将纷繁复杂的政策问题分解为成对的利益冲突，政策设计冲突可以视为成对利益冲突的叠加与组合。

④确定主要设计冲突，社会系统的联系方式有别于自然系统的联系方式，自然系统内各子系统具有理论上的可分离性，可在人为控制下达到某种理想状态或理想方式，而社会系统则具有不可分离性。从理论上讲，社会系统中的某一子系统发生变化，这一变化对其他子系统的影响具有不可穷尽性。社会冲突具有如此特点。反映到政策设计中也是如此，但政

策设计中的利益冲突有主次之分，在许多情况下主要冲突解决之后就可以基本实现政策所规定的新功能，可以先将某些次要冲突暂时忽略或者进行适当的控制。实际上，这里的次要冲突就是对政策设计目标没有影响或影响基本可以忽略的政策冲突，任何一个具体政策不可能解决所有的社会问题。

⑤分析目标冲突与执行冲突之间的关系，具体分析所面临的政策问题中目标冲突与执行冲突之间的关系，不同的利益群体有不同政策要求，不同的利益群体与政策执行之间有着不同的关系，有些利益群体阻碍政策目标的实现，有些利益群体推动政策目标的实现，在政策目标与政策执行成本之间进行必要的权衡。

⑥协调政策设计中的冲突问题，实现可行的政策目标。运用政策设计的有关工具与方法，协调设计冲突，提出完整的政策设计方案。

（2）协调政策设计冲突的一般方法

协调政策设计冲突有三种基本方法：分离法、平衡法、补偿法。

①分离法。抽象地讲，政策设计中的利益冲突是难以协调的。具体的利益冲突总是在一定时空条件下发生在政策设计中，利益冲突具有一定的时空特征，具有时空特征的利益冲突必然具有一定程度上的可分离性。可以采用如下分离原理协调设计冲突：时间分离原理，空间分离原理，整体与部分分离原理。

第一，时间分离原理。所谓时间分离原理是将冲突双方在不同时间段分离，以降低解决问题的难度，当关键子系统冲突双方在某一时间段只出现一方时，时间分离是可能的，应用此原理时，应思考如下问题：冲突双方在整个时间中"正向"或"负向"变化？在时段中冲突的一方是否可不按一个方向变化？如果冲突的一方可不按一个方向变化，利用时间分离原理是可能的。如公交系统中红绿灯政策设计，就是将不同的两个方向的行人与车辆进行时间分离，从而解决了二者之间的冲突。

第二，空间分离原理。所谓空间的分离原理是将冲突双方在不同空间分离，以降低解决问题的难度，当关键子系统冲突双方在某一空间可出现一方时，空间分离是可能的，应用该原理时，思考如下问题：冲突双方是否必然存在于同一空间？冲突一方是否可能在另一空间出现并带额外的难以支付的成本？比如城市规划中让不同收入的人群分区居住的政策。

第三，总体与部分的分离原理。所谓总体与部分的分离原理是将冲突双方在不同层次分离，以降低解决问题的难度，当冲突双方在关键子系统层次只出现一方，而该方在超系统层次内不出现时，总体与部分的分离是可能的。比如城市发展中的高新技术开发区的建设就是运用了总体与部分分离原理，作为部分的高新区实行全新的管理体制以别于作为总体的整个城市，既有利于城市发展又消除了新体制与旧体制之间的直接冲突。

②平衡法。在应用分离法协调政策设计中的各种冲突问题时，往往会陷入如下困境：

首先，基于社会系统有机复杂性，有些政策设计中的冲突根本无法分离，无论是作为目标冲突还是执行冲突。冲突双方在时间、空间总是同时出现，无法进行时间或空间的分离。其次，任何社会子系统都有人参与，基于理论方面与可操作性方面的考虑，有些政策设计的冲突从理论上可以进行分离，其实际操作的成本又十分巨大，即所谓的理论上可为，实践中不可为。再次，在进行公共政策设计时，政策设计者往往面临的是呈网络形或星形的冲突结构，常常会出现主要的设计冲突可以通过分离的方法得到协调，但次要冲突根本无法分离，或者是主要的政策设计冲突只能部分分离，通过分离的方法无法完全协调政策设计中的冲突问题。

当政策设计者面临上述问题时，可以运用解决设计冲突的第二种工具即平衡法。所谓平衡法，也可称为折中兼容法，当政策设计中的冲突再也无法通过分离的方法协调时，设计者应根据冲突双方在政策设计目标中所处的地位，对冲突双方的利益与成本进行适当分离或对相互冲突的目标进行折中，从而使政策设计冲突得以解决。运用平衡法有如下步骤：第一，确定无法分离的设计冲突。第二，确定冲突的主要方面和次要方面，若是利益冲突，要确定其主要方面与次要方面；若是执行冲突，要权衡目标收益与执行成本。第三，满足主要方面的最基本的要求，将主要方面的基本要求作为政策平衡的约束条件。第四，在主要方面最基本要求得到满足的条件下，使次要方面收益最大化。

③补偿法。在公共政策设计中，运用分离法和平衡法所设计的政策的功能，虽然基本上达到了政策目的，但可能还会存在如下问题：其一，运用平衡法进行政策设计时，可能极大地损害了某一方的切身利益，有可能导致利益受害方采取其他可预见的有损公共利益的行为。其二，在运用分离法和平衡法进行政策设计时，导致了可预见的其他社会成本的提高。

为了使政策设计中的主要冲突在真正意义上得到解决，还要运用冲突解决的第三个工具即补偿法。所谓补偿法，是通过其他社会分子系统的利益调整去影响或补偿政策设计所涉及的社会子系统的社会利益损失，从而使政策所涉及的社会子系统之间的关系更加协调的一种政策设计方法，运用补偿法应有如下步骤：第一，重新确定通过分离法之后，政策目标所涉及的子系统所存在的冲突类型，这些冲突是无法通过分离法协调解决的。第二，界定冲突类型和冲突结构，即分析政策目标所涉及的子系统之间所剩余的冲突类型和冲突结构，并画图表示。第三，引入政策目标之外的另一社会系统，但这一子系统的引入并非是随意的，所引入子系统应和政策目标子系统有着某种正向或负向相关性，这一子系统运行方向或利益函数发生变化之后，将会对政策目标子系统产生积极的影响，如果在政策设计的平衡过程中对某一社会子系统的社会利益有重大影响，这时就应该通过调整其他与之相关的某社会子系统的社会行为，从而达到对政策目标子系统的社会利益的补偿作用。第四，协调整体政策方案，通过分离法、平衡法和补偿法的综合运用，提出一套完整的政策方案。比如，在东南亚金融危机期间，在进行冲突的时间分离之后，中国政府在政治目标和经济目标之间进行了某种平衡，在稳定人民币汇率的情况下，追求经济的最优增长，并通过扩大内需的政策对外贸的经济损失给予补偿。

综上所述，分离法、平衡法、补偿法既是解决政策设计冲突的三种方法，也可能成为解决大型公共政策设计冲突的三个步骤或三个环节，是解决政策设计冲突的一般方法，对政策设计中的冲突分析及协调具有重要的现实意义。

第十六章
公共政策设计的逻辑和模式

在社会模式的设计和实施中，有一类较为普遍的社会模式就是公共政策模式。在当代社会发展中市场力量和政府力量是经济社会发展的两种重要力量。政府力量起作用的重要方式，就是使用公共政策。因此有必要重点讨论公共政策的逻辑模式，也作为理解一般社会模式设计的一个类型。

一、公共政策问题的范畴和逻辑特征

（一）公共政策问题的范畴

进入政府议程的社会问题和公共问题才是公共政策问题。进入政府议程，就意味着要采用一定的政策工具进行解决的时候，这样的公共问题才是政策问题。所以，公共政策问题是从众多的社会问题中跳出来的某一个特定具有代表性、社会性、普遍性、重要性、紧迫性的公共问题。

公共政策是政策体系中的问题，尤其是政策法规分析与政策法规设计的问题，这是社会工程研究中的核心问题，因为人类社会活动结构是在一系列活动规则的基础上构成的，这些社会活动规则就是政策规定和制度安排，所以社会工程研究的意义就在于通过政策法规分析与政策法规设计来推动社会进步。

政策执行过程中出现的问题以及涉及社会系统运行的基本规则问题，也是政策问题。这是因为社会改革与进步恰恰是在新政策的推行与实施条件下实现的，要改善社会状态、重建社会秩序、促进社会改革、推动社会进步，必须要将政策推行到现实社会中检验其结果是否与预期效应一致。

通过以上对公共政策问题的分析，可以认为，有社会问题存在，尤其是公共问题存在的地方，与政策框架、模式和政策的执行有很大的关系，或者是由于政策框架、模式不合理，或者是由于某个政策规定不合适，或者是某些政策规定执行有偏差，或者是由某种政策规定缺位，因此，公共政策问题是复杂的、多因的、普遍的、重要的，具有时间上、空间上的局限性和公共政策问题界定上的主观性、客观性。

（二）公共政策设计的逻辑特征

1.多重准则的合取是公共政策设计的基本逻辑特征

很多准则重合在一起，叫多重准则。"合取"是一个逻辑学概念，就是同时成立，共同起作用的意思，同时都得考虑而不能漏掉其中一个。准则乃评判的标准，例如，社会主义市场经济：市场经济的准则（投入产出的效益准则，竞争准则，优胜劣汰准则），社会主义的公正原则；再例如，关于改革措施的出台有三条要求：经济发展速度，改革的力度，群众接受的程度；还例如，户籍制度改革问题。放开城市户口，要有哪些准则呢？第一，城市容量：房屋容量，交通容量，水资源容量。第二，城市发展战略：是发展大城市，还是发展中等城市，还是建设小城镇。第三，农村建设和发展问题：中国百分之六十的农民都到城里去吗？第四，城乡差别消除的途径问题。第五，人权准则：人的自由流动权利，选择居住地的自由权。

所以，作为一项公共政策，它所涉及的不是一个方面的准则。这就要求我们放弃"单一准则的思维"惯性。公共政策设计和分析的难点在于不同的评价准则的确定和权衡。"单一准则的思维"是一种自我封闭的思维。

2.多重规律的互动、干涉和共同约束是公共政策设计的客观基础

为什么要有多重准则，它是建立在什么基础上？这是因为，公共政策所作用的对象涉及众多复杂的因素，每一个因素都有自己的运动规律。这些规律处在互动和相互干涉之中，并且共同约束着公共政策的作用对象。同一对象所存在的内部各因素和环境中的不同因素，以及这些不同规律之

间存在着相互干涉效应，即相互限制作用，相互放大作用，相互削弱作用，相互支持作用。这种不同因素的规律之间的相互作用统称为规律的互动状况。可以将工程设计与政策设计类比：在工程设计中，所涉及的声、光、热、电、磁、宏观物体的作用力都有它各自的运动规律，工程设计就是要利用它们之间的干涉作用和转化作用，构造一种具体的运行机制，在此基础上形成并设计一个技术产品。例如，曲柄连杆机构的功能就是实现圆周运动和直线运动的相互转化。在政策设计中也是如此。例如，计划生育政策设计即必须考虑到生理生育规律、家庭人口需求规律、社会人口需求规律、人口与经济社会协调规律等社会经济规律之间的相互作用。所以，多因素、多规律的互动机制研究是公共政策设计的思想理论基础。

3.多种价值目标的冲突是公共政策设计的主观状态

公共政策设计的主观状态实际上是多种价值目标冲突的过程。在政策设计过程中，价值目标是一个重要元素，政策制定者不仅要重视这一元素，并且要全面细致地考虑各种价值目标对政策实施的影响。而多种价值目标的考虑必然会带来价值冲突，政策最后的形成是在多种价值目标冲突和权衡的主观状态下而完成的。譬如，水资源的利用与保护政策的制定，在这个政策制定过程中，就要考虑以下几种价值目标：技术价值、经济价值、社会价值、环境价值、文化价值、政府价值，其中经济价值与社会价值不免会有冲突之处，不能两者完全兼得，必然要舍弃某些利益，经济价值与环境价值，政府价值与社会价值之间等都会有矛盾之处，而最后的政策就是在这些价值目标的冲突取舍中形成的。而取舍的根本标准是公众和政府的评价。

所以说，多种价值目标的冲突是公共政策设计的主观状态。

4.整合性思维是公共政策设计的思维要求

由以上所述得知，公共政策设计的基本逻辑特征是多重准则的合取，另外多重规律的互动和多种价值目标的冲突是公共政策设计的客观基础和主观状态。多重准则、多重规律和多种价值目标就需要一种整合性的思维来把它们分析融合在一项具体的政策中。整合性思维是以系统论为理论基础的现代思维方式，是系统思维在领导实践中的具体应用。它与"一叶障目，不见泰山；只见树木，不见森林"的形而上学的思维方式是根本对立的。整合性思维有全面性、综合性等特点，它注意系统内部各要素之间以及系统与外部环境之间的双向交互作用的整合效应，充分显现出现代思维的辩证性质。在公共政策的制定过程中，要运用整合性思维模式来分析政策各个影响因素的关系，并且分析政策与外在环境的相互关系，更加注重政策实施前后的科学预期与科学评价，从而制定出效率与公平兼顾的科学政策。

所以，整合性思维是公共政策设计的思维要求，在制定政策过程中必不可少。

二、公共政策分析的模式

（一）政策功能分析模式

对于政策进行功能分析，美国社会学家默顿提出的功能分析范式很具有启发和借鉴的意义。默顿的功能概念是对于社会系统的制度化结构而言的。我们认为，社会政策与公共政策是一个社会的制度化结构的重要内容，所以默顿的功能分析范式与政策分析也具有重要的价值。默顿的功能分析范式中的"正功能、负功能；显功能、潜功能"范式具有直接的借鉴意义。

1. 政策的正功能与负功能分析

政策的功能就是它被实施以后所起的社会作用。根据社会政策和公共政策作用于社会实际后产生的实际效果和影响的性质一般可分为正功能和负功能。正功能是对社会发展的促进作用，负功能是对社会发展的阻碍作用。公共政策的实行效果也要运用正负功能范畴去分析。政策实行后产生的使现状处于稳定状态的效果称为政策的稳定功能，对政策产生的推动进步、改善现状的效果称为政策的发展功能。我们要肯定稳定功能，但更要挖掘和拓展政策的发展功能。同理，对于政策产生的对现实状态否定的效果，甚至于产生的破坏公共事务和损坏公共利益的效果则是政策的负功能。完整的分析政策的正、负功能对正确和科学的评价一项政策的现实效用有很重要的帮助。

注意到政策的正、负功能是政策分析的前提之一。由于社会的结构是复杂多变的，它的发展程度也是不平衡的。我们不能假定，某一项政策的提出和设计，它对社会结构中的所有要素都起的是正功能效应。某一项公共制度或者公共政策，它可能反映了某一个社会层面的公共利益，同时又影响了另一个社会层面的公共利益。政策分析的要点是不仅要看到某一公共政策的正、负功能效应，更要分析它的正、负功能效应之间相对于社会总目标的关系。

2. 政策的显功能与潜功能的分析

政策规定或政策系统客观存在的功能，还可以分为显功能和潜功能。显功能是政策的设计和制定者所认识到的事物对于环境的客观作用，不论是正功能的，还是负功能。政策的实施有助于社会系统的调整和适应，促进社会系统的良性运行和协调发展，或者是不利于社会系统的发展和运行，都是政策的设计者所能认识和预测的；潜功能是政策的设计和制定者还没能认识到，但客观存在的对于作用对象的作用，也不论是正功能，还是负功能。在公共政策领域，政策所表现的现实效果和公众反应都有一定的时间性，因此对一项政策的显功能和潜功能的分析十分重要。我们在正确评价政策的显功能的同时，还必须详细分析和调查这项政策有可能产生的潜功能。这样有利于我们全面分析政策效果，以及尽早发现有可能隐藏的没有被发现或是潜在的负功能，以便提前防止公共利益的损坏。

使用功能范式对政策规定或者政策系统进行功能分析，必须建立起功能接受者的概念。一项政策的功能性质，它是相对于功能接受者而言的。

（二）政策空间特征的分析模式

关于政策空间特征的分析要考虑到公共决策和企业决策的空间关系。公共政策是企业决策的活动空间。公共政策提供了企业能够做什么，不能够做什么的行动界限，关于界限的两种理解：

其一，政策功能的理想类型，如图 16-1 所示。

能够做什么　　　　　　不能够做什么

图 16-1　政策功能的理想类型图

其二，政策功能的一般类型，如图 16-2 所示。

一般来说，"能够做什么"包括"必须做什么"和"允许做什么"两种情况。

对于企业和个体来说，在不可行域里采取行动，具有可观的牟利效应，但有很大的风险。一般来说在自由空间里行动是没有风险，而且又有比较大的利润空间。

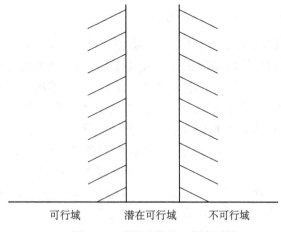

图 16-2   政策功能的一般类型图

公共政策的制定一般都会留有自由空间，这是因为：

第一，政策不可能对环境的实际情况有充分地了解，没有完全信息，不可能制定得十分充分。

第二，对政策的作用效果的正反面效应没有充分地把握，制定政策就留有余地，等总结经验和教训以后再进一步调整。

第三，客观系统的运动和演化超出了政策系统的规定界限，产生了新的情况。

其三，政策功能的初级类型：潜在可行性空间很宽，即允许空间很大。允许空间的特征：没有一般性的规定，既不鼓励也不限制；既不肯定也不反对。这说明政策制定者心里无数。首先是理论上的指导原则不清楚，其次是实际系统的结构和性质尚未完全搞清楚，再次是操作性的手段还不到位。目前关于社会主义的企业政策就是如此。此时的政策模式只能是原则性的，中国目前的一些立法就是如此。法学家抱怨说，中国的法律都是原则性的，解释的空间很大。初级类型的政策类型的特点就是，自由空间很大，如图 16-3 所示。

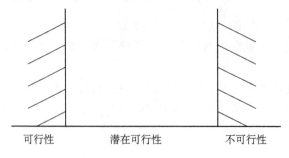

图 16-3   政策功能的初级类型图

（三）政策的时间特征的分析模式

政策的时间特征就是指政策的寿命。社会活动是处于不断发展的状态中，某项政策的提出是以相对确定的时空状态为基础，以对客观情况的主观认识为前提。当客观情况本身发生变化以及由于认识局限性等因素会使政策的效力随时间推移发生变化。

设：Z 表示某一项政策规定

V 表示 Z 政策的效应

t 表示时间

则：$V=F（t）$

一般的政策的时间特征具有"浴盆曲线"的形式，这是大家都知道的，根据可靠性理论，在政策实施的全过程中，失效的全过程一般可分三个阶段，早期失效、偶然失效和耗损失效，如图 16-4 所示。

本文所要强调的是在政策的时间特征分析中要确定时间节点。

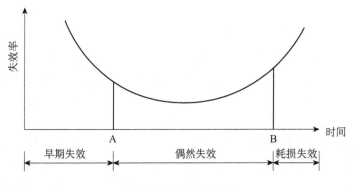

图 16-4　浴盆曲线图

首先，要确定政策是效率的时间转折点。图中的 A、B 两点就是时间转折点。A 点是由早期失效向偶然失效的转折点；B 点是由偶然失效向耗损失效的转折点。确定这两个点必须分析如下关系：①社会结构变迁的时间特征；②政策规定与社会结构要素互动的时间特征；③社会结构的稳态特征与政策失效率数量关系。因为只要确定了这一点，就确定了偶然失效率的数值水平，知道了偶然失效率的数值水平，就可以确定 A 点的位置。

其次，要分析相关政策的时间特征。在早期失效阶段，为了避免早期失效，必须制定和实施配套政策。所以，在早期失效阶段，必须研究配套政策的时间特征。从理论上讲，配套政策的时间特征也是一个"浴盆规律"，它也有"早期失效、偶然失效、耗损失效"三个阶段，它也有两个时间转折点 A 和 B。当基本政策发展到 A 点时，配套政策就步入它的 B 点。这说明配套政策的功能已经完成，需要退出政策体系。

当基本政策运行到 B 点时，进入耗损失效阶段，说明它的寿命行将结束，这时需要制定新的替换政策。新的基本政策又有它自己的"浴盆规律"。新的替换政策自身在早期失效阶段又包含着它自己的配套政策的"浴盆规律"，如图 16-5 所示。

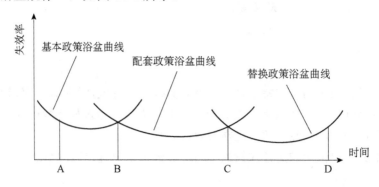

图 16-5　综合浴盆曲线图

这样，我们就可以将基本政策的"浴盆规律"与配套政策的"浴盆规律"以及替换政策的"浴盆规律"综合在一张图上。决策者掌握了这个规律，就有利于对试点结果进行科学分析。当然，这个规律也指导着以后政策的实施。在早期失效阶段，决策者不应为失效率一时较大的现象所迷惑，而应着重失效的质的分析。凡属传统习惯的阻力，必须坚决排除，凡属由于人们不了解而产生的消极影响，应通过宣传解释尽可能加以消除，除非分析结果证明确系政策本身错误，不要轻易作出改变。而在耗损失效阶段，失效的数量，反映政策老化的程序，就具有决定性的意义了。

三、公共政策决策问题的决策方法——决策树

当公共政策的决策者鉴定"适宜"可择方案时，对各种预期效果的重要性需要加以考虑，并在最后评价中权衡各种可择方案时，将求助于某些价值结构。决策树方法在企业决策中广泛运用，实际上，它在公共决策过程中也能发挥很大功效。下面我们来看决策树在公共决策中的组成要素与分析过程。图 16-6 是公共政策决策过程的流程示意图。

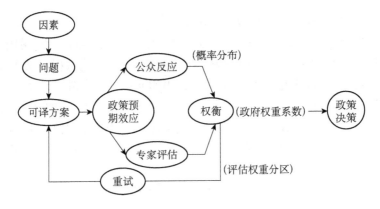

图 16-6　公共决策流程示意图

　　图 16-7 为公共政策决策树示意图。图中的公众反应概率（简称公众概率）是指预期一项政策实行前后公众对其可能反应态度的发生概率。譬如，公众对某项政策的认可接受的反应概率为 65%，而反对不满的反应概率为 35%，在决策树中就根据这样的反应概率结合其他指标进行决策权衡。在公共政策决策树中引入公众反应概率这一指标，是为了符合公共政策的基本准则——符合公众利益，为公众提供服务，因而公众反应概率反映一项政策公众基础的强弱。政府权重系数是指政府——政策的决策者对一项政策在整个决策权衡体系中的重要程度的认定。它表示政府对某项可选政策的投入与重视程度，以及对政策可能产生效应或效果的科学的预期估计。政府权重系数可以由专家学者通过维尔菲法确定或通过科学的多因素统计方法计算得出，使得政策决策过程更具有科学性。

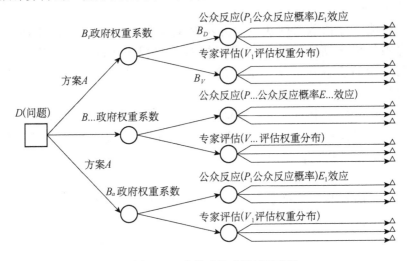

图 16-7　公共政策决策树示意图

　　图 16-7 可视为一个决策树，决策树的基本符号包括决策节点 A_i—A_n 和树枝"——"。决策节点表示按人的意愿来选定方案的环节，图中表示了 n 种方案和 n 种状态下的决策树。D 表示决策点，称为树根，(B_i)，$i=1$，2，…，n，表示策略点，从 (B) 出发引出的 n 条线称为树枝或策略枝。从策略点 (A_i) 引出的 n 条线，表示 n 种自然状态，出现第 i 种状态的概率记为 P_i，$i=1$，2，…，n，称这 n 条线为概率枝。E_{ij} 表示采用第 i 种策略（方案）出现第 j 种状态的政策效应，则可计算各种策略（或方案）的期望效应和权衡效果，计算公式为

$$V（B_i）=\sum P_i E_i$$
$$i=1，2，…，n；$$
$$J=1$$

　　如果是期望获得最大的公共政策决策的正面激励效应，则得到最优策略是使 $\{V（B_i）\}$ 取最大值的 $P_i E_i$，即

$$D=\max（P_i E_i）=V（B_i）$$
$$1\leqslant i\leqslant n$$

　　若决策准则是期望政策的反面效应最小，则得到最优策略是使 $\{V（B_i）\}$ 取最小值的 $P_i E_i$，即

$$D=\min（P_i E_i）=V（B_i）$$
$$1\leqslant i\leqslant n$$

　　在对可择方案作了仔细检查，并对各种结果的重要性给予考虑之后，决策者就评价有关的信息并进行选择。然后，每项决策会反馈到后续决策的环境中去。

　　显然，公共政策的决策者并不是毫不含糊地通过图 16-7 所示的流程来作出一切决策的。许多例行的或非程序化的情况，则常常按照图所示的流程（或某些类似的过程）行事。这样的图解是决策过程的简化。

　　对决策过程中的一个特定阶段，可以拟订得更加详细些。例如，在拟订可择方案时便会产生复杂的创造性问题。叙述性的研究认为大多数决策是增量的，这就是说，它们只是从以前使用过程的方法稍微向前移动一点，特别当方法是成功的时候，从某种意义上来说，这是令人满意的行为——接受一个可行的可择方案，而不必过于关心它是否是"最好的"。

四、决策树方法运用于公共政策决策的意义

（一）公共政策决策树与工商企业决策树的不同

1. 企业决策与公共决策的根本区别

（1）经济主体的利益和社会公益问题的不同

经济主体的利益是工商企业主的利益，它们利益的标准是利润最大化，而社会利益是所有公众的集体利益，与每一个社会公民都息息相关。与经济主体利益相关的是企业事务，它是私人的，其涉及的阈值是特定的个体和较小的群体，一般不会涉及公共群体的利益。与社会公益问题相关的是公共事务，它与公民大众发生着普遍联系，具有普遍性和非排他性。由于公共政策是维护公共利益、满足公众要求、为公民大众服务的，因此公共事务对每个公民都会产生影响，没有人可以置身于公共事务之外。由两者处理对象的不同可以看出经济主体的利益和社会公益问题是完全不同的。

（2）企业决策与公共决策的基本准则不同

政策是人们的行为规范，但是公共政策与工商政策是两种极不相同的行为规范。首先，在政策目标上，公共政策以调整和分配公共利益为目标，而工商政策以追求企业利益最大化为目标。在根本准则上，公共政策注重公平性，政策注重效率性。公共政策的公平原则体现在公共政策活动以治理公共问题为出发点，表现必须支持社会公正，坚持社会正义，维护公共利益。工商政策不关心公平原则，因为它是以企业利益最大化为目标的，因此，它更注重于效率原则。这主要体现在它力求以最少、最小、最低的资源投入以获取最多、最大、最高的经济利益，十分重视成本与效益的核算，力求低成本高效益。

2. 公共政策决策树与工商企业决策树的不同

广泛运用于企业管理中的工商决策树在结构上是由决策点、方案枝、盈亏概率点、概率枝和损益值构成的。它考虑的是企业在面对几种决策方案时用各方案的实现概率和预期结果来计算出各项方案的最后损益，从而选取最大利益的方案。但是由于以上所分析的公共决策与工商决策在对象、目标以及根本准则上的不同，公共政策决策树在结构上与工商决策树就不能相同。

公共政策决策树引入了公共反应概率和政府权重系数，从而代替了工商决策树中的盈亏概率点和损益值。盈亏概率点是完全根据市场销售状况来确定的，是市场概率的表示，以企业利益为指示标，而公众反应概率是

以公众反应为主体的，与市场状况没有直接关联，是以公共利益为导向的，这两者有着本质的区别。政府与公众的关系和企业与市场的关系是两个不同的关系，政府要本着为公众服务的宗旨，尽可能给予公众方便与福利，而市场是企业获利的渠道，企业为了得到利润才会以市场为导向，正是由于这两个关系的本质不同，公共政策决策树与工商企业决策树也要随之作出相应的改变。

（二）引入公共政策决策树对政府决策运行机制改革的意义

政府决策运行机制的改革与完善，提高公共政策的质量，是公共决策和管理的基本目标。近年来，以决策科学化为目标的决策制度和决策方式的改革，取得了一系列的突破性进展。然而，这些进展毕竟是初步的，我国政府决策体制的改革并没有到位。我国公共决策运行机制还存在很多问题，诸如公共决策过程的科学化和民主化程度不高，公共决策的方式较单一、陈旧等问题。引入公共决策树的方法给这些问题的解决带来很大的帮助。

首先，科学的决策过程一般经过界定问题、确定目标、方案设计、预测结果、对比优选方案、实施方案、跟踪决策等一系列功能和环节。但在我国目前的公共决策实践中，一些功能环节如问题的界定、结果的预测和跟踪决策等，往往没有受到应有的重视甚至完全被忽视。没有科学性和充分的民主，就不能广开言路，集思广益，达到政策目的。公共决策树与工商决策树不同，引入了公众反应概率的组成要素，这样考虑到了政策实行前后公民大众的意见和反应，大大加强了政策决策的科学性和民主性。

其次，我国政府决策的方法与手段过于单一和陈旧。在许多地方特别是基层，经验决策仍然是一种基本的决策方法。决策的视野狭窄、决策方法简单、决策手段贫乏。往往就事论事，缺乏宏观性、系统性、战略性的决策意识。公共决策引入决策树的方法后，丰富了政府决策的方法和手段，改善决策方法单一陈旧的现状，也加大了政府决策的准确度和科学度。

（三）公共政策决策树对政府体制改革的意义

政府体制改革的目标是要建立一个既公平又有效率的政府。因此，加强政府民主建设，强化对政府的监督和评价，进一步完善政府责任制度，是必不可少的改革措施。我国政府体制改革的民主建设方面应以政府民主科学决策为出发点，拓展民主决策的参与渠道。为了达到公平和效率的要求，加强对政府的监督和评价，就必须重视政府决策的公众反应程度。在公共决策树方法中引入公众反应概率的要素充分适应这种要求，使政府决策过程能充分考虑公众的不同声音和意见，保证不同利益主体有机会及时参与涉及公共利益和自己利益的政府决策，并使决策公开化与程序化，以便于对政府决策的监督和政策效果的评价，这样就使政府体制改革的步伐向前迈进一大步。

参 考 文 献

一、著作

（一）中文专著

陈昌曙：《技术哲学文集》，沈阳：东北大学出版社，2002年。

陈庆云：《公共政策分析》，北京：中国经济出版社，1996年。

邓小平：《邓小平文选》第2卷，北京：人民出版社，1994年。

邓小平：《邓小平文选》第3卷，北京：人民出版社，1993年。

费孝通：《乡土中国生育制度》，北京：北京大学出版社，1998年。

顾海良：《马克思主义发展史》，北京：中国人民大学出版社，2009年。

列宁：《列宁全集》第20卷，北京：人民出版社，1958年。

列宁：《列宁全集》第22卷，北京：人民出版社，1958年。

马克思、恩格斯：《马克思恩格斯全集》第20卷，北京：人民出版社，2002年。

马克思、恩格斯：《马克思恩格斯全集》第25卷，北京：人民出版社，1995年。

马克思、恩格斯：《马克思恩格斯全集》第46卷，北京：人民出版社，1995年。

马克思、恩格斯：《马克思恩格斯文集》第8卷，北京：人民出版社，2009年。

马克思、恩格斯：《马克思恩格斯选集》第1卷，北京：人民出版社，1972年。

马克思、恩格斯：《马克思恩格斯选集》第2卷，北京：人民出版社，1995年。

马克思、恩格斯：《马克思恩格斯选集》第4卷，北京：人民出版社，1995年。

秦德君：《政治设计与政治发展》，北京：商务印书馆，2009年。

钱学森：《创建系统学》，太原：山西科学技术出版社，2001年。

王宏波：《工程哲学与社会工程》，北京：中国社会科学版社，2006 年。

王浦劬：《政治学基础》，北京：北京大学出版社，1995 年。

徐长福：《理论思维与工程思维——两种思维方式的僭越与划界》，上海：上海人民
　　出版社，2002 年。

郑杭生：《中国人民大学中国社会发展研究报告 2006》，北京：中国人民大学出版社，
　　2006 年。

（二）译著

[英]弗里德利希·冯·哈耶克著，邓正来译：《自由秩序原理》，生活、读书、新知三
　　联书店，1997 年。

[英]卡尔·波普尔著，杜汝楫、邱仁宗译，《历史决定论的贫困》，北京：华夏出版社，
　　1987 年。

[英]齐格蒙特·鲍曼著，郇建立译，《被围困的社会》，南京：江苏人民出版社，2005
　　年。

[美]詹姆斯·布坎南著，平新乔、莫扶民译，《自由、市场与国家》，上海：上海三联
　　书店，1989 年。

二、期刊

陈成文、赵杏梓：《社会治理：一个概念的社会学考评及其意义》，《湖南师范大学
　　学报》（社会科学版），2014 年第 5 期。

陈建兵：《中国模式与社会工程研究的兴起》，《西安交通大学学报》（社会科学版），
　　2011 年第 1 期。

丁元竹：《中国社会管理的理论建构》，《学术月刊》，2008 年第 2 期。

侯均生：《"价值关联"与"价值中立"——评 M.韦伯社会学的价值思想》，《社会学
　　研究》，1995 年第 3 期。

黄顺基：《社会工程是社会改革与社会管理的科学技术》，《教学与研究》，2010 年
　　第 8 期。

钱学森、乌家培：《组织管理社会建设的技术——社会工程》，《经济管理》，1979
　　年第 1 期。

钱学森、于景元、戴汝为：《一个科学新领域——开放的复杂巨系统及其方法论》，
　　《自然杂志》，1990 年第 1 期。

王宏波：《简论工程哲学的基本问题》，《自然辩证法通讯》，2002 年第 6 期。

王宏波：《论实践观念模型的地位与作用》，《哲学研究》，1992 年第 5 期。

王宏波：《论社会工程决策的协调思路》，《公共管理学报》，2005 年第 3 期。

王宏波：《社会工程研究的综合性特点及意义》，《教学与研究》，2010 年第 1 期。

王宏波：《论社会工程学的意义、内容与学科特征》，《西安交通大学学报》（社会科学版），2011 年第 1 期。

王宏波：《社会工程的概念和方法》，《西安交通大学学报》（社会科学版），2000 年第 1 期。

王宏波、陈建兵：《论邓小平的社会工程思想》，《辽东学院学报》（社会科学版），2006 年第 4 期。

王宏波、段莉群、徐鹰、吴雪芹：《社会工程是马克思主义理论实践化的中介环节》，《思想理论教育》，2012 年第 19 期。

王宏波、李天姿：《社会工程的特点及其对治理实践的意义》，《厦门大学学报》（哲学社会科学版），2016 年第 6 期。

王宏波、李天姿、王玉灵：《马克思主义理论教育的新理念和学术视野》，《教学与研究》，2016 年第 7 期。

王宏波、马建明、李天芳：《制度设计与社会理性——社会工程活动的核心环节》，《人文杂志》，2004 年第 4 期。

王宏波、马建明、马秀琴：《社会理性解析及其现实意义》，《江南大学学报》（人文社会科学版），2004 年第 3 期。

王宏波、彭瑾、苏玉波：《简论马克思主义理论学科建设与课程建设相结合的几个问题》，《思想理论教育导刊》，2009 年第 5 期。

王宏波，陶惠敏：《新常态下"四个全面"协调推进与社会工程研讨会会议综述》，《山东社会科学》，2015 年第 11 期。

王宏波、杨建科：《社会工程问题的界定与分析》，《西安交通大学学报》（社会科学版），2007 年第 6 期。

王宏波、杨建科、周永红：《社会工程是马克思主义理论的社会应用形式》，《马克思主义研究》，2009 年第 12 期。

王宏波、张厚奎：《社会工程学及其哲学问题》，《自然辩证法研究》，2003 年第 6 期。

王宏波、张振：《社会治理是系统的社会工程》，《西安交通大学学报》（社会科学版），2015 年第 3 期。

王宏波、周永红：《社会工程是新兴的综合性知识应用活动》，《西安交通大学学报》（社会科学版），2009 年第 6 期。

王浦劬：《国家治理、政府治理和社会治理的含义及其相互关系》，《国家行政学院学报》，2014 年第 3 期。

向德平、苏海：《"社会治理"的理论内涵和实践路径》，《新疆师范大学学报》（哲学社会科学版），2014 年第 6 期。

杨建科、王宏波：《论自然工程与社会工程的关系》，《自然辩证法研究》，2008 年第 1 期。

杨建科、王宏波：《社会工程与工程的社会决策》，《科学学研究》，2009 年第 5 期。

杨建科、王宏波：《社会技术及其相关概念的辨析》，《上海交通大学学报》（哲学社会科学版），2003 年第 2 期。

杨建科、王宏波：《社会技术的概念和特征》，《北京工业大学学报》（社会科学版），2003 年第 3 期。

三、网址

全国人大信息中心：《关于国务院机构改革方案的说明（1998 年）》，中国人大网：http://www. npc.gov.cn/wxzl/gongbao/content_1480093.htm.

新华网时政频道：《中共中央关于构建社会主义和谐社会若干重大问题的决定》，新华网：http://news.xinhuanet.com/politics/content_5218639.htm.

新华网特别专题：《胡锦涛在党的十七大上的报告》，新华网：http://news.Xinhuanet.com/newscenter/content_6938568_7.htm.

新华网新华聚焦：《十八大报告（全文）》，新华网：http://www. xj.xinhuanet.com/c113722546_7.htm.

新华网新闻中心：《胡锦涛主持中共中央政治局集体学习并作重要讲话》，新华网：http://news.xinhuanet.com/newscenter/content_2605870.htm.

新华网新闻中心：《中共中央关于加强党的执政能力建设的决定》，新华网：http://news. xinhuanet.com/newscenter/content_2024240.htm.

中华人民共和国民政部民政要闻：《民政部 2012 年社会服务发展统计公报》，民政部门户网：http://www.mca.gov.cn/article/zwgk/mzyw/ 20130600474640. shtml.

后　记

　　社会工程研究作为我的一个研究领域，大约从 20 世纪 80 年代中期开始到现在历经了 30 多年。30 多年来不管我关注的学术问题和学术领域发生什么样的变化，但是致力于社会工程研究的核心思想一直没变。我的学术研究的一个重要特点是不管学术领域和关注的学术问题发生什么样的变化，我都会把新的学术问题和社会工程的思考联系起来。因此不管学术领域发生什么变化，不仅没能使我淡化对社会工程问题的研究，反而深化和推进了对社会工程问题的研究。30 多年来我以社会工程研究作为学术方向也带动了不少青年教师，培养了不少研究生，其中有硕士研究生和博士研究生。他们与我合作在社会工程研究领域发表了不少学术论文。在第一版面世之时有些章节我邀请他们执笔起草。这些情况我在第一版出版时在前言部分都做了具体说明。在本书出版第二版时，我仍然衷心地感谢那些和我一同共同奋斗的同事和朋友，为了表达我的感谢我保留了本书第一版的前言。因为在前言部分对我的合作者的学术贡献作了具体说明，尽管作为原书的下篇内容已经不再保留，原书上篇的有些章节做了重要修改，但我仍然要表示我深深的谢意。我感谢他们，是因为在社会工程的研究中，他们都贡献了自己的才华和智慧。特别需要说明的是，第一版中李黎明执笔的《社会工程的理论与方法》部分，除其中的关于自然工程与社会工程的关系的图表论述部分作了修改外，其余部分基本保留第一版内容；张顺执笔的《政策分析与设计的一般方法》在结构和基本观点方面做了重要修改，三级标题也重新设计，但依然保留了具体素材和具体陈述的基本内容；杨建科所参与执笔的社会的变结构问题的相关内容、陈建兵执笔的邓小平社会工程思想的内容也都在第二版中继续保留。由于他们的学术智慧，使得对社会工程的理解和研究能够深入推进。在本书出版第二版时仍然要对他们表示诚挚地感谢！

　　第一版出版 10 年之后，随着研究的继续深入，对社会工程的理解也有了新的体会，特别是在社会工程与马克思主义的关系方面有了新的理解，同时对社会工程方法论的一些问题也有了新的认识。所以在第二版问世时，我认为应当将这些新的认识补充进去，因此对原书的结构和内容作了新的调整。第一版的内容分上篇和下篇。上篇是理论研究，下篇是应用研究。下篇的具体内容是社会工程的研究实践案例。这一次出版限于篇幅所限，也出于对基本理论和方法研究的强调，就没有再列这一部分内容。在第二版的内容结构中仍然有上篇和下篇。上篇是马克思主义视域中的社会工程，下篇是社会工程研究的理论和方法。在下篇中的内容和第一版相应部分相比也有新的增加，主要是增加了社会模式设计方法和社会过程调控方法两部分内容。尽管做了一些重要修改和结构调整，但是我依然认为，社会工程的研究还是刚刚起步，随着研究的进一步展开还会有新的修改。

　　在本书第二版出版之际，我还要感谢西安交通大学对我的支持，感谢科学出版社的编辑对再版付出的心血和努力，同时感谢我的博士生——曹睿和李天姿同学，为本书的资料收集和文字核对作出的努力。

王宏波

2017 年 1 月 29 日